家裁調査官が見た現代の非行と家族

司法臨床の現場から

廣井亮一〈編〉

創元社

はじめに

犯罪や非行は時代と社会を映し出す鏡であると言われている。非行少年の変容を見ると、子どもたちを取り巻く家族、学校、社会の実相が鮮明に浮かび上がってくる。同様に、離婚、虐待、ドメスティック・バイオレンス（ＤＶ）などの家族の問題や紛争には、その時代における夫婦関係、親子関係などの歪みが直截に示される。

家族社会学の立場から、わが国の戦後家族モデルの変遷については、一九四五～五五年を戦後家族モデルの形成期、五五～七五年を安定期、七五～九八年を修正期、九八～二〇〇五年の解体期を経て、二〇〇五年以降を家族の迷走期と区分している。そして、わが国の家族の変化は一九七五年頃から始まり、質的に大きく変容して問題が噴出したのは一九九〇年代後半であると指摘している[1]。

犯罪社会学の立場からは、少年犯罪の変化を社会背景に即して、Ⅰ期（戦後民主化時代）一九四五～六〇年、Ⅱ期（高度成長時代）六〇～八〇年、Ⅲ期（管理社会化時代）八〇～九〇年、Ⅳ期（高度情報化時代）九〇～二〇〇三年、Ⅴ期（ネット社会化時代）二〇〇三年～現代、とまとめている。そのうえで、少年犯罪が変わり始めたのは一九八〇年代からで、さらに一九九八～二〇〇三年にかけて子どもたちの人間性自体が変質したという[2]。

両者が指摘する一九八〇年代と一九九〇年代後半に、子ども、家族、社会に何が起きているのか。この年代に廣井[3]が家庭裁判所調査官として関わった少年事件、家族事件の臨床実践から、その転換点を少年非行で明示するならば一九八三年（昭和五十八年）、さらに家族と社会を視野に入れると二〇〇〇年（平成十二年）である。

転換点1

第一の転換点である一九八三年は、中学生の校内暴力（対教師暴力）が全国で頻発した年であり、戦後最大の少年非行の多発年である。非行少年は親や教師にあからさまに反発や反抗をしたり、さまざまな問題を起こしたりすることで、息苦しさや生きにくさを訴えるという救助信号を発していた。

ところが共同体型社会から管理型社会になり、戦後家族モデルが解体に向かう中で、八三年を境にして非行少年に顕著な変化が起きている。学校現場では対教師暴力などの非行が減少し、それに代わっていじめが大きな問題になっている。

八三年を転換点とするこのような少年非行の変化は、戦後からの少年非行の推移を検討すれば、青少年の攻撃性の質的変容によるものと理解することができる。すなわち、六〇年代から八三年に至るまでの大学生、高校生、中学生の反抗には、権力者や権威者という「強者」にストレートにぶつかっていく攻撃性のベクトルがあった。そのような青少年の攻撃性が力によって抑え込まれ管理された結果、いじめなど「弱者」に対する歪んだ攻撃性に変質したのである。

そして、当時の少年たちが親世代になった二〇〇〇年以降、児童虐待が社会問題になり、二〇〇一年の大阪教育大学附属池田小事件（小学生無差別殺傷事件）、二〇〇四年の富雄北小事件（奈良小一女児殺害事件）が起きている。大人という強者による子どもという弱者への攻撃性の発動というわが国の社会病理につながっていると見ることができる。なお、八三年はわが国で「ファミコン」が発売されるなど、ＩＴ（information technology）文化のさきがけとなる年である。

転換点2

第二の転換点としての二〇〇〇年は、高度情報化時代からネット社会化時代に移行した年である。人々の社会的営為と感情の機微を伴うコミュニケーションによって成り立つ社会が、無機質な記号の交換に過ぎないネット空間に変質した年だとも言えよう。そして、社会は先の見えない構造的不況に陥り、失業率が急増、自殺者が突如三万人を超えた。

家族は、少子高齢化、離婚率に拍車がかかり、戦後家族モデルは完全に解体して機能不全に陥った。二〇〇〇年の児童虐待防止法、ストーカー規制法、翌年のＤＶ防止法などに示されるように、夫婦、親子などの家族関係の問題、男女の人間関係の歪みが一挙に露呈し、法による介入が行われた年でもある。

本来、社会の歪みに対して、子どもを守る緩衝地帯となるべき家族の機能が低下した結果、子どもは社会と家族の歪みをダイレクトに被ることになったのである。

二〇〇〇年は、大学生に携帯電話があまねく行きわたった年でもある。その後、さまざまなネット媒体が、高校生、中学生、小学生に普及し、子どもたちのコミュニケーションを大きく変質させた。子どもたちに最も必要な他者の肉声や息づかいという、人間関係における「体感」を失わせた。

そうした子どもたちの変容を社会に告げるかのように、西鉄高速バスジャック刺殺事件、愛知主婦殺人事件など十七歳前後の少年たちが社会を震撼とさせる凶悪重大事件を頻発させた。そうした事件の特徴として、「人を殺してみたかった」という殺害動機の無目的性、「殺す相手は誰でもよかった」という対象特定の欠落など、人間と人間関係を見失ったかのような事件が起きている。また、重大事件の低年齢化現象として、二〇〇三年に中学一年による幼児突き落とし事件、二〇〇四年には小学六年による同級生刺殺事件（佐世保十一歳事件）が起きている。

こうした少年・児童による一連の重大事件の前後に、非行少年の「凶悪化」と「低年齢化」が指摘され、非行少年に対する厳罰を旨とする少年法改正が二〇〇〇年に行われたことは特筆されるべきことである。

＊　＊　＊

家庭裁判所の少年事件や家事事件は、私たちの身近にいる子どもや普通と言われる家族に潜む小さな問題や関係の歪みが増幅して、少年非行や家族紛争として立ち上がったものである。したがって、少年事件と家事事件を見ると、現代の少年と家族の実相をとらえることができ、さらに、その変化の予兆を鋭敏に感じ取ることができる。

本書はそのような観点から、第Ⅱ部の少年事件と第Ⅲ部の家事事件をもとに家裁調査官の視点を通して現代の少年と家族の実相を浮き彫りにしたうえで、さまざまな少年非行と家族紛争の解決策を提示したものである。

本書の事例は家裁調査官が担当した事件をもとにしているが、秘密保持には最大限の配慮をしたことを強調しておく。すべての事例は、複数の事件から各テーマについての本質を抽出したうえで、ストーリーを構成した架空のものである。事例についての考察や結論はもちろん各執筆者の私見である。

編者である廣井は十五年前まで家裁調査官だったが、その他の執筆者はすべて現役で気鋭の家裁調査官である。第Ⅱ部の少年事件は主に坂野剛崇氏（執筆当時家裁調査官、現在関西国際大学教授）、第Ⅲ部の家事事件は主に町田隆司氏が担当して、それぞれまとめていただいた。また、創元社編集部の柏原隆宏氏には企画段階から的確なアドバイスをいただいた。厚く御礼を申し上げる。

廣井亮一

〈引用文献〉

（1）山田昌弘『迷走する家族』有斐閣、二〇〇五年
（2）間庭充幸『現代若者犯罪史』世界思想社、二〇〇九年
（3）廣井亮一『司法臨床入門（第二版）』日本評論社、二〇一二年

家裁調査官が見た現代の非行と家族＊目次

第Ⅲ部 現代の家族

家裁調査官が見た現代の非行と家族

司法臨床の現場から

第Ⅰ部　司法臨床の視点

家庭裁判所と家庭裁判所調査官

廣井亮一

ここではまず、少年事件と家事事件を扱う家庭裁判所とはどのような裁判所なのか、そして、家庭裁判所調査官とはそれらの問題解決のためにどのようなアプローチをするのかについて解説する。

1　家庭裁判所の機能

家庭裁判所は、行政機関であった少年審判所と地方裁判所の支部であった家事審判所を併合して一九四九年に創設された。少年非行や家族紛争の解決に特化した「子どもと家族のための裁判所」である。その目的のために、少年事件と家事事件の一連の手続に心理学、社会学、社会福祉学、教育学などの人間諸科学による臨床的性格を付与した（少年法第九条[＊注1]、家事審判規則第七条の三[＊注2]）。司法機関である家庭裁判所に、法による規範的解決に加えて、臨床による実体的解決を目指したからである。

そうした理念を具現するために、一九五四年に家裁調査官という人間諸科学の専門家を家庭裁判所の主要なスタッフとして位置づけた。現在、家裁調査官の出身学部・大学院は人間科学系と法学系からなるが、いずれにしても採用後二年間は研修所で法律（刑法・少年法と民法・家事事件手続法など）と人間諸科学（非行臨床、家族臨床、心理テストなど）の両方を修得しなければならない。それは、子どもと家族の問題解決のためには、法的機能と臨床的機能の両者――司法臨床の機能を必要とするからである。

例えば、離婚、ドメスティック・バイオレンス（DV）、虐待、扶養問題、遺産相続争いなど、家族の紛争や問題は、夫婦、親子、親族という家族関係の歪みによるものである。そうした家族紛争の理解と解決のためには、法に焦点化したアプローチと同時に、家族関係の歪みにアプローチする必要がある。

同様に、家族、学校、社会という上位システムの歪みが非行など子どもの問題に現れるとすれば、その問題の理解と解決のためには、少年に対する一連の司法過程によるアプローチと同時に、家族や学校など各システムへのアプローチが必要になる。このことが、子どもや家族の問題に向き合う家裁調査官に「法」と「臨床」による関与が求められる理由である。

さらに、両者の機能の必要性はそれぞれの効用と限界があることによる。法的アプローチの効用としては、法に基づけば誰もが同じ原則を共有できるという問題解決についての公正性、信頼性が担保されることが挙げられる。法に伴う強制力は、家事事件などでは履行確保のために事案に応じた間接、直接強制を可能にする。少年事件であれば、非行という行動化の禁止と阻止、更生に向けたプログラムの実行を強制することができる。こうした禁止、強制という作用は、臨床的アプローチには基本的に存在しない。

それでは、少年や家族の問題を法によるアプローチだけで解決することができるかといえば、そうではない。法による合理的判断とその結論がいかに正義にかなう正論だとしても、それが実体的な解決に結びつくとは限らない。むしろ、法が示す規範や強制に対する反作用として、人は意地になり頑なな態度をとることがある。家族の紛争に往々にして伴う恨みや嫉妬という根深い感情が問題の解決を阻害する。そうしたことを解きほぐすために、臨床によるアプローチが必要になるのである。

このようにして家庭裁判所は、臨床的機能を取り込むことによって、事件や紛争としての「行為」だけではなく、その水面下にある「人」や「人間関係」という大きな塊を視野に入れることになった。ただし、非行少年の更生の援助や家族の紛争を解決するといっても、家庭裁判所は矯正施設ではないし、治療やカウンセリングを行う場でもない。あくまでも家庭裁判所は裁判所として、少年事件においては法に基づいて非行少年の処分を決定し、家事事件においては家事事件手続法に基づいて事案を審理判断して、それぞれ最終的な司法判断を下すことが求められるのである。

このような司法としてのプロセスにおいて、少年や家族の問題解決を援助するという臨床的な機能を展開することが、家庭裁判所の最も大きな特徴である。家庭裁判所では法的機能と臨床的機能を別々に作用させるのではなく、家裁調査官がその両者を架橋し、限りなく交差させることによって浮かび上がる機能によって、少年と家族の問題を理解し、適切な解決に導いていく必要がある。その高次の機能が「司法臨床」である。したがって、家庭裁判所は司法臨床の実践の場、家裁調査官は司法臨床家と呼ぶにふさわしいのである。

2　少年事件と家裁調査官

家庭裁判所の少年事件の対象となる「非行少年」（男女とも少年と言う）とは、①犯罪少年（十四歳以上、二十歳未満で犯罪行為をした少年）、②触法少年（十四歳未満で刑罰法令に触れる行為をした少年）、③ぐ犯少年（二十歳未満で将来、罪を犯し、または刑罰法令に触れる行為をするおそれがある少年）である。

補導や逮捕された非行少年たちは、警察での取調べ、検察庁での立件などの法的手続を経て、少年事件として「法律記録」が家庭裁判所に送致される。法律記録とは、非行事実、供述調書などがとじられた書類で、その名が示すように少年が罪を犯したことを、法律の構成要件に従って証明するための記録である。それをもとに、裁判官が法的事案として少年の有責性と可罰性を評価する。

そうした司法過程では、少年の行為が非行に関する事実に焦点化され、法的観点からの抽象化と単純化がなされる。その結果、生活者としての少年全体、少年を取り巻くさまざまな人間関係など、いわば「生身の少年」の大部分が削ぎ落とされてしまう。少年を法の俎上に載せるために、法の部分に還元しているのである。

それゆえ、家裁調査官の調査による「人」や「人間関係」へのアプローチとは、法の作用によって不可避的に生じる「少年の部分化」から、家族、学校、職場などの関係性に位置づけた「総体としての生身の少年」を喚び起こすことだとも言えよう。家裁調査官の調査を通して、少年の非行に込められた意味や、家族、学校などの関係性の歪みをとらえることによって、少年の適切な処遇をめぐる多角的視点が提供されるのである。

以上のような家裁調査官の調査アプローチの特徴を最も反映した制度が「教育的措置」と「試験観察」である。

教育的措置とは、少年と保護者の調査の中で家裁調査官が教育的な働きかけをすることである。試験観察とは、少年の終局処分の決定を保留して、相当の期間、家裁調査官や民間のボランティアによる関与を実施しながら少年の処遇を見極めるという中間決定である。少年を自宅に戻して、学校に通わせたり仕事をさせたりしながら家裁調査官が処遇的関与をする場合を「在宅試験観察」、家庭裁判所が指定した個人や団体などボランティアに少年の指導を委託する場合を「補導委託付試験観察」という。いずれにしても、少年法に独特な教育的措置や試験観察は、司法の役割として処分決定に至るプロセスに沿いながら、少年の更生を援助するという臨床的な関わりがなされるという点で、司法臨床の特質を顕著に示している。

3　家事事件と家裁調査官

家事事件については、その事件の性質に応じて、家事審判、家事調停という手続が用意されている（図1）。家事審判と家事調停の違いを平易に言えば、家事審判は主に裁判官が事件について審理して

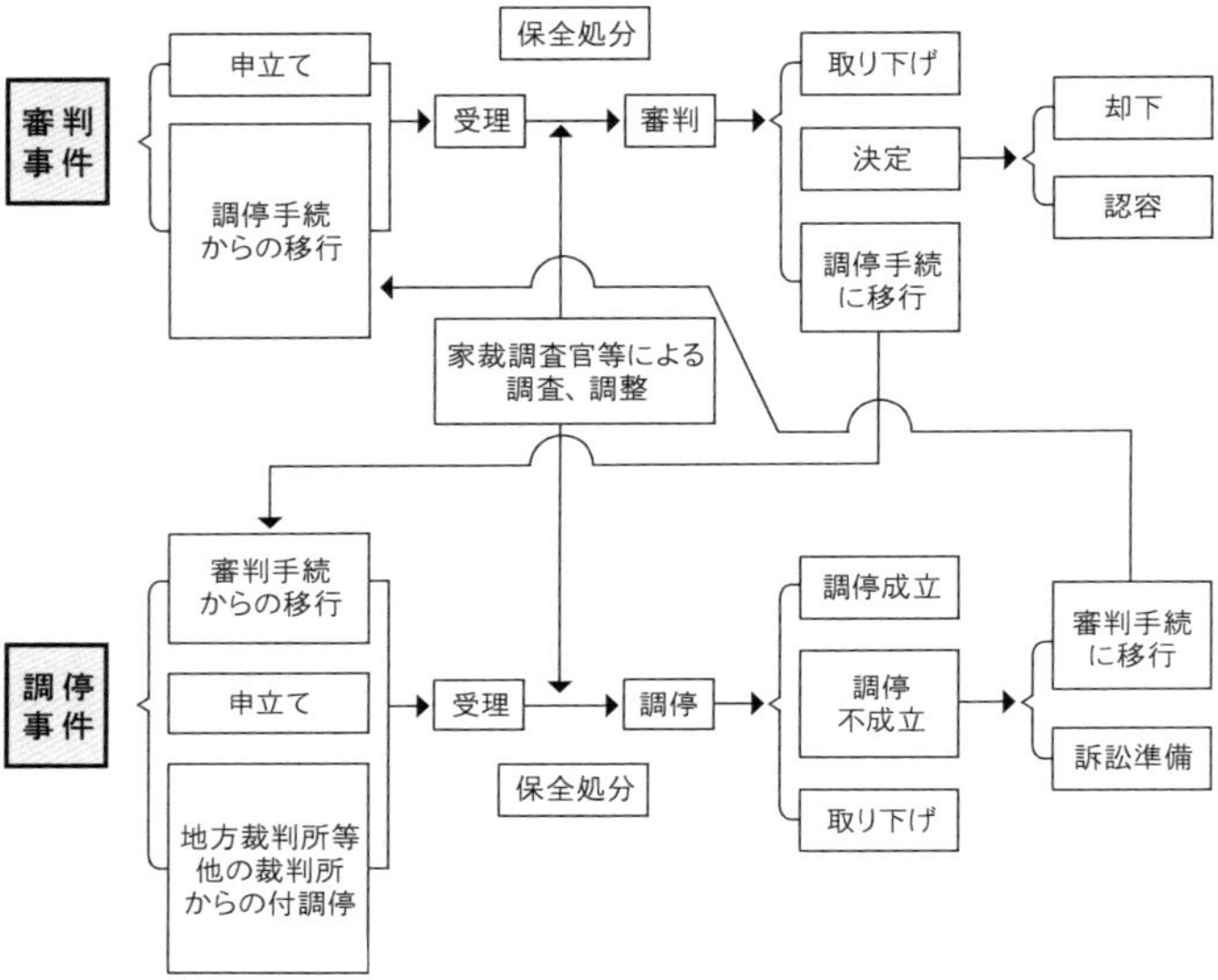

図1　家事調停と家事審判の流れ
（廣井亮一『カウンセラーのための法と臨床』金子書房、2012年より一部改変）

司法判断を下す手続であり、家事調停は家事調停委員を介して当事者同士の話し合いによる解決を目指す手続である。つまり、家事審判の手続が求められるような家族の事件・紛争については、法が主導となるアプローチが必要になり、家事調停の手続が求められるような家族の事件・紛争については、臨床的アプローチを主にした解決が有効だということになる。

例えば、審判手続だけによる家事事件としては、後見人等選任、養子縁組などがある。国家の後見的作用、公益的見地に基づいて、裁判所が法に照らして判断することが必要な事件である。この種の事件については当事者の交渉や合意に委ねることができないため、調停という話し合いの手続にはなじまない。

児童虐待で子どもの保護が必要になるときに申し立てられる「児童の福祉施設収容の許可事件」は審判事件である。ただし、親と子を強制的に引き離すためには、法による力だけを行使するのではなく、将来の親子関係の再構築を見据えた臨床的アプローチが必要になる。同様に、後見人等選任や養子縁組などの場合でも、事件の内実に金銭的問題などが絡む場合、当事者間の調整的関与が必要になることもある。

親権者の指定・変更、子の引渡し、面会交流、養育費請求などの紛争は、当事者間の対立が激しく、家族の紛争でも最も解決が困難な事件である。このような事件は、図1に示されるように、まず調停手続による話し合いから開始すること（調停前置主義）になっているが、どの段階でも審判手続と調停手続のいずれでも対応できることが特徴である。法と臨床の協働を特に必要とする事件である。

離婚問題は話し合いによる離婚調停の手続から開始する。離婚調停が不成立になった場合は、改めて家庭裁判所に訴訟を提起して離婚裁判を行うことになるが、離婚問題はできるだけ調停の段階で解決することが望ましい。離婚などの夫婦関係の争いは不合理な点が多分に含まれており、離婚裁判で夫婦関係の破綻の原因を争っても、どちらに原因があるか割り切ることができず、相手の非や欠点をあげつらう応酬がエスカレートすることになりかねない。その結果、当事者双方ともに傷つき、子どもの親権などの問題が絡む場合、そのまま子どもにも悪影響を与えてしまうからである。

家裁調査官は、このような審判事件、調停事件のいずれにも関与するが、全事件に関与するというわけではなく、事件の種類、紛争の程度に応じて、裁判官や家事調停委員会から要請される調査の内容や関与の方法は異なる。ただし、家裁調査官はいずれの調査や関与においても、法の目的に沿いながら事件・紛争を適切な解決に導くための臨床的視点が必要になる。

＊注1　少年法第九条（調査の方針）＝「前条の調査は、なるべく、少年、保護者又は関係人の行状、経歴、素質、環境等について、医学、心理学、教育学、社会学その他の専門的智識特に少年鑑別所の鑑別の結果を活用して、これを行うように努めなければならない」

＊注2　家事審判規則第七条の三（事実の調査）＝「事実の調査は、必要に応じ、事件の関係人の性格、経歴、生活状況、財産状態及び家庭その他の環境等について、医学、心理学、社会学、経済学その他の専門的知識を活用して行うように努めなければならない」。法改正により、現在、この部分は家事事件手続規則第四四条に引き継がれている。

司法臨床による少年非行と家族紛争の類型

廣井亮一

法と臨床の交差領域に位置づけられる司法臨床の対象は、「法の軸」と「臨床の軸」によって類型化することができる。

法の軸とは、法による罪（刑罰）の大小を基準とするもので、他者に対する回復不可能な加害行為を最も重大に、自分を傷つける行為や回復可能な行為（被害弁償などによる）を比較的軽微に位置づける。それに対して、臨床の軸に一義的な基準はない。対象の属性、加害者と被害者の関係性、問題解決のための方法などによる多義的な基準である。

本書では、この法の軸と臨床の軸によって、少年非行と家族紛争を類型化した。以下に類型化の考え方と各類型の特徴を示す。

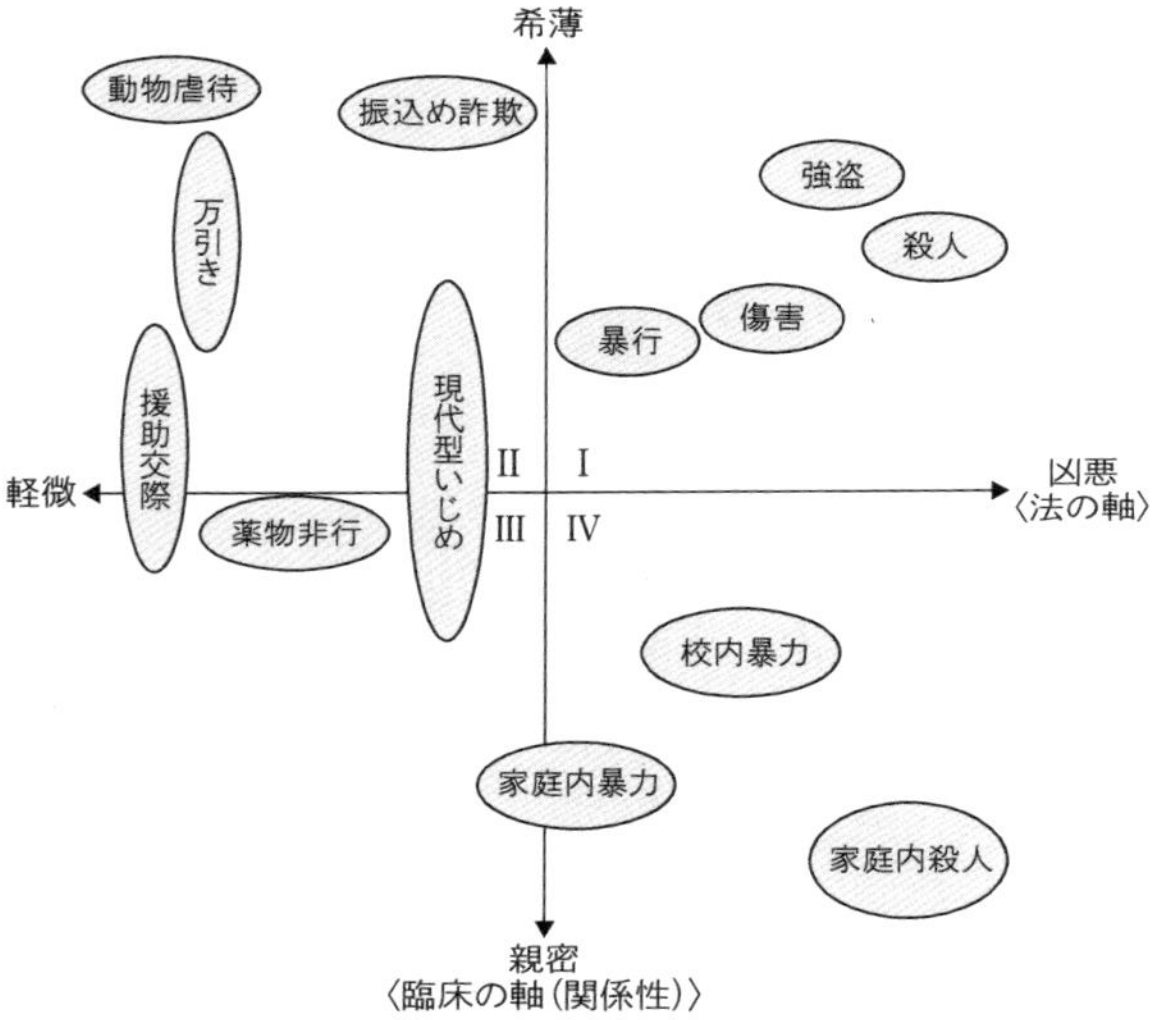

図1　少年問題の４類型

1　少年問題の４類型

図１は少年非行を法の軸と臨床の軸で便宜的に位置づけたものである。法の軸（横軸）は、問題行動に対する、法が定めた罪の軽重を基準とする。臨床の軸（縦軸）は、加害者と被害者の関係性の程度を基準にした。

第Ⅰ類型は、殺人、強盗、暴行、窃盗など他者に危害を加える反社会的問題行動群。第Ⅱ類型は、攻撃対象が入れ替わったりすることが特徴的な現代型いじめなどの不特定対象型問題行動群。第Ⅲ類型は、薬物非行、自傷、援助交際など自分を傷つける非社会的問題行動群。第Ⅳ類型は、校内暴力、家庭内暴力、家庭内殺人など、学校や家族における親密圏型問題行動群である。ただし、臨床の軸は多義的なため、図の類型プロットはそれに応じて変動する。

第Ⅰ類型（反社会的問題行動群）

反社会的問題行動群の特徴は、攻撃性が他者に向かい、法規範の逸脱行為として直截に示される問題行動である。例えば、暴行、傷害などの暴力非行や地域社会での暴走族による共同危険行為などの集団非行、そして他者への最たる攻撃としての殺人などが位置づけられる。

その結果、被害者（直接的被害者と間接的被害者）に対する加害行為の重大性と被害者感情が重視され、法の軸が最も強調される領域になる。それだけに、少年の更生のための臨床的視点を明確に維持しないと、昨今の非行少年を取り巻く現状のように、応報的、懲罰的な処分だけに陥りかねない。それゆえ「罰」をいかにして少年の更生のために展開することができるのかについて、臨床的観点による検討を十分にしなければならない問題行動群である。

第Ⅱ類型（不特定対象型問題行動群）

不特定対象型問題行動群は、攻撃対象が不明確なことが特徴的である。第Ⅰ類型の、攻撃する者と攻撃される者の相互の関係が比較的明確であることと対照的である。

例えば、現代型いじめの特徴である、ネットを用いた誹謗や中傷による陰湿な攻撃、いじめ加害者－いじめ被害者－傍観者－仲裁者の入れ替わりなど、加害者と被害者の関係が曖昧で不特定なことなどに示されている。親族などを装い不特定他者を対象とする振込め詐欺も同様な特徴がある。また、この群には、攻撃対象が不特定である万引きを繰り返す窃盗常習者（クレプトマニア）や痴漢常習者も含まれる。

なお、「殺す相手は誰でもよかった」という無差別殺人は攻撃対象の特定を欠いた犯罪であるが、殺人に対する法の軸は極めて重く、第Ⅰ類型の凶悪事件につながるものである。

第Ⅲ類型（非社会的問題行動群）

非社会的問題行動群は、攻撃性のベクトルが自分に跳ね返り、自分自身を傷つけてしまう非行群である。攻撃を向ける加害者性と向けられる被害者性が一体になって内在している状態である。危険ドラッグや麻薬などによる薬物非行、援助交際などの売買春行為、リストカットなどの自傷行為が位置づけられる。この問題行動群には生育歴に虐待を受けた少年たちが多いことも特徴である。

第Ⅳ類型（親密圏型問題行動群）

親密圏型問題行動群は、家庭内殺人、家庭内暴力、校内暴力など家族、学校のような親密な関係性における問題行動群である。児童虐待や体罰問題で揺れる現代の家族や学校において、発達に応じた子どもの甘えや依存性が適切に受容されず、その裏返しとして反抗や攻撃性が行動化して親や教師に向けられる問題行動である。

このような依存性と攻撃性のアンビバレントな様相は、「良い子の非行」と言われる現代型非行を理解する視点にもなる。幼少期から学童期にかけて攻撃性が過剰に抑圧されると、攻撃性はそれに附随する依存性が表面化して受け身的に表現され、受動攻撃的な反応を示すようになる。そのような受動攻撃的な権威（権力）に対する反応について、加賀[1]はR・M・ウィトマンを引いて次のような点を指摘している。

①権威に向かって潜在的には闘争的な傾向を持ちながら、権威者との関係において受け身の依存的な立場に身を置くという退行した態度を保持する。②自分を強く主張することを内的な罪悪感や報復の恐れから抑圧してしまう。③権威に向かって怒りや攻撃的感情を直接表示できない。④権威に対して都合のよいイメージ（良い子のイメージ）をつくる。

こうした子どもたちの受動攻撃的な状態が「良い子の凶悪重大事件」という現代型非行を顕現しているように思われる。

2　家族問題の4類型

家族の紛争や問題については、家族法（民法の第四編と第五編）による法の横軸と、家族関係の臨床の縦軸で分類した。

Ⅰ　夫婦関係

三組に一組が離婚している現代の夫婦関係を反映して、家庭裁判所の家事調停で最も多いのが夫婦関係調整事件（離婚、和合）である。その申立て趣旨のほとんどが離婚であり、申立て動機のトップが

「性格が合わない」という夫婦の関係の訴えである。

夫婦関係の紛争では、関係性の歪みや当事者の心的葛藤が焦点になるが、離婚問題がこじれると、金や物の争い、さらには子どもの奪い合いの問題になることが多い。生身の子どもは金や物と違って分けることができない。親権の争いなどでは、親同士が実力行使で子どもを奪い合うなど激しい紛争になり、子どもの心が深く傷ついていく。それゆえ、離婚に直面した家族の援助においては、離婚に伴う親権の決定、養育費の取り決め、子どもの引取り、面会交流の仕方など各ステージで法と臨床の協働が特に求められる。

離婚に伴う財産分与や慰謝料の紛争でも、相手に対する憎しみや恨みを金や物に置き換えて争っていることもある。離婚問題で金と物が絡んだときは、法と臨床の協働が必要になるゆえんである。金や物の背後に潜む関係の心理を読み解かずに、経済的利害得失に関する法だけで手続を進めてしまうと、紛争の解決が遅れたり複雑化してしまったりする。

ドメスティック・バイオレンス（ＤＶ）の夫婦関係の問題においては、ＤＶ被害者に対する、法による身体的安全（アドバイス・ガード）の確保と臨床による心理的ケア（メンタル・サポート）の両面が重要である。また、ＤＶ夫婦の共依存的な関係性などについて臨床的な理解が必要不可欠になる。

Ⅱ　親子関係

二〇一三年度に全国の児童相談所が対応した児童虐待の相談件数が七万件を超えて、過去最多の件数を示した。

児童虐待は、親（養育者）の子どもに対する加害行為であり、「虐待をする親（加害者）－虐待される子ども（被害者）」という関係図式が成り立つ。「児童虐待の防止等に関する法律」の制定以来、児童虐待に関する立入調査や警察の援助を受けることを可能にし、その後の法改正によって警察に対する援助要請の必要度をさらに強めている。

確かに子どもの生命が危機にさらされるような緊急事案では、警察官による執行が必要である。しかし、児童虐待に対してただ単に法的な力だけで対処して、親と子を強制的に引き離すだけの措置を講じるとすれば、虐待をする親はますます子どもにしがみつき、援助の手を拒み、逃げ隠れすることに終始しかねない。

司法臨床の観点から留意すべきは、福祉や臨床の立場は法の番人や執行者ではないのであるから、親の養育の仕方を不適切な養育（maltreatment）としてとらえて、育児・子育てに福祉・臨床的なスタンスで関与することである。そうした関わりの中で、明らかに虐待とされる行為を発見したり、緊急を要する危機介入が必要になれば、児童虐待防止法による法的介入を要請しなければならない。

二〇一一年五月の民法改正で、面会交流（離婚や別居などで子どもと離れて生活する親が子どもと面会したり宿泊したりして過ごすこと）の権利と義務的側面が強調された。面会交流においては、子の最善の利益を踏まえた、同居親と別居親それぞれとの親子関係が重要になるが、そのために離婚した元夫婦の関係の調整も同時に必要になる。

III　親族関係

親族関係の紛争には、高齢者虐待、老親の扶養、遺産分割など、高齢者が関わる問題が多い。老親の扶養や財産をめぐって、成人した子同士が争うことになる。そのため、実際の扶養の負担や金銭の得失とともに、老親が親世代だったときの育て方、きょうだい間の葛藤など、過ぎ去った家族の関係性が表面化してくる。さらに旧民法の家制度的な意識が反映されやすいことも特徴的である。

二〇〇六年に高齢者虐待防止法が施行されたが、児童虐待防止法に比べて同法の認知度は低い。例えば、この法律の正式な名称は「高齢者虐待の防止、高齢者の養護者に対する支援等に関する法律」と言うが、在宅の高齢者であれば現に虐待を行っている家族員も高齢者の養護者として支援の対象としてとらえるなど、家族臨床的なアプローチを要求している。

遺産分割はまさに親族関係の問題である。相続に関する条文は多く、遺言、特別受益、寄与分といった法に関する専門的な知識が要求される。同時に、きょうだい間の激しい葛藤に対する臨床的アプローチが必要になる。遺産分割の紛争は、親族間の「骨肉の争い」に陥ることがあり、協議が整わないと審判が下されることになる。しかし、金や物を法で分けることができても、その結果、親族関係がすべて崩壊してしまうことにもなりかねない。まさに、法と臨床の協働が不可欠な紛争である。

IV　多問題家族

夫婦関係、親子関係などにさまざまな問題や紛争が加わり、さらに非行や精神疾患など個人の問題や症状も同時に発現しているような複合的な問題を抱えた家族である。多問題家族では、個々の問題や紛争を解決しても別の問題が表面化することになるため、家族全体に対する家族療法的アプローチが必要になる。

〈引用文献〉

（1）加賀多一「受身――攻撃型人格とその臨床」、原俊夫、鹿野達男編『攻撃性』岩崎学術出版社、一九七九年

〈参考文献〉

廣井亮一『カウンセラーのための法と臨床』金子書房、二〇一二年
廣井亮一「加害者臨床の目的」、廣井亮一編著『加害者臨床』日本評論社、二〇一二年
野村総一郎「現代社会のうつ病の特徴」『現代のエスプリ』三九七、二〇〇〇年、三九-五〇頁

第Ⅱ部　現代の非行

非行総論——少年事件に見る現代の非行

坂野剛崇

1　はじめに

昨今、子どもをめぐっては、いじめ、ひきこもり、被虐待をはじめ、さまざまな問題が取り上げられている。子どもによる犯罪——少年非行もその一つであり、大人は、その子どもらしからぬ行動に驚き、慄く。そして、非行を起こした子どものパーソナリティなどの問題や特異性、育った環境、家庭や保護者の責任に焦点を当て、原因究明へと向かう。これら少年非行に向けた視線の奥には、しばしば、自分たちとは異なる世界のもの、現実として受け止めがたい特異なものという意識が見て取れる。マスメディアで取り上げられる事件は、ニュースバリューがある重大なものや特異なものに偏りがちなこともあり、少年非行については、凶悪化しているなど、体感的な不安ばかりを募らせ、厳罰化へと意識が向かいやすくなっているのが現状と言えるかもしれない。しかし、少年非行への実効のある対策を講じるためには、表に現れた行動だけでなく、その背後にある少年の状況など、実情や内実を詳細に検討することが不可欠である。

そこで、まずは少年非行に関する統計等を参考に、最近の少年非行の現状と動向を概観することにする。

2　少年非行の動向

(1)　減少し続ける少年非行

少年非行の基本法である少年法は一九四九年に施行され、六十数年が経つ。その間の少年非行の動向は図1の通りであり、少年非行には一九五一年、一九六四年、一九八三年を頂点とする三つピークがある。第一のピークである一九五一年は、戦後の混乱した世相、生活の中、貧困を背景にした窃盗などの財産犯が多発した。しかし、その後、社会が復興し、安定するにしたがって減少していった。一九六四年を頂点とする第二のピークは、第一次ベビーブームにより出生した子どもが十四歳を迎えて少年人口（十四〜十九歳）が急増したことが大きく影響している。また、日本経済が高度成長を迎え、物質的な豊かさに向かう中、遊興費欲しさを動機する窃盗などが多く見られた。また、経済至上主義の価値観に対する葛藤的心情からの反抗型の非行も見られた。その後、少年非行の事件数は減少していき、一九七〇年頃にはいったん底を打ったが、その後増加に転じ、一九八三年を頂点とする第三の

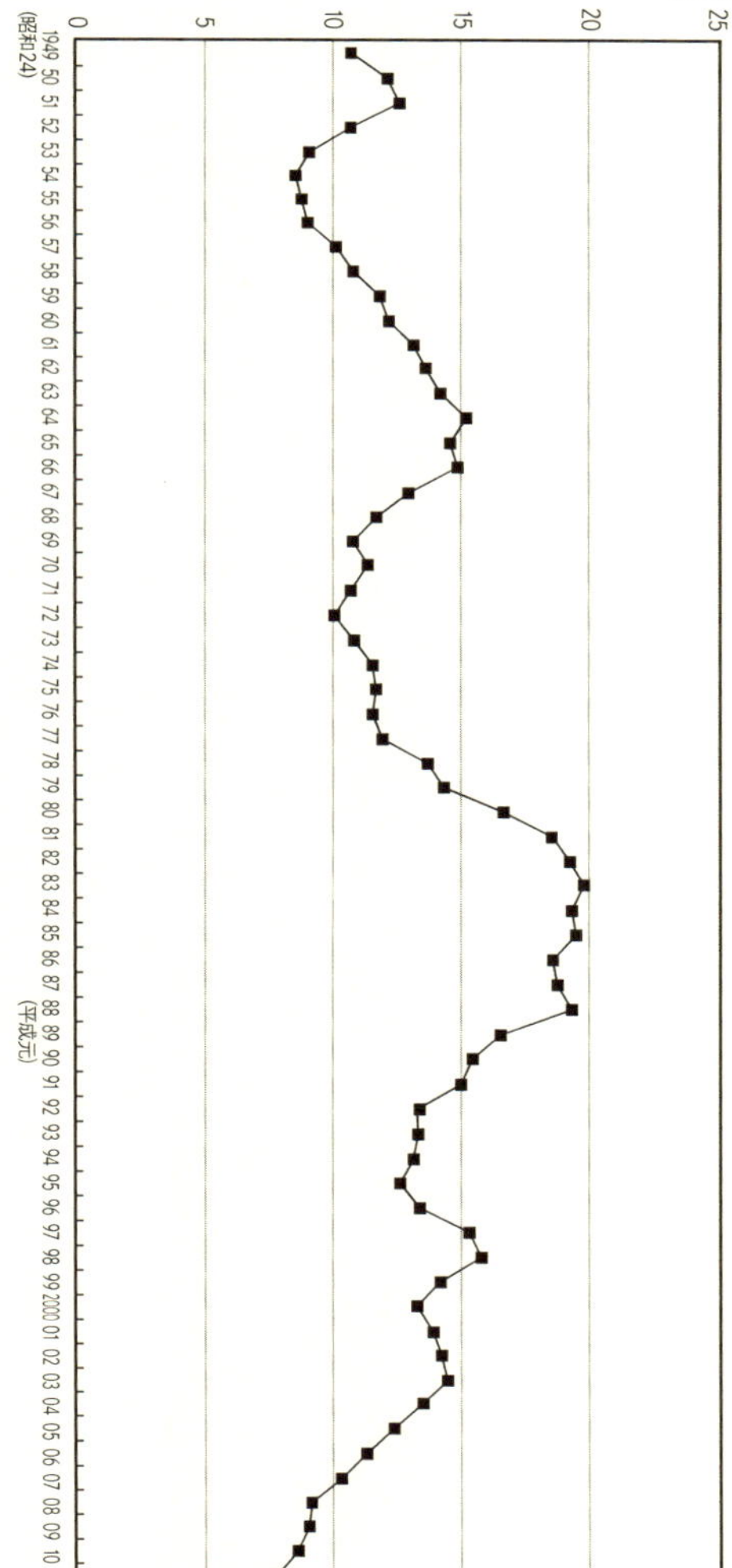

図1　一般刑法犯少年の検挙人員数の推移

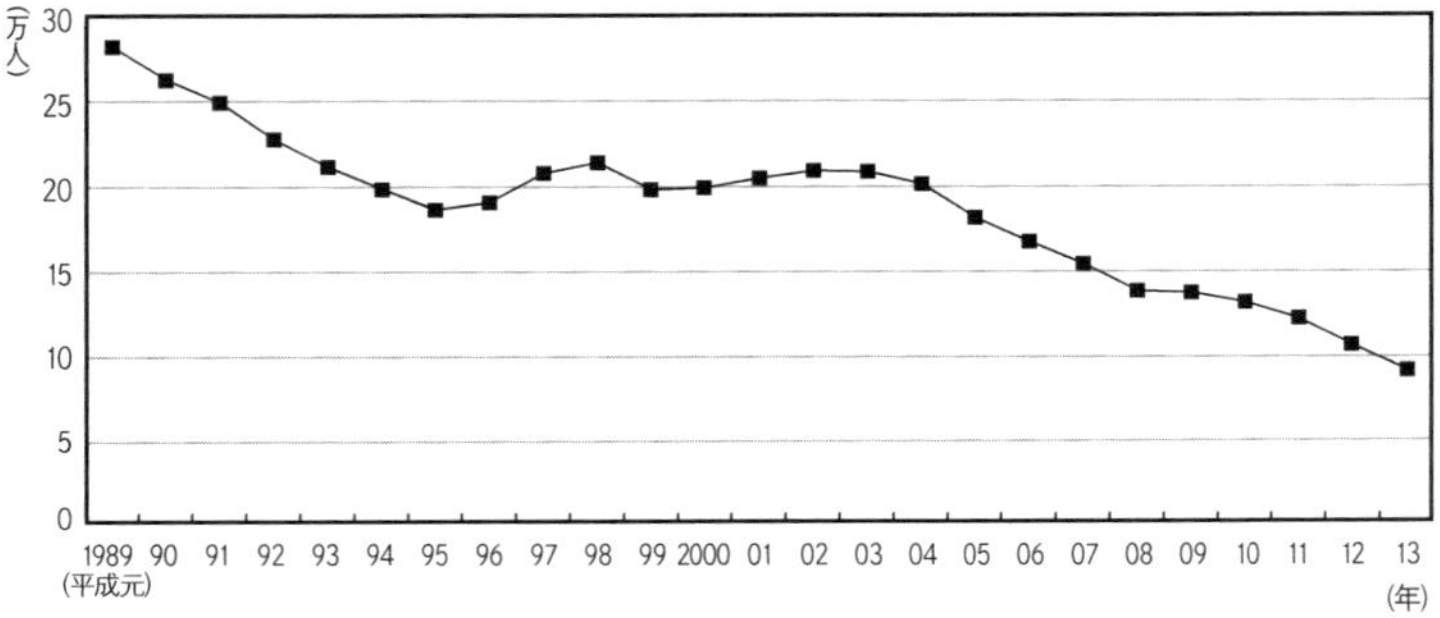

図2　家庭裁判所における一般保護事件の新受人員数の推移

ピークを迎えた。この時期は、非行行為のスリルを楽しむといった享楽的な動機による、被害金額が比較的小さい万引き等をはじめとする、いわゆる「初発型」の非行が増加した。また、当時「荒れる中学校」という言葉が世間をにぎわしたように、中学生による校内暴力事件が多発し、年少少年（十四、十五歳）による非行も急増した。しかし、平成に入った後の動向を見ると、少年非行の検挙人員数は、減少の一途をたどっている（図2）。最高裁判所[1]によれば、家庭裁判所が新たに受理した一般保護事件（少年事件のうちの交通関係の事件（道路交通法違反、自動車運転過失致死傷）を除いたもの）は、一九八九年（一〜十二月）が約二十八万件であったのが、二〇一三年は約九万七千件と一九八九年の約三五％になっている。最近十年では、二〇〇四年が約二十一万件であったのが、以後減少し続け、二〇一三年は二〇〇四年の約半分になっている。

　この少年非行の減少は、母数となる少年人口の減少によるところが大きい。しかし、図3の通り、少年人口（十四〜十九歳）千人当たりの非行少年の検挙人員も一九八九年

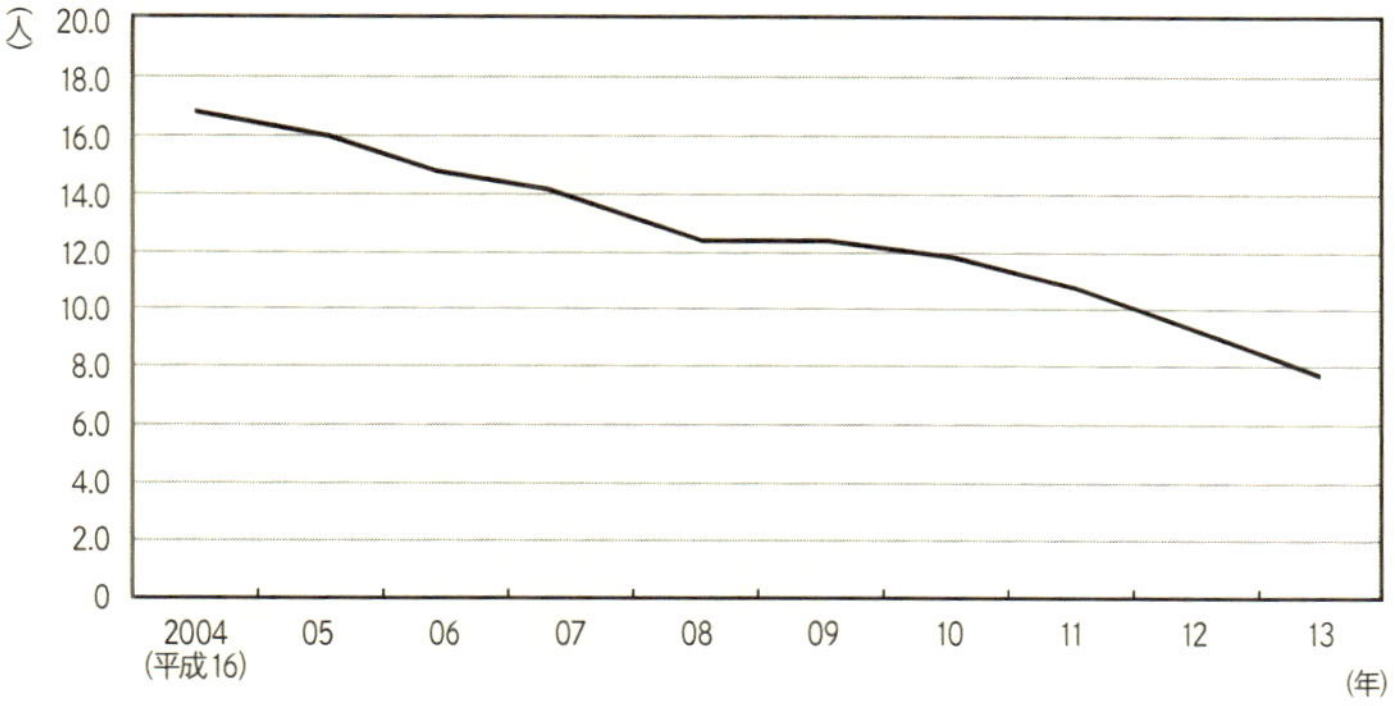

図３　少年人口1,000人当たりの刑法犯少年検挙人員数の推移

が十七・五人であったのが、その後減少し続け、二〇一三年は七・八人と最近十年で約半数になっている。また、触法少年についても同様で、一九八九年が四・四人であったのが二〇一三年には二・七人となっている。[2] すなわち、少年非行は、少年人口の減少以上に減っているのである。

(2)　少年非行が減っている理由

最近の少年非行の減少は、警察の相談態勢等の整備など非行防止のためのさまざまな施策が一定の成果を上げている結果と言える。しかし、それにとどまらず、青少年の気質が変化していることも考えられる。

二〇一二年にＮＨＫ放送文化研究所[3]が全国の十二～十八歳を対象に実施した中学生・高校生の生活と意識に関する調査によると、最近の青少年には、次のような特徴が見られる。

①学校生活は楽しく、親と関係も良好で家庭は居心地が良いと感じる。②「何でもないのにイライラ」したり、「すぐに不安」になったり、「思いきり暴れまわりたい」気持ち

や「何となく大声を出したい」気持ちになることが減り、精神的な不安定さを感じることが少なくなっている。③「無理に自分の考えを推し進めないで、多くの人の意見に合わせる」ということを望ましい生き方とする者が約六割を占め、「その日その日を自由に楽しく過ごす」「身近な人たちと、なごやかな毎日を送る」ことを生活目標とする者が増加している。

これらの結果からは、現代の青少年は身近なところで幸せを求め、高い達成意欲を持たず、内向きになっているということが見て取れ、一定程度豊かで安定した社会で、既存の社会の体制や価値観と、自分の置かれている現実や理想との隔たりを感じる余地は少なくなっていると言える。また、周囲と摩擦を生じさせるような自己主張を回避する傾向が強くなっていると考えられる。さらには、リスクを高めるような行動を回避し、社会に、いかに順応していくかという姿勢が強くなっていることも読み取れる。

自己主張が具現化された行動の一つである非行が減少しているのは、こうした青少年の気質や生活態度の変化に起因するのかもしれない。

(3) 最近の非行――変わる非行少年

それでは、このような状況の中で、非行を起こす少年にはどのような特徴があるのだろうか。

前項で述べたように、少年非行は減少している。非行種別に見ても、常に実数、割合とともに最も多い窃盗事件の二〇一三年の家庭裁判所の新受事件数[1]は、十年前（二〇〇四年）に比べて三八・六％と半数以下になっている。また、殺人、強盗などの凶悪事件は三五・六％、恐喝、傷害といった粗暴事件は六四・七％、薬物非行に至っては七・二％と、いずれも減少している。ただ、その一方で、性非行は増加傾向を示している。性非行のうち、強姦事件は減っているが、わいせつ事件は、二〇〇四年が四百五十二件であったのが、その後多少の増減があるものの、増加傾向が見られ、二〇一三年は六百七十四件と十年間で約一・五倍になっている。中でも、強制わいせつ、公然わいせつは、ともに二〇％前後の増加を示している。なお、警察庁生活安全局少年課[2]によれば、強制わいせつは、この十年で百五十一件から百二十四件と約一七％減少となっている一方で、公然わいせつは、二〇〇四年に五十六件であったのが、以後増加し続け、二〇一三年には百十六件と十年前の約二・一倍になっている。また、わいせつ画像等をインターネットのサイト上に掲載するなどの罪であるわいせつ物領布等の事件は、二〇〇四年が七件であったのが、二〇一三年には六十七件と約十倍になっている。

性非行は、思春期、青年期の発達に伴う性衝動の問題であるとともに、対人関係、共感性の問題でもある。性非行の増加からは、被害者（相手）を、単に自分の欲求充足のための対象と見なしていること、いわば「モノ」と同様に見ていることがうかがえる。また、性非行の中でも公然わいせつ、わいせつ画像領布の事件が増えていることから考えると、特定の被害者と直接関わるのではなく、不特定の被害者、あるいは間接的に被害者と関わる者が増えていると言える。これらの非行の特徴からは、最近の非行少年は、適切な対人関係をとれなくなっている面があると理解できる。

これは、共犯のいる事件の割合（共犯率）からも読み取れる。かつての少年非行は共犯率が高いこと、すなわち、不良仲間と一緒であったことが大きな特徴の一つで、共犯率は二〇〇二年頃までは六〇％弱で推移していた。しかし、その後減少し続け、二〇一三年は約五〇％とこの十年で八ポイント

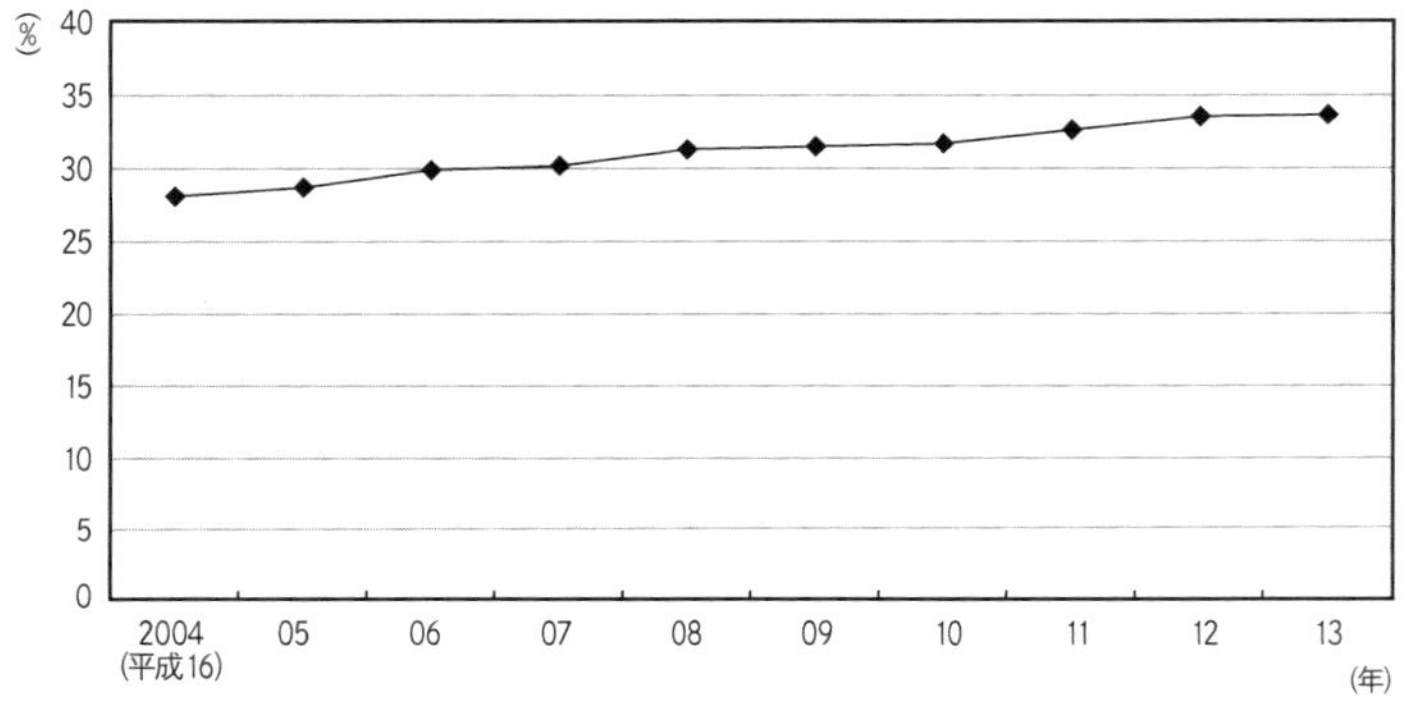

図４　少年事件における再犯少年の割合の推移

以上減少している。[1]また、暴走族については、その数は激減し、規模も小さくなっている。このことは、非行少年がかつてのように不良「仲間」をつくれなくなっていること、すなわち、適切な対人関係を結べなくなっていることを示していると言えよう。

このように、最近の非行、非行少年については、特に対人関係の持ち方に大きな質的・量的な変化が見られる。

(4)　再非行
――非行からの離脱、更生・立ち直りの難しさ

また、最近の非行の特徴として、再非行を起こす少年が減っていないことも挙げられる。警察庁生活安全局少年課の統計[2]では、刑法犯少年のうち、再非行少年の割合は、二〇〇四年が二八・〇％であったのが、その後増加し続け、二〇一三年には三三・九％となっており、再犯者率は過去最悪となっている（図４）。このように、再犯者については、実数こそ減っているものの、検挙人員数の減少ほどの減り方はしておらず、その割合はむしろ増

加している。また、保護観察決定に付された少年（一号観察）について、決定後二年以内の再犯率を見ると、約二十年前（一九九二年）は八・六％であったのが、二〇一二年は一一・五％と約一・三倍に増えている。(4)

再犯少年の割合の高さについては、背景には、過去に何らかの処分を受けたことのある少年の検挙が比較的容易であるという捜査態勢上の理由もあると思われる。しかし、最近の非行少年の特質を考慮すると、更生が難しく、支援等の手を一層必要とする少年が増えていることも要因の一つになっていると考えられる。

矯正統計年報(5)によれば、少年院に収容された少年の知能指数は、六九以下の少年の割合が、一九八九年は五・二一％であったのが、二〇一三年は六・七九％と一・四倍になっている。また、精神診断について見ると、知的障害がある少年は、一九八九年が一・六％であったのが、二〇一三年は三・四％と約二倍になり、発達障害が含まれる「その他の精神障害」が三・〇二％から六・一％と二・三倍に増えている。これらの実情からすると、最近の非行少年は、器質的な問題等を持つ少年本人が増えていること、そして、それらに対する家庭等の支援が十分でないことが相まって、非行からの離脱、更生・立ち直りが難しくなっているところがあると考えられる。

他方、これらの少年の更生を支援する重要な資源である家族について見ると、少年院に収容された少年の家庭の経済状況に大きな変化はないものの、ひとり親家庭の割合は、二〇〇三年は四四・六％であったのが、二〇一三年は四七・六％と三ポイント増え、核家族化による同居家族の減少やひとり親家庭の増加により、家族のマンパワーが低下し、適切な監護がなされていないことがうかがえる。(5)

現に、少年院に送致された事件で、保護者との関係調整を含む帰住先の調整を主な内容とすることが多くを占める環境調整命令が出された件数は、二〇〇六年が二百四十二件で、全体の約五・一％であったのが、二〇一三年は三百八件で、全体の九・〇％となっており、その実数、割合ともに増加している。(5)

家庭については、非行少年自身も、非行のない同世代の青少年と比べて家庭に対する不満がある者の割合が高く、その主因として「経済的不満」「家族間の葛藤」「親の無理解」を挙げていることを考えると、(6)家庭が心情的な安定をもたらし、活力を与えてくれる「居場所」に十分になり得ていないことがうかがえる。

これらの実情からすると、最近の非行少年は、生物的な問題等が非行の直接の原因となるわけではないが、これらの決して小さくない問題を持つ少年本人が増えていること、そして、それらに対する家庭等の支援が十分でないことが相まって、非行からの離脱、更生・立ち直りが難しくなっているところがあると考えられる。

3　非行からの離脱、更生・立ち直りのために

非行は、「反」または「非」がつくものの、社会的行為の一つであり、少年という個人の問題——生物的な問題、心理的な問題——と家庭をはじめとした彼／彼女を取り巻く環境の問題との交互作用として生じる。非行少年の更生・立ち直りを考えるためには、まずはこれらのさまざまな側面——シス

テム上の課題——について個々の側面の問題（構造、機能）とともに、それらがどのように結びついて非行という問題行動に至ったのかというメカニズム（発生、過程）を解明する必要がある。そして、そこから、少年やその家族が非行を繰り返すスパイラルから抜け出せるよう、少年等の変化・変容の難易の程度、効果の大きさなどを考慮して、より容易に、より効率的に好転が期待できる指導・教育のポイントを探り当て、少年やその保護者に受け入れられやすい形にして実践することが必須となる。

この非行少年等に対する支援の実践を可能にしているのは、少年の問題が非行として立ち表れたこと、すなわち、法という網の目に引っかかったことによる。法に抵触したこと、法に抵触するおそれがある問題行動が表出されたことで、警察の補導、検挙の手が入り、家庭裁判所の調査、措置、審判が行われる。さらに、処遇という形で少年院や保護観察所等による教育や指導が施される。ただし、これらの働きかけは、非行を起こした少年にとっては、非行に対する反作用として発動される一方的なものである。そこに非行から離脱しようという少年等の自発的な動機はないに等しい。そのため、支援を行う側は、働きかけの第一歩として、少年に自らの問題に対する意識を深め、解決・緩和に向けて自ら取り組むように動機づけることが必要となる。

また、支援を行う側に強固な権威、権力性があるのが少年司法の構造上の大きな特徴である。これは、時にはこの構造自体が少年等の反発心を招き、指導等の効果を阻害する要因となることがある。しかし、同時に、間接、直接の強制的な働きかけを可能にしてもいる。非行少年の更生・立ち直りに向けた実践には、この構造・設定を適切に活用して、効果的な指導等を行っていくことが求められる。

非行少年等に対する支援の実践では、関係する諸機関の適切な協働・連携が不可欠となる。少年非行には、少年の家族はもちろん、警察、家庭裁判所、保護観察所、少年院等の機関が携わる。ほかにも、学校や職業関係者、行政機関が関わることもある。これら関係する複数の機関や職種が同時に関わったり、バトンを引き継ぐように関わったりすることが少年法制の特徴の一つである。このような特徴を踏まえて考えるならば、少年の更生・立ち直りに対する適切な支援には、少年に関わるすべての諸機関等が情報の交換・共有はもちろん、チームとして協働する行動連携が不可欠となる。

非行少年を対象とした臨床の場では、先述した司法の場であるということに起因する二つの構造上の特徴を踏まえて、個別具体的な実践方法を探求することが必要となる。

4　おわりに

このような司法の場での非行少年に対する更生・立ち直りの実践に関して、以下では、非行種別に、具体的な事例から読み取れる最近の非行少年やその家族をはじめとする生活環境の問題等について考察し、そのような問題を持つ少年の更生・立ち直りのために必要な指導、教育、支援のあり方について検討していく。

個別の事例を超えて、現代の子どもの問題の発露の一つである非行を起こした子どもやその家族について、規範的な観点から評価するだけでなく、彼ら／彼女らが置かれている状況や心情に寄り添うことを出発点として、支援等のヒントを得てもらえれば幸いである。

〈引用文献〉

（1）最高裁判所事務総局「司法統計年報」一九八九 - 二〇一三年
（2）警察庁生活安全局少年課「平成二十五年度中における少年の補導及び保護の概況」二〇一四年
（3）ＮＨＫ放送文化研究所編『ＮＨＫ中学生・高校生の生活と意識調査二〇一二』ＮＨＫ出版、二〇一三年
（4）法務省の統計　http://www.moj.go.jp/housei/toukei/toukei_index2.html（二〇一五年一月十九日アクセス）
（5）法務省「矯正統計年報」一九八九 - 二〇一三年
（6）法務総合研究所「研究部報告　青少年の生活意識と価値観に関する研究」二〇一一年

〈参考文献〉

坂野剛崇「家庭裁判所調査官の調査の特質について——家事事件・少年事件における専門的機能の担い手として」『家庭裁判月報』六四（三）、二〇一二年、一 - 七〇頁
坂野剛崇「非行臨床における実践者の機能と役割に関する一考察——少年非行事件に対する家庭裁判所調査官による試験観察事例を素材に」『司法福祉学研究』一三、二〇一三年、八四 - 一〇一頁

第Ⅰ類型（反社会的問題行動群）

暴力非行

柳下哲矢

1　はじめに

粗暴非行を担当するとき、最初にわき上がる感覚は、相手に身構えるような警戒感とともに、血圧が上がるような生理的な感覚である。このような感覚は、実際に出会う少年が無力感の強い、むしろ弱々しい部分があることがわかっていても、かすかな感覚として残っている。これは、粗暴非行が窃盗事件などの他の非行に比べて、それを見聞きする第三者に対しても嫌悪感を与え、情緒的に巻き込む力が強いためではないかと思われる。

二〇一三年に家庭裁判所が受理した人員のうち、粗暴犯と呼ばれる傷害（傷害致死を含む）、恐喝、暴行、脅迫事件で受理した人員は八千六百五十五人で、二〇〇九年と比較しても九六・五％と、ほぼ横ばい状態になっている。また、二〇一三年の粗暴犯の受理人員は、少年事件の刑法犯全体に占める割合で見ると九・七％と決して高くない。(1)(2)ただし、これらの犯罪は、一般的には暗数の多い事件と言われており、被害届が出されず、犯罪として認知されない場合が多いことが特徴である。また、最近の粗暴非行の特徴としては、共犯事件の割合の減少が挙げられる。二〇〇三年と二〇一三年の司法統計年報(1)(3)で比較してみると、傷害事件における共犯事件の割合は、二〇〇三年では七一・五％だったのに比べ、二〇一三年では四七・八％に減少しており、単独での非行が過半数になっている。また、暴行事件でも共犯事件の割合は減っており、二〇〇三年では三四・四％が共犯事件だったのに比べ、二〇一三年では一八％に減っている。

傷害、暴行罪は、人の身体を侵害し、危険にさらす犯罪である。暴行罪における「暴行」とは、人の身体に向けられた物理的な有形力の行使とされている。また、脅迫罪は、生命、身体、自由、名誉、または財産に対し、「害を加える旨を告知する」犯罪で、恐喝罪は、「害悪の及ぶことを告知して」相手方を畏怖させ、財物を交付させる犯罪である。いずれも、危害を加えることを告知し、他人の意思決定、行動の自由を奪う犯罪である。

大渕(4)は、攻撃を「他者に危害を与えようとする意図的行動」と定義しており、この定義からすれば、粗暴非行はすべて攻撃的な要素を含んでいる。しかし、「他者に危害を与えようとする意図的行動」のすべてが犯罪になるわけではない。例えば、批判や悪口を言うなど、他人に否定的なメッセージを伝えることは「攻撃」であるが、法律に触れるとは限らない。訴訟の世界では、自己の主張を立証し、相手の主張に反証していくことを「攻撃」「防御」と言っている。訴訟という論争の場では、一定の手続に則った攻撃、防御によって、真相を明らかにしていくという面もある。一般的には、攻撃という言葉はネガティブな印象を与えるものだが、社会的不正を暴き、社会変革を促すような行動には多少なりとも攻撃的な要素が含まれており、その意味で攻撃性には建設的な要素が含まれていることもある。

2　総論

(1)　攻撃性についての学説

大渕[5]は人間の攻撃性について、内因衝動説、情動発散説、社会的機能説の三つに整理している。内因衝動説の特徴は、攻撃行動を起こす心理的エネルギー（サディスティックな攻撃本能、攻撃衝動）が個体内にあると仮定していることで、この学説の代表的な人物としてS・フロイト、K・ローレンツを挙げている。情動発散説は、攻撃行動を不快な感情の表出、発散と見なす立場である。欲求不満によって生じた不快な感情を発散し、不快な内的緊張を減少させることに攻撃行動の意義があるとされる。社会的機能説は、攻撃行動を、ある目的を達成する手段として自覚的に選択している点を強調する立場である。例えば、脅しによって交渉を有利に進めるなど、攻撃行動を社会的葛藤に対する解決戦略と見なす立場などが含まれる。人の自覚的な意思決定では、葛藤事態をどのように理解するか、対立相手をどのように知覚するかによって攻撃行動が強まったり、弱まったりする。攻撃的な子どもは、「自分は人から嫌われている」という、その人に特有の考え方のパターン（自己スキーマ）を持っており、他者の表情から感情を正しく読み取る能力が低いため、対人認知が歪んだり、相手の敵意に選択的に注意を向けたりしやすい。大渕[5]によれば、こうした認知傾向は、敵意帰属バイアスと呼ばれており、暴力犯罪者にはその傾向が顕著とされている。

一方、M・クライン[6]は、子どもの精神分析の知見から乳児期の攻撃性を理解している。クラインが妄想－分裂ポジションと名づけた内的世界の状況では、乳児は苦痛なものが自分の内から自分をバラバラに断片化してしまう恐怖から逃れるために、「良い自己」を、自己全体を破壊してしまいそうな攻撃性に満ちた「悪い自己」から隔離、分割するという心の操作を行っている。そして、「良い自己」の中には「良い対象」を取り入れる一方、「悪い自己」を「悪い対象群」の中に投影して排泄している。このような投影というメカニズムによって、内的な世界での体験や感覚を現実の外界に持ち込んでしまうため、歪んだ認知を引き起こすことになる。そして、攻撃行動においても、自分の中の受け入れがたい部分、憎らしい部分を他者に投影し、その部分が自分自身に戻ってこないようにするために攻撃する、と説明される。

岡野[7]は、怒りが起きるメカニズムに関して、「自己愛トラウマ」という観点から考察している。今まで、怒りは攻撃性や男性性と結びつけられる傾向にあったが、岡野は、怒りには恥や弱さに対する防衛という意味合いがあるという。そして、人が腹を立てる際は、まず自分のプライドが傷ついたことによる心の痛みから始まり、次に自分のプライドを傷つけられた人に向かう激しい怒りへと変わる。このプロセスはすばやく起こるため、怒っている当人もこの二重構造を自覚することはほとんどないが、怒りには自己愛が傷つけられたことによる苦痛、すなわち恥が先立っており、恥に陥りやすい人ほど怒りを破壊的な形で表現する傾向にあると指摘している。そして、どれほど凶悪で破壊性に満ちた雰囲気を持つ少年でも、その内側に敏感な部分、自らのプライドに関わる部分を抱えており、怒りはその部分に触れた際に爆発的に生成されるという。

(2)　虐待等の被害体験との関連性

暴力犯罪は、被害体験との関連性が指摘されることが多く、実際にも少年の生育歴には暴力の被害体験が確認される事例が多い。

A・スタイン[8]は暴力を「解離」という観点から考察し、暴力犯罪は解離状態で行われることが多いと指摘している。暴力は、妄想的な投影が引き金になって生じることが多いが、犯罪者たちは高い割合で児童虐待の被害者で、児童期のトラウマ、恐怖や罪の意識、恥、激しい怒りなどを解離していることが多い。その結果、暴力という形で繰り返しエナクト（意識化されていない思考などを行動に表現）しているという。このような暴力は、計算された行動とはほど遠く、多くの場合、幼い頃に置かれていたのと同じ苦境に陥ると出現する、と述べている。

松本[9]は、児童虐待などの被害から加害へと反社会的行動が進んでいくプロセスを、「こころの痛み」を喪失するプロセスと述べている。犯罪を犯した人の多くは、幼少期にさまざまな虐待を受けながらも、その怒りと痛みの記憶を抑圧・封印し、こころに鎧を被せている。これは、過酷な現実から逃れるために活性化された解離の機制によるものと考えられ、自分の痛みに鈍感、無感覚になって自傷や薬物乱用を繰り返し、やがて他人の痛みにも鈍感になり、暴力を繰り返すようになるという。

橋本[10]は、虐待と非行との関連の中で、「マステリー」による暴力の反復と考えられる事例があると述べている。マステリーとは、ある行為（災害や虐待の被害体験など）を行動的もしくは認知的に繰り返すことによって、その行為に伴ったショックなどの強い感情を和らげることである。心の傷を受けたようなことを主体的に繰り返すことによって、事態をコントロールできるという感覚を持ち、無力感や絶望感を克服していくという心理作用である。ただし、マステリーという心理作用があるにしても、他者に暴力を振るうことは自分や他者を困らせる結果になるだけのことが多いため、暴力を振るうことで心理的な傷を克服できるとは限らない、とも指摘している。

これらの論者は、暴力の要因として、解離など自分自身では自覚、制御できないメカニズムがあることを指摘している。少年は、非行の場面で「キレて」いて、事件をあまり覚えていないと言うことがあるが、このような場合、よく確認すると暴力を目的達成の手段として自覚的に選んでいて、責任逃れの弁解をしていることも多い。そのため、筆者としては、解離という観点だけで暴力を考察するのは不適切と考えている。しかし、暴力に至るプロセスには、自覚的な動機だけではなく、少年が自己、他者のこころの痛みに鈍感になっていることなど、少年に自覚されていないプロセスが関係していることが多い。被害体験の影響を考えることは、暴力を理解するうえで不可欠である。

3　事例

藤岡[11]は、暴力を振るう少年に共通することとして、①暴力を支持する態度・考え方（喧嘩は男らしい、やられたらやり返すのが当然など）、②一見強がった態度の裏側にある弱小感、無力感、脆弱感、③力を暴力ではなく適正な力として行使するモデルとなる父親の不在を挙げている。以下、事例を紹介したい。事例は、秘密保持に配慮し、現代の少年、家族の特徴を抽出しながら改変、再構成したものである。

(1)　事例1――傷害事件、高校生男子

▼事案の概要

アルバイト先へ自転車に乗って急いで向かう途中、交差点で散歩中の被害者にぶつかり、被害者を殴った事案である。少年は、自分の不注意で被害者にぶつかり、「しまった」と思ったが、アルバイトに遅刻したら大ごとになると思い、謝らずに逃げようとした。しかし、被害者から「警察に行こう」と身体をつかまれたため、態度を豹変させて、被害者の手を振りほどいて何度も暴行を加えた。暴行している最中は無我夢中だったが、ふと自分がしていることを思い、どうしようもなくみじめな人間だと感じ、最後は逃げる気力を失って座り込んだ。被害者は血だらけになっていた。

家裁調査官の調査の際、少年は「自転車で被害者にちょっと当たっただけ」「記憶はないが、被害者から気に障ることを言われたかもしれない」など責任逃れをする発言が目立ち、「自分が先輩から殴られたトラウマで、被害者と昔自分が殴られた先輩が重なって見えた。ＰＴＳＤだった」などと述べていた。少年自身がＰＴＳＤ（心的外傷後ストレス障害）という言葉を使っていたのが印象的であった。

▼家族

父母は、仕事が休みの日には、夫婦そろって少年の野球の試合観戦に行くなど、周囲から見ればごく一般的な家庭である。父は、少年が何か習い事をしたいと言っても、自分の方針に沿わないと決し

て認めないタイプである。少年への体罰はないが、体罰に肯定的で、教師による体罰も必要という考えである。少年が少年野球の監督から暴力を受けていても、「皆耐えて成長しているのだから少年も頑張るべき」と考え、少年が野球に真剣に取り組まないと怒っていた。母は、若い頃から家庭の事情で昼夜働くなど苦労をしてきた人で、つらいことでも自分で乗り越えてきたという自負がある。そうした母から見ると、少年は甘えていて男らしくないと映っていた。少年は、母に叱られると反論できずに黙り込むことが多かった。

▼生活歴

幼い頃から人見知りで、恥ずかしがり屋だった。自分勝手なところもあり、よく喧嘩になったが、元来気が弱く、小学校低学年頃は喧嘩になると体が震えていた。父からは、「弱い人に喧嘩をしてはだめだが、強い人には負けてもいいからやり返せ」と言われてきたが、やり返すことはできなかった。中学校入学後、地元の強豪野球クラブに入団した。ミスをすると、監督から殴られた。少年は、監督の玩具にされていると感じて不満だったが、自分は親に野球をやらせてもらっているという立場だからと、泣きながら耐えていた。また、学校でも同級生から「死ね」などと悪口を言われ、いじめられていた。悪口を言われないようにするため、行動を控え、自己主張をしなくなった。弱い自分を見せたくないと、両親には学校でいじめにあっていることを伝えなかった。

高校でも野球を続けたが、間もなく先輩からいじめられ、暴力を振るわれた。それでも、両親の期待を裏切らないように嫌々部活動を続けていた。いじめられないためにどうしたらいいかを考え、「自己主張をしないのはやめて強気になろう。先輩を恐がらず、すぐ謝ったりするのはやめよう」と考えを方針転換した。そう考えるようになってから、母に反抗的な態度をとるようになり、母に対して「死ね」「俺が死んだほうがいいんだろ」などと暴言を吐くようになった。母に対する反抗には、親の期待に沿って嫌々部活動を続けていたのに、親が自分の気持ちを理解してくれないことへのいら立ちもあった。

▼考察

少年は、非行の原因を「自分が部活の先輩に殴られたトラウマのためだ」と述べている。そこには、自分にはコントロールできない原因があり、やむを得ない暴力であったというニュアンスがある。しかし、少なくとも、当初は、警察に捕まることから逃れようという明確な目的で暴力を振るっており、トラウマが事件の直接の「引き金」になったとは考えにくい。この少年の場合、弱い自分を変えて、「すぐ謝ったりするのはやめよう」「強気になろう」としていたために、被害者とぶつかっても謝らず、暴力に発展していった面が強い。しかし、その一方で、暴力を振るっている最中は無我夢中になっており、暴行を始めてから感情のコントロールが目立って失われている事案である。

スタイン(8)は、解離は暴力の呼び水であるとともに、暴力の結果生じるものでもあると指摘しているが、この事案でも、暴力を振るう中で少年が解離に近い状態に至った可能性がある。つまり、今まで暴力を受けたことの恐怖感（少年の言うトラウマ）のために、徹底的に相手をやりこめないと自分が負けるという危機感、恐怖感が誘発されていき、無我夢中になっていった可能性がある。このような意味であれば、少年の言うように、「トラウマの結果」と見ることも可能と思われる。

なお、少年の粗暴傾向が強まった背景には、保護者の養育態度の問題もある。この家庭では、ドメスティック・バイオレンス（DV）や体罰など、目に見える暴力は認められない。しかし、父母は、少年を「男らしくない」と評価し、父は、少年に「負けてもいいからやり返せ」と指導していた。こうした両親の対応のため、少年が自分は女々しいという劣等感を一層募らせ、いじめにあったことも父母に話せなくなっていた。このように、父母が子の無力感や悔しさを受け止めず、いじめを跳ね返す「強さ」「男らしさ」を期待したことで、結果的に少年が劣等感を克服しようとして暴力的になっていく場合がある。

(2) 事例2——恐喝事件、十八歳男子

▼事案の概要

少年が車を運転中、偶然出会った被害者と言い合いになり、暴力団関係者の友人（共犯A男）を呼び出して、一緒に恐喝をした事案である。少年が運転中、どちらが進路妨害をしたかで被害者と言い合いになり、被害者から罵倒されたため、少年は何としても被害者を謝らせなければ気が済まず、年上で一見して怖そうな共犯A男を呼び出した。呼び出されたA男は、自分は暴力団組員だと言って、少年と一緒に被害者から金を脅し取った。少年は、被害者から金を奪うことまでは考えていなかったが、もし被害者が金を出さなければ、A男は少年に対して金を請求してくるだろうと思い、A男に同調して恐喝した。

▼家族

父は、少年の言い分を聞かずに頭ごなしに叱り、体罰を振るうこともあった。少年は、できればもっ

と父と話したり、相談したい気持ちもあったが、話しても一喝され、自分がいら立つだけなので、父とは自然と疎遠になっていった。中学入学頃からは、父に「俺のことが嫌いなんだろう」と言って、物に当たったり、壁を殴って穴をあけたりするようになった。

以後、母は、少年をはれ物に触るように接している。夫婦間の身体的暴力はないものの、夫婦喧嘩が頻繁にあり、母は父との離婚を考えているが、問題行動の多い少年を指導するには父の力が必要なのかもしれないと思い、迷っている。一方、少年は父母の離婚は避けてほしいと考えており、もし離婚したら父母どちらと暮らすかと問われると、「俺は一人で暮らす」と答えていた。

▼生活歴

小さい頃から泣き虫で、怖がりだった。しかし、中学生になると人前で泣くのは恥ずかしいと思い、強がるようになり、同級生や担任との言い争いが増えた。高校でも同様で、教師から注意されることに反発して中退した。先生や先輩から注意されても、自分が全部悪いというのでなければ謝らず、謝るのは情けないことだと思っていた。高校を中退後、父の紹介で建築関係の仕事を転々としたが、上から命令されることは嫌で、すぐ親方と喧嘩になった。先輩からも生意気だと言われて、殴られることがあった。不良仲間との付き合いでは、上下関係が面倒と、先輩との深い関わりは避けていたが、強い先輩と知り合っていれば何かと助けてもらえるという打算的な期待も持っていた。そうした中、先輩から金をだまし取られることがあり、相手の先輩よりも名の知れた不良のA男にトラブルを解決してもらった。A男は「危ない人」という評判だったが、実際に会うと普通の人で、「困ったら何でも相談してこい」と言われ、自分も強くなったように感じた。A男と知り合った頃から、暴力団周辺者の経営する会社でアルバイトを始めた。しかし、その頃から次第にA男から使い走りをさせられるようになり、付き合うのを面倒に感じていた。「ヤクザ映画」を見て格好良いとは思ったが、上下関係が厳しい世界に入りたいとは思わなかった。その一方で、興味半分で入れ墨を入れたときには、これからはヤクザと渡り合えるような人間にならないといけない、という気持ちもあった。

▼考察

この少年らしさが最も表れているのは、「自分が全部悪いのでなければ相手に謝らない」「謝るのは情けない」という点である。こうした言動には、父が自分の言い分を聞き入れずに頭ごなしに叱り、少年はそれを理不尽に感じていたことが影響していると思われる。そして、謝るのは情けないという考え方のために、職場や友人関係でトラブルが増え、トラブルの解決のためにより強い者を持ち出して「力」で解決するようになっている。

もともと泣き虫で、先輩から殴られたり、金をだまし取られていた少年にとって、周囲から強く見られることは、自尊心を高めるとともに、対人トラブルを回避する方法であったと思われる。しかし、実際は、強く見られようと意識すればするほど、「相手から見下された」「上から命令された」など些細なことでプライドが傷つきやすくなり、学校や職場への適応も悪化している。

この事例では、母は内心では離婚を考えているが、少年は父母に離婚してほしくないと考えている。そして、母は少年の非行を抑えるため、父の力も必要と考え、離婚を躊躇している。この点、少年が問題行動を起こすことで、父母を離婚させにくい状況をつくっており、父母の離婚を阻止しようとしていたという見方も可能である。ただし、その一方で、父母の離婚の危機が続いていたという面では、少年の期待通りだったとは言い難い。「もし離婚したら父母どちらと暮らすか？」と問われて、「俺は一人で暮らす」と答えていた少年は、もはや父母に期待することに見切りをつけて、誰にも期待せず打算的に生きようとする気持ちもあったと思われる。体罰や放任がなくても、父母への期待が繰り返し裏切られたときは、子どもにとって被害的な体験となる。そのような傷つきから脱却し、誰にも頼らず一匹狼のように生きようとし、反社会的な強さに引きつけられていくこともある。

4　粗暴非行に見る現代の少年と家族

(1)　攻撃性の変化

廣井[12]は、非行少年の攻撃性に関して、一九八三年と二〇〇〇年に攻撃性の転換点があったと述べている。一九八三年の転換点では、強者に対する攻撃性の発動が減り、社会や学校に向けられていた攻撃性は、家庭や学校ではあからさまに発動されず、弱者や異質な者に対する陰湿な攻撃に転じたという。また、二〇〇〇年の転換点では、上位者に対して従順な面を示しながら、激しいいら立ちを内に秘めた少年が多くなり、小動物に対する虐待的行為や、インターネット内の屈折した攻撃性として潜在化するようになったという。

筆者も、面接時の少年の態度が総じておとなしくなっていることについては同感である。しかし、強者に対する攻撃性の発動が減ったという実感はない。従前のような校内暴力事件も依然として見られる。また、遊び半分で交番に投石したり、虚偽の内容で一一〇番通報をして警官をからかうような事件もある。「モンスター化現象」と言われるように、教師などに理不尽なクレームをつけるのは保護者だけではない。しかし、このような行動は、人の身体に危害を加えるものではないため、暴行や傷害といった粗暴非行以外の犯罪類型（器物損壊や軽犯罪法違反等）で送致されることが多くなっていると考えられる。

なお、いわゆる「モンスター化現象」を、現代人の人格の未熟さの表れと見るのか、一つの社会現象としてとらえるかについて、岡野[7]は、どちらかといえば社会現象として理解すべきと述べている。その理由として、社会現象は急速に移り変わることが可能だが、人間の精神の病理は簡単には変わらないこと、モンスターペアレントはモンスターぶりを発揮する場面以外では普通の社会生活を送っていることなどを挙げている。筆者も、同様の理由から、少年の非行内容の変化も、それを少年らのパーソナリティの変化によると見るよりも、一種の社会現象、流行と見たほうが適切ではないかと考えている。

最近の粗暴非行の特徴は、先に述べた共犯事件の割合の減少である。その要因はよくわからないが、少年らが全般的に、集団で行動しなくなってきている可能性も考えられる。鍋田[13]は、母親との関係性の中で培われる二者関係から群れ的世界としての社会的な世界へ入れないということが、現代の若者の抱える苦しみと述べている。現代の若者は、「群れ方」を知らず、また学童期、青年期に攻撃の仕方や身の守り方を学ぶことがないために、適切に闘うことができず、過剰反応して常識外れの攻撃性が突出したり、無反応になってしまうと述べている。その反面、群れ社会を生き抜いておらず、覇権争いなどの力関係に巻き込まれることもなかったためか、権力欲がなく、周囲の動きや目的に合わせて無理をすることも少なく、素直でやさしい若者が増えているという。粗暴非行の少年がこのような特徴をすべて備えているとは思われないが、単独非行が増えていることに関しては、群れ的世界に入れないことが関連している可能性がある。

筆者が感じているのは、粗暴非行における、加害者と被害者との関係性の変化である。すなわち、非行直前まで面識もなく、怒りや恨みを抱いていなかった相手と偶然出会い、その場でトラブルになって粗暴非行に至っている事例が増えているという印象を受けている。紹介した事例以外でも、例えば万引きが発覚して逃走する際に暴力を振るう事例などでは、事件当日まで被害者とまったく面識がないことが多い。このような事件は、少年が加勢を頼めば別だが、一般的には共犯事件になることは考えにくい。また、このような粗暴非行では、少年が自分の落ち度や責任を認めず、その場で謝れば粗暴非行は防ぐことができていたのに粗暴非行に至ってしまうことも多い。なぜ謝ろうとしないのか、少年の過去の対人関係から考えていく必要があるが、鍋田[13]が指摘するように、攻撃の仕方や身の守り方を学ぶ機会が少ないため、トラブルが生じた際、適切に身を守ることができず、過剰反応するという面が影響している可能性も考えられる。

(2)　自己愛傾向の増大

粗暴非行をする少年の最も顕著な特徴は、幼少期に、泣き虫、気弱だったという自己イメージを抱えていることである。少年に幼少時を確認すると、「怖がりで、根性がないと言われていた」「人見知りで引っ込み思案だった」という答えが返ってくることが多い。そして、このような無力感や恐怖心を克服し、自己イメージを回復させようとする過程で、暴力に肯定的な考え方を身につけていくことが多い。

D・W・ウィニコット[14]は、大胆な子どもと内気な子どもの攻撃性に対する態度を比較し、大胆な子どもは攻撃や敵意を率直に表すことで安心できる傾向があるが、内気な子どもは、攻撃性を自分の中にではなく、どこか他の場所にあるものとしてとらえ、これを恐れて心配する傾向があると述べている。親が、子どもの怒りや敵意の中から、健全な自己主張や、積極性といった側面を引き出すことによって、子どもは攻撃性をマイナスのものだけでなく、自分の中にあるプラスの力に変えていくことが可能になると考えられる。

また、弱さを克服し、強くなることを志向する少年にとって、父親との関わりは大きな影響があると思われる。粗暴非行をした少年の父親には、中には暴力的な父親もいるが、必ずしもそのような父親ばかりではない。むしろ、父親との関わりが希薄であったり、離婚などで没交渉になっている場合が多い。少年は、父親との交流を求める気持ちが強い場合が多く、父子関係が希薄な場合は、少年の父親のイメージが曖昧になっているという特徴が認められる。このことは、少年の自己愛の傷つきと関係していると考えられる。少年自身は、自分に欠けている男らしさ、強さを求めていることが多く、男子の場合、自信の拠り所となるものを求めていることが多い。しかし、男性イメージの最も身近な具体像である父親のイメージが曖昧なために「男らしさ」を漠然としかイメージできず、自信が育ちにくく、自己愛傾向が強くなっているところがある。

粗暴非行をする少年には、人に指図されるのが嫌いで、例えば、将来は会社を経営して他人を使う立場になりたいと述べる者もいるが、具体的に何かしたいことがあるわけではなく、プライドだけが肥大して、自分でも将来どうすればよいのかわからなくなっている場合もある。このような少年が、肥大した自己愛と折り合いをつけて生きていくための方向性を示していくことは、親の役割として重要と思われる。

5　おわりに

少年に暴力の被害体験があったとしても、だからといって暴力が許されるものではない。成田[15]は、心的外傷論、虐待原因説、アダルトチルドレン、ＰＴＳＤといった、いわば他罰的な思想や診断名が広く流布し、流行のごとく用いられていることへの反省が必要で、こうした思想や診断には、「すべて悪しきものは、自己の内部にあるのではなく、外部から来る」という世界観があると指摘している。すべてが被害体験のせいだという理解になると、少年の弁解を無批判に聞き入れることになりかねない。また、実際、すべての原因が被害体験にあるわけではない。粗暴非行の少年の更生に向けた働きかけには、少年が自らの被害体験を踏まえ、どのような生き方を選択し、行動してきたのかを把握し、自身の問題点を自覚したうえで、加害者としての責任に直面させることが大切である。アンガーマネジメントなど、具体的なスキルの付与が有益な場合もあるが、それに加えて、少年の生き方のスタイルがどのように身についてきたのかを十分に理解し、今後の新たな生き方を探っていくということや、今まで志向してきた「強さ」に変わる、社会性を備えた「自尊心の拠り所」を少年の心の中につくり上げることが必要とも感じている。調査で出会う少年や保護者との面接では、「強さ」とは何なのか、「弱さ」とは何なのか問いかけ、自問することが多い。

〈引用文献〉

（1）最高裁判所事務総局「平成二十五年度　司法統計年報　少年編」二〇一四年
（2）最高裁判所事務総局「平成二十一年度　司法統計年報　少年編」二〇一〇年
（3）最高裁判所事務総局「平成十五年度　司法統計年報　少年編」二〇〇四年
（4）大渕憲一『攻撃と暴力』丸善、二〇〇〇年、六頁
（5）大渕憲一『人を傷つける心（新版）』サイエンス社、二〇一一年、一一二－一二七、二〇七－二一四頁
（6）M・クライン「分裂的機制についての覚書」、小此木啓吾、岩崎徹也編訳『メラニー・クライン著作集　第四巻』岩崎学術出版社、一九八五年
（7）岡野憲一郎『恥と「自己愛トラウマ」』岩崎学術出版社、二〇一四年、二〇－二一、二八、五七－七一頁
（8）A・スタイン著、一丸藤太郎、小松貴弘監訳『児童虐待・解離・犯罪』創元社、七、五一、一七三頁
（9）松本俊彦「自傷という暴力」『こころの科学』一七二、二〇一三年、五七－五八頁
（10）橋本和明『虐待と非行臨床』創元社、二〇〇四年、九四－九六頁
（11）藤岡淳子『非行少年の加害と被害』誠信書房、二〇〇一年、一二五頁
（12）廣井亮一『司法臨床入門（第二版）』日本評論社、二〇一二年、一八七－一九一頁
（13）鍋田恭孝『変わりゆく思春期の心理と病理』日本評論社、二〇〇七年、一五四－一五六、二〇六－二〇七、二一三頁

(14) D・W・ウィニコット「攻撃性とそのルーツ」、西村良二監訳『ウィニコット著作集第二巻』岩崎学術出版社、二〇〇五年、九八 - 一〇〇頁
(15) 成田善弘「若者の精神病理」、なだいなだ編著『〈こころ〉の定点観測』岩波書店、二〇〇一年、一六 - 一七頁

第Ⅰ類型（反社会的問題行動群）

集団非行

吉武竜一

1　はじめに

近年、暴走族の減少傾向が続いている。二〇一三年の暴走族構成員数は六千九百三十三人であり、ピーク時（一九八二年）の六分の一以下に減少した。統計を取り始めた一九七五年以降、暴走族構成員数が初めて七千人を下回ったのである[1]。

しかし、暴走族は、決して過去の話ではない。例えば、全国の暴走族構成員数および暴走族に関する一一〇番通報件数は、現在でも年間三万六千件を超えている[1]。また、二〇一三年には、暴走族に加入していた少年による粗暴非行（傷害、暴行、恐喝、脅迫、凶器準備集合）が前年よりも一・二％、前々年よりも二六・三％増加している[1][2]。家庭裁判所に送致される暴走族関係の事件においても、集団の資金収集のために面識のない者を狙った恐喝や路上強盗、振込め詐欺への関与など悪質な事例が散見される。暴走族は、集団非行を考える際に看過できない存在である。

それでは、暴走族の減少傾向が続く中で、今なお暴走族に加入する少年は、暴走族に何を求めているのだろうか。本稿では、非行集団としての暴走族に焦点を当て、事例を通じて、集団非行に見る現代の少年の諸特徴について考察する。

なお、事例は、少年の年齢、生活歴、家族構成など本質を損ねない範囲で修正、再構成した架空のものである。

2　総論

(1)　暴走族に関する法律・条例

暴走族に関係する法律は道路交通法である。同法第六八条では、共同危険行為の禁止が規定されており、二台以上の自動車やオートバイ、原付バイクで道路の左右に蛇行しながら走行したり、赤信号を無視して走行したりする行為を取り締まっている。また、二〇一四年五月には、いわゆる自動車運転死傷処罰法が施行され、無免許運転で死傷事故を起こした場合などの罰則が強化された。さらに、暴走族の追放を促進する条例を制定し、公共の場所に暴走族が集合したり、暴走族に勧誘したりすることを禁止し、罰則を定めている自治体もある。

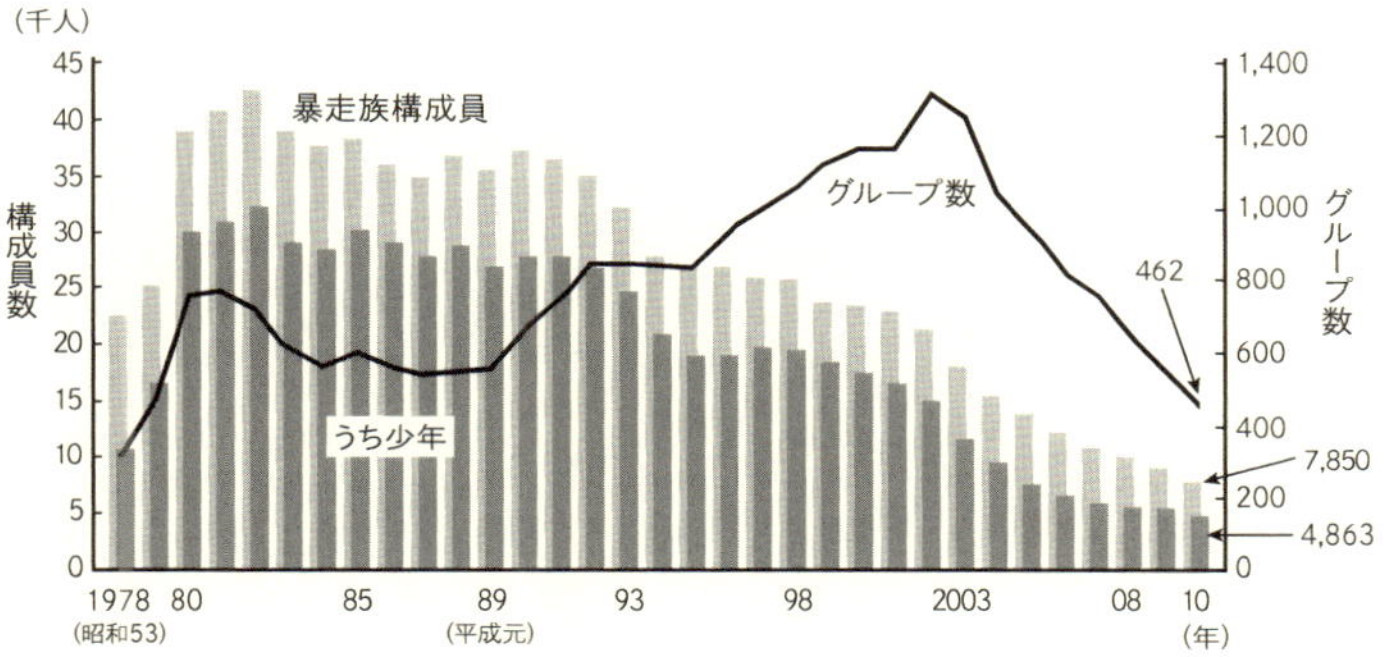

図1　暴走族構成員とグループ数の推移
（法務省「平成23年版　犯罪白書」2011年より一部改変）

(2)　暴走族の実態・動向

警察庁は、暴走族を共同危険行為型（爆音を伴う暴走を集団で行うもの）と違法競走型（ローリングやドリフト走行といった違法な走行により運転技術を競うもの）に大別している。二〇一二年には、共同危険行為型の暴走族に加入する未成年者が全体の五二・六％を占めている(2)。

図1は、暴走族構成員とグループ数の推移である。暴走族構成員は、一九八二年をピークに減少傾向が続いている。また、グループ数は、一九八九年以降増加傾向にあったが、二〇〇二年をピークに急速に減少している。つまり、暴走族をめぐっては、小規模グループの乱立後にグループ自体の減少傾向が続いているのが最近の動向と言える。

(3)　暴走族集団の変化

▼一九七〇年代から一九八〇年代前半
——組織化・武装化

暴走族が社会問題になった時期である。集団の規模は大きく、百人以上の大連合を組織する暴走族が約二割存在した。大規模な暴走族は、会則や罰則、定例の集会場所や日時を決めて活動していた。また、対立する暴走族との抗争や武装化の程度が著しい傾向にあった。[3][4]自分自身が加入する暴走族の優位性を誇示し、組織を維持、拡大することによって、集団の凝集性を高めていたのである。

この時代の暴走族は、確固とした組織化がされており、リーダーである総長を筆頭に、副総長、特攻隊長、親衛隊長などと役割分担が明確にされ、集団統制がとれていた。集団を束ねる総長は、集団内でも一目置かれる存在であり、構成員からの信頼を得ることによって、さらに責任を果たそうとしていた。他の構成員も、自らの役割を集団内に確保することによって帰属意識を高めていた。

▼一九八〇年代後半から一九九〇年代――小規模化・多様化

一九七五年から一九八九年までの変化として、暴走族に加入しない参加者の増加、集団の小規模化（構成員三十人以下の暴走族の割合が一九七五年よりも約二割増加）、ローリング族やナンパ族、改造車族の出現に見られる活動の多様化がある。[5][6]

変化の背景には、一九八〇年の道路交通法改正により共同危険行為の禁止が新設され、警察の取り締まりを免れたいという構成員が増えたことが挙げられる。また、田村[7]は、「集団の崩壊」と評し、少子化、児童期の遊び集団の消滅、テレビゲームといった対人非接触メディアの増大による集団経験の不足を背景として、集団の拘束を嫌い、集団に価値を置かない少年が増えたことを指摘している。実際、共犯のいる少年事件の割合（共犯率）は、一九七五年当時と比較すると約三分の二に減少しており、集団の凝集性が低下したと言える。

▼二〇〇〇年代から現代――流動化・匿名化

二〇一〇年、暴走族は、十人未満のグループが全体の八割を占め、グループの小規模化が顕著であり、原付バイクによる小規模なゲリラ的暴走が主流になった[8]。

従来は、十八歳で暴走族を引退し、不良文化から距離を置く風潮にあったが、最近では、引退後もOBとして集団暴走に参加する者や、「旧車會」（元暴走族構成員らが中心となって結成し、暴走族風に改造した旧型の自動二輪車を連ねる集団）を隠れみのにして暴走族と同様の活動を続ける者が増えている。中には、後継者がいないために引退できない事例や、成人を過ぎても精神的に自立できず、年下の少年たちと行動を共にする事例も見られる。

構成員は、その場の雰囲気を重視する傾向や横並び意識が強く、明確なリーダーが存在しないグループも多い。総長の役職は敬遠されがちで、OBから暴走族を存続させるため無理やり任されることもあり、役職自体が形骸化している。一九八〇年代後半から一九九〇年代と比べると集団の凝集性がさらに低下し、流動化していることが見て取れる。

携帯電話やインターネットの普及も集団に変化をもたらしている。従来、暴走族は、主に出身中学校を母体としてきたが、地域の中で孤立した少年が他地域の者とつながって活動する事例が増えた。また、連絡手段がメール、フェイスブックやラインなどのSNS（ソーシャル・ネットワーキング・サービス）であることが多いため、構成員同士が直接コミュニケーションを図る機会が減り、互いの関係が希薄になっている。さらに、インターネット上で集団暴走の参加者を募ったり、団体名を誇示しなかったり、集団暴走に当たり普段着で参加したりするなど、全体的に匿名性を帯びている。

3　事例

(1)　非行の概要

▼少年

G男、十七歳、男子、高校二年。

▼非行の概要

暴走族の一員として集団暴走したとして、道路交通法違反（共同危険行為）により逮捕されたものである。G男は約半年前から暴走族に加入し、暴走族構成員である仲間に誘われるがままに集団暴走に参加していた。

▼生活歴、本件非行に至った経緯

G男は健康体で発育も順調だったが、小学校低学年から勉強や運動の成績は振るわず、取り立てて趣味や特技もなかった。同級生から容姿をからかわれることも多かった。小学四年からは地元のソフトボールクラブに加入していたが、大会前に骨折するなどして結局目立った活躍ができず、不完全燃焼に終わった。

中学入学後は、幼なじみに誘われてサッカー部に入部したが、練習についていけず、半年も経たずに練習をさぼるようになった。すると、部員の同級生から根性がないなどと陰口を言われ、周囲から浮いているように感じた。G男は、次第に周囲の自分に対する評価が気になり、空気を読んで調子を合わせるようになった。同じ頃、小学校が一緒で中学入学以降に不良化した同級生に誘われ、菓子や文房具を万引きするようにもなった。

高校入学後は、部活動にも加入せず、高校卒業の資格が欲しいというだけで在籍していた。寝坊してズル休みをするなどの学校生活を送るうちに、徒歩での移動も面倒くさくなり、十六歳になって原付免許を取得した。校則では免許の取得が禁止されていたが、周囲の同級生も原付免許を取得していたため、どうせ見つからないと思っていた。G男の父母も、無免許運転をするくらいなら免許を持っていたほうがよいと考え、免許の取得を許したうえ、G男が欲しがっていた原付バイクを買い与えた。

G男は、運転するようになってから原付バイクを派手すぎない程度に改造し、ヘルメットを首にかけたまま運転していた。すると、ある日、地元の暴走族Uに加入していた出身中学の先輩に呼び止められ、「ヘルメットを被らずに運転するなら暴走族に入れ」と迫られた。Uは一年前に近隣の中学校出身者が集まって結成した新しい暴走族だった。一時期は十人以上の構成員がいたが、最近では五人前後しか集まらず、活動が停滞していた。G男は、暴走族に興味がなく、本音では先輩の勧誘を断りたかった。ただ、断れば仕返しをされるかもしれず、地元で生活しづらくなると思い、断れないでいた。また、サークルのようなノリで、上下関係も厳しくないと聞き、やめたければいつでもやめられるだろうと軽く考え、誘いに応じて加入した。

ところが、いざ加入すると、毎月、先輩から会費を徴収されるうえに、花見やバーベキューなどと称して現金を臨時徴収されるようになった。当初は小遣いから工面していたが、次第に小遣いだけでは足りず、適当な理由をつけて父母から小遣いを追加してもらうようになった。父母には暴走族に加入していることを内緒にしており、仮に怪しまれても否定し続ければ自分の言うことを信じてくれるだろうと思っていた。

確かに暴走族Uの上下関係は緩かったが、OBからの締め付けは厳しかった。中でも専門学校生のRは、後ろ盾の暴力団組員から構成員を増やすように指示されていた。G男らは、Rから勧誘人数のノルマを指示され、達成できないとRに呼び出されて殴られることもあった。

G男はRの振る舞いを理不尽に感じ、加入したことを後悔した。しかし、途中で離脱するには構成員から集団リンチを受けるか、高額の脱退金を支払わなければならず、また、構成員の中には親友と呼べるほど付き合いの深い者はおらず、他の構成員から弱く見られたくないという気持ちも強かったため、続けていた。父母に相談したら父母を悲しませてしまうという気持ちもあった。そのため、結局、誰にも相談できず、十八歳の引退時期まで活動したほうが無難と考えるようになった。

こうした中、先輩やOBから携帯メールで召集がかかると、構成員の勧誘を兼ねて、五人前後で原付バイクに分乗し、ゲリラ的に暴走していた。暴走中は気晴らしになったが、警察に捕まるかもしれないと思うと心底楽しめなかった。G男は、次第に暴走族の活動自体がストレスになり、イライラする機会が増えた。街中で原付の二人乗りやヘルメットを被らずに運転している少年を見かけると、「暴走族でもないのに生意気だ」と感じ、「一般狩り」と称して他の構成員と一緒に暴行や恐喝に参加するようにもなった。

なお、逮捕された当初、G男は、「好きで暴走したわけではなかった。OBの先輩から指示されて仕方なくやっていた」と述べるなど、責任回避の姿勢が目立った。

(2) 少年の状況

▼少年（性格・行動傾向、心理テスト結果）

知能指数は平均をやや下回る。性格検査では、主体性が乏しく、周囲に追従することが多い、集団では気後れしやすいとの結果だった。家裁調査官との調査面接では、ぼそぼそと小声で話すなど覇気がなく、自信のなさがうかがわれた。

▼家族

父（会社員）、母（パート店員）、姉（専門学校生）との四人暮らしである。父は工員であり、G男の幼少時から残業が多く、G男と接する機会が少なかった。家庭のことは基本的に母に任せており、家事や育児は母の役割と考えていた。ただ、さびしい思いをさせないように、休日にはG男が欲しがるおもちゃを買い与えたり、小遣いを渡したりして甘やかしていた。一方、母は、長らく専業主婦として家事や育児を担ってきた。ただ、住宅ローンや子らの教育費の支払いから、次第に家計に余裕がなくなり、G男が小学校高学年頃に飲食店のパートを始めた。もともと父とG男との関係が希薄と感じていた分、G男にとって一番の理解者でありたいという気持ちが強く、結果として過干渉気味な態度になっていた。姉は、自己主張が強く、自分の興味のあることに積極的な性格であり、親から見てもまったく手がかからなかった。このため、自ずとG男に関心が向かうことが多かった。

4　事例の考察

(1)　G男について

G男は、幼少期から勉強、運動、容姿に劣等感があり、自分には何の取り柄もないと感じていた。成功体験が乏しいがゆえに自信が持てず、失敗を恐れて自分から積極的に行動することも少なかった。家庭では、過干渉気味の母が何かと先回りしてG男に接したり、関係の希薄な父が甘やかしてきたりしたことも、受け身の姿勢の強さにつながっていた。

中学時代の部活動での挫折は、「何をしてもうまくいかない」という不全感を強める結果となった。G男の「周囲から浮いている感じ」は、自分だけが取り残されているという不安の裏返しであり、周囲から「孤独」というレッテルを貼られることへの恐れだったと言える。G男の中では、自分の意見を持つよりも周囲に調子を合わせることが最優先であり、そのほうが安心で傷つかないと感じていたと考えられる。

当初、暴走族に興味がなかったG男が結果として加入し続けた背景にも、受け身の姿勢の強さがうかがわれる。暴走族に加入したことを後悔しても、周囲に相談できず、他の構成員に弱みも見せられない。集団リンチや脱退金の支払いを免れたいという気持ちも強い。一方、加入を続けることによって孤独ではないことを確認できる。また、他の暴走族に狙われたときに守ってもらえるという期待もあり、続けたほうが無難という考えがあったと推察できる。

(2) 保護者について

父母は、G男が暴走族に加入していたことを一切知らず、逮捕されたときはただ驚くばかりだった。父母自身、未成年の頃は非行や暴走族と無縁の生活を送っていたため、暴走族のイメージすらまったくわかなかった。

母は、相談事があれば真っ先に打ち明けてくれると思っていたと言い、G男から裏切られたとの思いを強めている。G男の理解者でありたいという思いが強いあまり、理解者になれていると思い込んだ状態にあった。そして、そうした自分自身に満足していたと考えられる。

一方、父は、人付き合いを苦手とし、少年とは欲しい物を買い与えるという物を介したコミュニケーションで接していた。また、家族とも摩擦を避けたいという気持ちが根底にあった。G男は、父について「好きでも嫌いでもない」と述べ、とらえどころのない印象を抱いていたようである。藤岡(9)は、集団暴力に及ぶ少年の共通点として、力を暴力ではなく適正な力として行使するモデルとなるべき父親を欠いていると指摘している。そして、子どもの言いなりであり、軽視されているといった心理的に不在の父親も含まれるとしている。これは、G男と父との関係にも当てはまり、G男の父が壁になり得ないため反発する必要がなく、というよりもむしろ、反発することもできないのである。

(3) 親子関係について

G男は、父母に暴言を吐くでも無視するでもなかった。父母から学校生活の近況を聞かれれば素直に話し、夜遊びしないように注意されれば反発せずにうなずき、一見すると父母との関係が良好に見えた。しかし、G男は、父母が悲しんだり心配したりするという理由から、暴走族に加入していることを隠し続けていた。日頃から父母との摩擦を避けて適当に調子を合わせてきたため、重大な悩み事を相談し、父母がどのような反応を示すのかが想像できなかった。また、父母に頼ることは格好悪いとか、父母に相談してもどうにもならないという気持ちを抱いていた。

母は、G男がとりあえず高校にも通っており、思春期の割には口をきいてくれると思い、安心しきっていた。何よりも子どもの言うことを疑ってはいけないという気持ちが強かった。一方、父は、G男の生活を十分把握していなかったが、母からG男の件で相談される機会もなかったので、特に心配していなかった。このように、G男と父母の関係は良好に見えても、表面的な関係に過ぎなかったと言える。

5　集団非行に見る現代の少年

(1)　現代の暴走族少年

暴走族に加入する少年は、低年齢から不良文化になじみ、暴走族に憧れてきた者、家庭や学校、地域社会から孤立し、暴走族を拠り所にする者、熱中してきた運動の挫折から自暴自棄になり加入する者など、実にさまざまである。ただ、最近、暴走族に加入する少年は、非行傾向がそれほど進んでいなかったり、家庭や学校、地域社会から完全に離反していなかったりするものの、危機感が薄く、また、共感性の乏しい者が目立つ。結果として、暴走族との関係を断ち切れず、集団に引きずられるように非行を繰り返すことが多い。

こうしたことの背景の一つに、自分に自信が持てず、失敗や傷つくことを恐れる傾向が強いことが挙げられる。彼らは幼少期から一つのことに熱中したり、達成感を味わったりする経験が乏しい。また、傷つきやすいがゆえに周囲との摩擦を避け、同級生や親などと衝突したり、関係の改善を図ったりする経験が少ない。このため、他者とのコミュニケーションが未熟であることが多く、事がうまく運ばないとすぐに投げ出したり、周囲に責任を転嫁したりして不満を抱きやすい。学校や職場に「とりあえず」所属しているものの、周囲に受け入れられているか否かの不安がつきまとうため、充足感が得られにくい。何となくおもしろくないとか、うまくいっていないと感じながらも、現状を打開しようという積極性に欠けるなど、受け身の姿勢も見られる。

周囲との摩擦を避け、束縛を嫌う傾向にある一方で、周囲から孤独と見られることや浮くことへの不安が強い。この矛盾するような周囲との関係の持ち方について土井[10]は、インターネットの普及と相まって、子どもたちの友人数に大きな格差が生じるようになったことを指摘している。現代の子どもたちが、一人でいる人間を「ぼっち」と蔑む一方、自分自身は決して孤立しないように細心の注意を払い、「イツメン」（いつも一緒のメンバー）と呼ばれる数人の仲良しグループを常に確保することに躍起になっているという。このことは、暴走族に加入する少年に限ったことではない。ただ、暴走族に加入する少年は、他者とのコミュニケーションを苦手と感じたり、学童期にいじめやからかいの対象になったりした者が少なくないことから、なおさら周囲から孤独と見られることや浮くことに過敏なところがあると考えられる。

このように、自分に自信が持てず、傷つきやすい少年にとって、暴走族は、自信の乏しさを補償し、自分自身が大きくなったと感じさせてくれる存在と言える。また、一時的にでも気晴らしができて、とりあえず孤独ではないことを確認できる場にもなっている。さらに、困ったときには後ろ盾として守ってもらえるという都合のよい存在でもある。

(2) 集団による影響

少年が一度暴走族に加入すると、他の構成員やOBからさまざまな影響を受けることになる。自分に自信が持てない少年は、周囲からの評価に敏感であり、弱く見られたくないという意識が強い。このため、内心では暴走族への加入を後悔しても、離脱できないことが多い。むしろ、虚勢を張って積極的に非行に加担する少年や、暴走族に加入していない者を「一般」と称して蔑むことによって自尊心を満たす少年もいる。中川ら[11]は、他の構成員との関係を維持するうえで評価を獲得することが重要になると指摘している。すなわち、集団への関与が高まると、所属している集団から排除されたくないという心理が生じ、他の構成員が自分をどのように評価しているのか不安になる。また、非行傾向の少年が集団や構成員への愛着を強めると、仲間から反社会的な評価を得たいという欲求を促進し、反社会的な評価が集団非行を促進するという。

ところが、最近の暴走族は、互いの関係が希薄になり、集団の凝集性が低下しているため、仲間から評価を得られているか否かが実感しづらい面がある。藤川[12]は、現代の非行集団にリーダー的な存在がおらず、集団の実態が見えづらくなっていることを指摘しているが、地位や役割が不明確な集団は、構成員同士が互いの行動を牽制しやすい。出過ぎた真似はできず、乗り遅れてもいけないなどと常に周囲の顔色をうかがう状況は、精神的に負荷がかかる。自分自身の考えや価値判断に照らして行動を選択するよりはむしろ、周囲の行動に同調しやすい。非行場面においても、他者との関係を優先しがちである。

一方、リーダーやブレーキ役が存在しない横並びの集団は、責任の所在が曖昧になりやすいため、その場の雰囲気に乗じて非行が過激になり、時に人の生命に関わる重大な結果を招くこともある。集団で非行を起こした少年は、「その場の雰囲気につられてしまった」とか、「皆が盛り上がっているのに『ノリの悪い奴』と思われたくなかった」などと述べることが少なくない。現代の暴走族においてゲリラ的暴走が主流になっているのは、こうした、その場の雰囲気に支配された無計画な行動によると考えられる。

(3) 暴走族からの離脱や立ち直りに向けて

小菅ら(13)は、暴走族集団の組織化の程度、規模、構成を類型化し、加入者の特徴を踏まえた離脱支援を提言している。例えば、中組織化・多人数の群では、学校や家庭への適応がよく、また、非行経験が少なく、バイクなど暴走族の非行集団以外の側面に魅力を感じた可能性が考えられるため、予防の観点として興味の対象を変更させる働きかけを提言している。この提言をはじめとして、暴走族関係者との関係を絶ち、健全な生活につなげるための方策を検討するに当たっては、少年本人はもちろんのこと、保護者、学校、警察や保護観察所といった関係機関、付添人弁護士と連携することが重要である。例えば、原付バイクや自動二輪車の処分・管理方法、警察への離脱届の提出、暴走族関係者から不当な要求があった場合の対応など、離脱に向けた環境を整えていく。受け身の姿勢や横並び意識の強い少年ほど、離脱後の暴走族関係者との接触や、離脱時の制裁を心配して離脱を躊躇し、構成員に誘われるがまま再び活動することもある。このため、周囲のサポートが必要不可欠である。

近年、警察[2]は、暴走族の取り締まりに加えて、学校や関係機関と連携しながら暴走族への加入阻止・離脱や立ち直り支援を推進している。また、法務省[14]は、居住先や就労の有無が再犯リスクに関わっているという分析から、再犯防止のために「居場所」と「出番」が必要と指摘している。このことは、暴走族に加入する少年の立ち直りにも同様のことが言える。単に学校や職場などの居場所を確保すればよいというものではない。失敗を繰り返しながらも立ち直りに向けて地道に努力し、そうした努力を周囲から認められて少しずつ自信を持てるような居場所を確保することが大切である。地域から排除するのではなく、さまざまな人的資源を活用しながら地域社会とのつながりを実感できるような働きかけが求められていると言える。

6　おわりに

暴走族は減少傾向にあるとはいえ、その時々の社会的背景を反映し、実態を変えながら現在まで脈々と続いている。そして、暴走族は取り締まりの対象であると同時に、立ち直り支援の対象でもある。まさに、法と臨床の双方からのアプローチと協働が必要である。

暴走族をはじめとする非行集団による非行の理解に当たっては、少年個人が抱える課題のみならず、少年と集団、集団内のメンバー同士、集団同士の各関係を把握することが大切である。すなわち、少年が集団に加入する経緯や帰属意識の程度、集団における少年の立場や役割などについて、少年と集団の双方の視点から考察することにより、少年にとっての集団の意味（＝求めているもの）が明らかになり、立ち直りに向けた方策を具体的に検討できよう。

〈引用文献〉

（1）警察庁「平成二十六年　警察白書」二〇一四年　http://www.npa.go.jp/hakusyo/h26/（二〇一五年一月十八日アクセス）
（2）警察庁「平成二十五年　警察白書」二〇一三年　http://www.npa.go.jp/hakusyo/h25/（二〇一五年一月十八日アクセス）
（3）田村雅幸、麦島文夫「暴走族の実態分析（Ⅰ）――加入少年の特性について」『科学警察研究所報告防犯少年編』一六（二）、一九七五年、一一四 - 一三一頁
（4）田村雅幸、麦島文夫「暴走族の実態分析（Ⅱ）――集団の活動、構成等について」『科学警察研究所研究報告防犯少年編』一六（二）、一九七五年、一三二 - 一四八頁
（5）田村雅幸「この十五年間における暴走族の変化について（1）――活動の多様化と集団性の希薄化」『科学警察研究所報告防犯少年編』三〇（一）、一九八九年、一〇一 - 一一〇頁
（6）田村雅幸「この十五年間における暴走族の変化について（2）――最近の問題とその対応策」『科学警察研究

所報告防犯少年編』三〇（二）、一九八九年、二〇四-二一五頁
（7）田村雅幸「暴走族に見る現代青少年像の変化」『罪と罰』二六（四）、一九八九年、一九-二七頁
（8）三浦英幸「暴走族の実態と今後の取組み」『警察時報』六五（六）、二〇一〇年、九-一四頁
（9）藤岡淳子『非行少年の加害と被害』誠信書房、二〇〇一年
（10）土井隆義「つながりに引きずられる子どもたち――子ども非行の現在」『児童心理臨時増刊』九八七、二〇一四年、七九-八五頁
（11）中川知宏、仲本尚史、山入端津由、大渕憲一「集団同一化と集団志向性が集団非行に及ぼす影響――一般群と非行群との比較」『応用心理学研究』三二（二）、二〇〇七年、六一-七二頁
（12）藤川洋子「リーダー的な存在がいなくなった非行集団の現在」『児童心理』六四（一二）、二〇一〇年、四五-五〇頁
（13）小菅律、藤田悟郎、岡村和子「暴走族集団の特徴による類型化」『犯罪心理学研究』四八（二）、二〇一一年、一一三-一二七頁
（14）法務省「平成二十四年版　犯罪白書」二〇一二年

第Ⅱ類型（不特定対象型問題行動群）

ネット非行

畔上早月

1　はじめに

昨今、携帯電話やスマートフォンを持っていない若者はごく少数となっている。また、インターネットを利用できる環境にあることが当然のようになっている。これらの通信機器は、日常生活を便利にし、地域格差を大幅に小さくした。これに関して、L・グラットン[1]は「世界中の人々が結びつき、グローバル化が進むが、一方でオンライン上では優しい言葉や抱擁など、人間が常に必要としてきたささやかな要素の多くが失われるため、生身の人間との接点が少なくなり、現実世界での情緒面の支えと安らぎを得る機会が減るので、温かみのある人間的な絆をこれまでよりも意識的にはぐくまないと手に入れられなくなる」と言い、インターネットの普及が人間の思考や行動様式全般に変化をもたらすことを指摘している。

この指摘は、少年非行の手口や態様にも当てはまる。また、こうした通信機器が非行の道具として使われるのみならず、インターネットを利用する中での子どもたちの思考や行動様式の変化が非行行為に影響を与えているとも考えられる。

そこで本稿では、インターネットが使われた非行の事例を通して、これらの非行を起こした少年とその非行の特徴について考察していく。

2　インターネットを取り巻く環境と問題

(1)　青少年のインターネットの利用状況

内閣府の二〇一〇年の調査結果[2]によれば、青少年の携帯電話の所有状況は、「自分専用の携帯電話を持っている」が約四九％、「家族と一緒に使っている」が約三％、「持っていない」が四七％で、青少年の半数以上が携帯電話を利用していることが明らかになった。また、「自分専用の携帯電話を持っている」は、小学生では約一六％、中学生では約四二％、高校生では約九五％になり、年齢が上がるにつれて携帯電話を所有している者の割合は多くなり、高校生のほとんどが自分専用の携帯電話を所有している。また、高校生については、インターネットの利用率も約九五％となっており、そのほとんどが利用している実態がある。このように、今や青少年にとって、携帯電話やインターネットは通信手段として不可欠なものとなっている。

(2) インターネット環境と犯罪・非行

インターネットは生活の利便性を一気に向上させる。しかし、そこで流通する情報は多種多様で、中には真偽が不確かなものや、青少年にとって好ましくないものもあり、青少年が不適切な、あるいは有害な情報にアクセスする危険をはらんでいる。

警察庁[3]では、ネットワーク利用犯罪、不正アクセス禁止法違反、コンピュータ・電磁的記録対象犯罪および不正指令電磁的記録に関する罪などを「サイバー犯罪」と呼び、ネットワーク利用犯罪には、詐欺、児童売春、児童ポルノに係る行為等の処罰及び児童の保護等に関する法律違反（いわゆる児童ポルノ・売春）、著作権法違反、わいせつ物頒布、青少年保護育成条例違反、出会い系サイトなどが含まれる。サイバー犯罪全体の検挙数は、二〇〇七年は五千四百七十三件で、その後増加した。二〇一一年に一時減少して五千七百四十一件といったん底を打ったが、二〇一二年には過去最高の七千三百三十四件となっている。その内訳を見ると、不正アクセス禁止法違反が約二〇%、詐欺が約一〇%、児童ポルノが約一二%、著作法違反が約一〇%、わいせつ物頒布等が約七%となっている。ネットワーク利用犯罪が六千六百十三件と多くを占めている。

これらの犯罪の多くでは、むしろ、未成年者が被害者になっている場合が多い。そこで、サイバー犯罪を抑止するため、二〇〇三年に「インターネット異性紹介事業を利用して児童を誘引する行為の規制等に関する法律」が施行された。さらに、二〇〇八年には「出会い系サイト規制法」が改正され、禁止誘引違反者の検挙や無届けサイトの取り締まり等で強化された。その結果、出会い系サイト経由で犯罪被害にあった青少年は二〇〇八年をピークに減少傾向が見られた。しかし、二〇一三年の送致人員は三百三十八人で前年より十九人減少したが引き続き高水準で推移している。[4]

他方、インターネットにおけるソーシャル・ネットワーキング・サービス（ＳＮＳ）のコミュニティサイトが使われた犯罪は増加しており、二〇〇八年にはこれによる犯罪の検挙数は出会い系サイトを利用したものを上回るようになった。

そうした有害なサイトにアクセスしないようにするため、プロバイダー各社は、フィルタリングサービスの導入を行っている。さらに、二〇〇八年には「青少年が安全に安心してインターネットを利用できるようにする環境の整備等に関する法律」（青少年インターネット環境整備法）が成立するなど、プロバイダー業者の自主的な取り組みが促されている。[5]

しかし、警察庁[6]によれば、二〇一三年中の児童買春・児童ポルノ禁止法違反の未成年者の送致人員は千八百九十三人で前年よりも二十六人増加し、過去最多となっている。最近十年の変化を見ると、児童買春事件が減少傾向にある一方、未成年者による児童ポルノ事件は、二〇〇三年には二百十五件であったものが、二〇一三年には千六百四十四件と増加した。また、インターネットを直接利用した児童ポルノ事件は、二〇〇三年には百二件であったものが、二〇一三年には千百二十四件と約十倍に増加しており、これは前年と比べても三十九件（三・六％）増加している。

3　事例

事例は、秘密保持の観点から、本質を損ねないように再構成した架空のものである。

(1)　事例1

▼少年

A男、十八歳、男子、高校三年、処分歴なし。

▼罪名

児童売春、児童ポルノに係る行為等の処罰及び児童の保護等に関する法律違反。

▼非行の概要

A男は、B子（当時十七歳）が十八歳に満たない児童であることを知りながら、C県に居住するB子に乳房および性器を露出させるポーズをとらせ、その静止画像をB子の携帯電話のカメラで撮影させ、その画像をD県のA男自宅内で自己の所有する携帯電話で受信し、それを携帯電話本体に保存したことから、児童ポルノを製造したとして検挙された。B子の携帯電話を見たB子の母が気づき、発覚に至っている。

▼非行に至った経緯

A男は、インターネットからダウンロードしたわいせつな画像をホームページ等に掲示すれば捕まることは知っていたが、画像をダウンロードする行為が法律違反になるという認識はなく、以前からわいせつ画像をダウンロードして、自慰をするときに見ていた。A男は、B子から送信してもらった画像を受信して保存しておくことは、わいせつ画像を取り込むことと同じ感覚であった。まして、B子が自分の意思で画像を送っているので問題にはならないと考えていたという。

A男はB子とサイト上で知り合い、その後SNSでやりとりをしていた。A男は、外見に自信がなく、実際に男子と交際したことがないB子が自分に好意を寄せていることがわかり、実際に交際するつもりはなかったが、B子がサイトに載せた顔写真に「かわいいね」などと書き込んでB子をその気にさせた。また、「僕も大好きだよ」とか「君をだれにも渡したくない」などと、あたかも気があるような素振りをし、性的な関心のおもむくままに卑猥な話題を投げかけ、B子に裸の画像を送るよう頼んだ。A男は、B子が嫌がることもなく画像を送ってきたのでおもしろくなり、B子をほめたりおだてたりしてさまざまなポーズをとらせ、自分の言いなりになるB子をバカな女だと侮蔑しながらも、要求を繰り返した。当初はB子の画像を見ながら自慰をすることもあったが、しばらくしてB子の画像に飽きると、他の女性からも同様の手口でわいせつな画像を入手し、B子とのやりとりを一方的に絶った。事件で検挙されたのは、B子とのやりとりをやめて半年経った頃で、A男は既に画像の大半を消去しており、本件のことをすぐには思い出せなかった。

▼家庭状況

家族は、A男および父母との三人である。父は会社員、母は専業主婦である。父は会社人間で子どものことはすべて母任せであり、自分から母に子どものことを尋ねる精神的な余裕もなかった。母は、子育ても一段落したと自分の趣味を楽しんでおり、深夜近くに帰宅する父の帰りを待たずに寝る。A

男が食事の時間に携帯電話を触っているときには注意をするが、A男が何を見ているのかに関心を払うことがなかった。

A男は、小さいときから親に相談することもなく自分で物事を決めて親に報告する。家族思いで会話もあり、父母は、A男のことを自立心が強く、気だての優しい息子だととらえ、本人を信頼し、A男の生活態度について口出しすることはなかった。

▼生活歴

A男は、小学校時代は、努力しなくても普通程度に勉強もスポーツもできるが、苦手なことにはすぐにあきらめがちであった。要領がよく、楽をしてやり過ごそうとするので、周囲から、努力すればもっと上を目指せるのにと言われたこともあった。いじめたり、いじめられたりする経験はないが、友だちとの付き合いは学校に限り、家に帰ってマンガを読むのを好んだ。親に勧められて水泳を習い、サッカークラブにも入ったが、目立つほどに上達もせず、長く続かなかった。中学ではテニス部に所属し、数人の友だちもできた。面倒くさがりで、掃除当番を教員の目を盗んでさぼるなど、与えられた役割をきちんと果たさないことで教員から何度か注意された。

高校に進学し、パソコン部に入ったが、活動はほとんどなく、学校帰りに繁華街に繰り出していた。男子生徒とは、気が向かなければ適当に断り、自分のペースを崩さない程度の付き合いだったので気楽に応じていた。他方、自分から女子生徒と言葉を交わすことはなかった。高校二年時に、同じクラスになったE子に積極的に話しかけられて交際を始め、E子に押し切られる形で性関係を持った。A男は、E子のつまらないおしゃべりを聞かされたり、携帯電話の返事が遅れると文句を言われたりすることに辟易し、E子との交際が煩わしくなった。自分の思う通りにしないE子にいらつくこともあったが、それを伝えるのも面倒で何も言わなかった。E子に自分勝手な男だと言われて言い争いになり、半年程度で別れた。その後、A男は、性欲が高まったときにはインターネット上のわいせつ画像を見て自慰をするようになった。E子とのセックスよりも気を遣わなくて気楽だったという。

高校三年になり、大学進学を目指したが、自分の学力を考えると難しいと考え、えり好みはせず、受験するだけで入学できそうな大学にAO入試で進学を決めた。進路が決まった後は、携帯電話のSNSでいろいろな人と会話し、暇つぶしする時間が増えた。日常生活では、無口で人とあまり話さないが、SNSだと言いたいことを言えて、相手との関係が悪くなったら関係を切ってしまえばいいので気楽だったという。

▼考察

A男は、自分の好きなときにB子に接し、B子の気持ちを自分の思い通りに操作し、自分のペースだけでB子に関わっている。また、B子の画像に関心がなくなると、画像を削除して、一方的に関わりを断ち、そのまま忘れてしまっている。

通常の人間関係では、相手はなかなか自分の思い通りにならず、相手の考えていることや感じていることを推し量りながら、相手の表情を見たり、相手の状況を思いやりながら、言葉を交わしていく中で、自分の思いを貫いたり、相手の思いを汲んで自分が譲歩し、その経過の中で相手との関係を深めていく。ところが、インターネットを介する人との関係では、自分が伝えたいときに相手に伝えることができるなど、相手の状況に配慮したり、相手の心情などを間近に感じたりすることがないので、相手との関係も自分の思い通りにすることができるように感じている。まさしくA男にとってのB子の存在は、インターネットを介することで、自分の好きなときにつながることのできる、煩わしさのない、思い通りにできるものであった。そのため、A男は、相手に配慮したり、時には譲歩したりするといったことを人との関係の中で学ぶこともなかった。自分にとって煩わしければすぐさま関係を切ることができ、自分が求めるときには関わることができるインターネット上の関係は心地良いものであったことから、ますます自分勝手な人との関係に安住するようになり、自分本位な対人行動傾向を強めていったと考えられる。

(2) 事例2

▼少年
F子、十八歳、女子、通信制高校三年。
▼罪名
インターネット異性紹介事業を利用して児童を誘引する行為の規制等に関する法律違反。
▼非行の概要
F子は、自己の携帯電話から、いわゆる家出サイトと呼ばれる掲示板に「JK（女子高校生の意味）、一晩泊めてください。エッチOKです」「セフレ募集、年上OK。○○駅で待っています」などと書き込みをし、児童に関わる誘引の禁止に触れたものである。

▼非行に至った経緯

学業への意欲がなくなり学校をさぼりがちになった。そのことを家庭で母に言われるのが嫌で、親しい友人宅に時々泊まるようになった。アルバイトをすれば母がうるさく言わないと考え、居酒屋で働き始めた。F子は、アルバイト先の友人から「みんなやっているよ」と自己紹介サイト（プロフ）を勧められ、興味半分で自分のプロフを載せた。間もなく、性関係を求める書き込みが多数入った。F子は、日常場面では人に気を遣いすぎて自分の気持ちをはっきり言えないことが多かったが、インターネット上では言いたいことを言えたり、無視したりすることができ、おもしろくなったという。

中にD夫からのメールが目にとまった。D夫のメールは、言葉遣いが丁寧で、誠実な印象であり、実際に会ってみたい気持ちを高めた。実際に会ったところ、D夫は中年の男性であったが、F子はすぐに打ち解け、好きなだけ自分の話をした。F子は心地良い気持ちになり、D夫に誘われるままに再び会う約束をした。二回目に会ったときに性関係を求められ、断ったら嫌われて会えなくなると思い、応じた。別れ際にD夫から三万円をもらった。F子は欲しい洋服があったので、性関係を持った後悔よりも、お金を手にした喜びのほうが大きかったという。その後も月に一、二回、性関係を持ち小遣いをもらった。三、四か月してD夫から妻がいることを打ち明けられた。F子はショックを受け、別れを切り出したものの、D夫から「君が一番好きだ」と言われ、そのまま関係を続けた。D夫の優しい態度や少なくない金額の小遣いが魅力的で、D夫との関係に満足する気持ちもあった。そのうち、F子には、同年代の好意を寄せる男性が現れたが、D夫に打ち明けて捨てられるのが怖く、D夫との関係を切ることも決断できずに自分をふがいなく思いながら、同時に、D夫に怒りを感じて混乱した日々を過ごしていた。

Ｆ子はプロフを続け、「女子高校生とエッチしたい人」などと書き込んだ。返信してくる相手に気があるような返事をして、その気がないにもかかわらず会う約束をしてはすっぽかし、後で相手からがっかりするような返事を見て、「いい気味だ」と、すっきりした気分を味わっていた。男性よりも優位な立場で相手を操作しているような気持ちになれて楽しかったという。Ｆ子は、インターネット上で性関係を誘引する書き込みをすることが違法であることを知らなかった。また、偽名を使っていたので、特定されることはないと考えていた。

▼家庭状況

父母は二年前に離婚し、Ｆ子は母と中学三年の妹と三人で暮らしている。母は離婚後体調を崩し、生活保護を受給しながら自宅で内職をしている。妹はしっかり者で家事をよく手伝い、母の頼りにされている。妹は、好き勝手に外出して当番の家事をしないＦ子が許せず、母を味方につけて、Ｆ子を厳しく糾弾する。Ｆ子は、母と会話もするが、外出先を告げないなど、母には何を考えているのかわからないところがある。

▼生活歴

Ｆ子は発育にも問題なく、大きな病気やけがもなく、心身ともに健康に育った。小学校時代は、父の転勤に伴い、小学校を転々とした。内気で人見知りが強く、転校先にはなじむまでに時間がかかった。父母は、Ｆ子の小学校高学年頃から不仲となり、喧嘩が絶えなくなった。次第に夫婦の関係は冷え切り、父母の会話はほとんどなくなった。父親っ子のＦ子であったが、父は帰宅が遅く、もっぱら母が話し相手になった。

これ以上転校をしたくないという気持ちから中学受験をしようと思い立ち、私立女子中学高校一貫校に入学した。中学では引っ込み思案な自分を変えようとしたが、生徒同士の陰湿ないじめがあり、周囲の友人に気を許すことができなかった。自分の言葉が人を傷つけるのではないかと、相手の気持ちを考えすぎ、嫌なことでも断れず、周囲に追従して校則違反をすることがあった。担任教諭は、F子の感受性が鋭く、人の思いに敏感で思うことが言えない性格に気づき、時々相談に乗っていた。高校進学後、父母は離婚し、現在の生活になった。F子は、父母の離婚は仕方がないとあきらめていたが、母から父の愚痴を聞かされるのが嫌になり、母に内緒で父とメールのやりとりをしていた。しかし、母の具合が悪くなり、家計が逼迫して通信制高校に転校することになると、家庭での不満を父にあれこれ言う気持ちにもなれず、次第に父に連絡しなくなった。

▼考察

F子は、父母の離婚によって、父を強く慕う気持ちの一方で、母を苦しめ、自分の生活を大きく変えた父に対して許せない気持ちもあり、その矛盾した感情を整理できずに抱えていた。そうしたところで、インターネットを利用しているうちにD夫と出会った。D夫に気持ちを癒されたことで、その関係を継続するために求められるままに性関係に応じた。金銭授受が伴う打算的な関係でもあったが、D夫に心理的な居場所を見出すことができた。好きな人ができても、D夫との関係を解消できず、D夫への未練や怒りの感情に苦しむようになった。

F子は、D夫に対する怒りから男性をだまし、精神的打撃を与えることで発散していた。日常生活では、相手の気持ちに過敏なあまり、思うことも言えないF子であるが、インターネット上であれば、直接顔を合わせることもなく、自分の素姓が相手に知られることもないと思い、安易にこうしたことができていた。

本事例から、インターネットには、①日常生活では出会うことのない人同士の出会いを容易にすること、②直接の対面ではできないことを、その匿名性から容易に行動化させることという面があることが示唆される。

4　ネット非行に見る現代の少年

メールや掲示板、チャット、オンラインゲームなどのインターネットを活用した通信は、一方通行の情報収集のためのツールを越えて、双方向のコミュニケーションツール、すなわち、人と人のつながりをサポートし、また、新たなつながりをつくり出すものとなっている。石橋[7]によれば、インターネットには次の四つの特性があり、これがインターネットを介した人と人のつながりを特徴づけている。

①広域性・高速性（端末があれば、いつでもどこでも瞬時にして世界中の情報へのアクセスと発信が可能）、②非対面性（互いに顔を合わせることなく交流できることから、自己開示が容易になる。他方、他人になりすますことが可能）、③不透明性（掲示板などに書き込んだ人の特定、ネット上の実態の把握が困難）、④双方向性（発信者と受信者相互のコミュニケーションが可能）。

ネット非行は、これらの特性に対する理解が不十分であることで、法律の枠をはみ出したり、容易に踏み越えたりした結果である。

事例のA男は、画像を取り込んだことが法律に違反したとして検挙されており、このことへの認識がなかった。また、F子も、インターネット上で性関係を誘引することが違法行為であることを知らずに行っている。また、インターネットをめぐっては、その悪用とそれを取り締まる法律の制定、改正がいたちごっこのように繰り返されており、理解が追いつかないところがある。少年たちは、自らそれらの規制を理解しようとする態度は乏しく、便利さ、手軽さのみに注目して使用しがちである。特に最近は、スマートフォンが普及したことにより、いつでもどこでも利用でき（広域性・高速性）、そのモバイル性は格段に向上している。しかし、その分、自らも気づかないうちに、規制の枠をはみ出した利用をしていることもある。

また、A男もF子も、直接対面してはできないと思われる行為を、インターネット上であるということで、法律の枠を容易に踏み越えて行うようになっている。両者とも、他人になりすましたわけではないが、発信者である自分の情報が特定されにくいこと、限定的に開示することが可能になっていることから、それを利用して相手を誘い込んでいる。インターネットによるコミュニケーションは、情報伝達のチャンネルとその量や内容を、対面してのそれよりも恣意的に制御しやすい面がある。現代の少年たちは、無自覚のうちにこのようなインターネットの特性について習熟し、使い方も大人と比べて熟達している。また、この限定したコミュニケーションのほうが得意な場合さえ見られ、これまでにないコミュニケーション様式を持つと言える。

A男についても、F子についても、インターネットを使ったことで「できた」非行である。そして、両者には、自分の欲求を満たすために他人を使ったという点が共通している。二人とも相手の感情等を慮ることなく、自己本位に振る舞っており、自己愛傾向が強いことが読み取れる。また、間接的な関係の持ち方が可能になるインターネットであるからこそ、こうした人間関係の持ち方を実現できたと言え、インターネットの利用によって、こうした傾向のある少年の特徴が助長されることが考えられる。

ただし、A男とF子には、人との関わり方に大きな違いもある。A男の場合、自分の欲求を満たす道具としてしか関わらない。このような関わり方は、煩わしさも伴う情緒的な交流を求めない関わり方だと言えよう。そのため、発信者側の都合で、関係を一方的に断つことができるインターネットによるコミュニケーションは、A男の心性に適合的であったと言える。

他方、F子の場合、生身の人間との関わりを求めていたことがうかがえる。日常生活の中ではこれが十分に満たされないために、インターネットを使って、情緒的な関わりを持てる相手を探している。また、この欲求が強いために、裏切られたことに対する復讐的な行動も激しいものになっている。

これらの非行から、現代の少年たちは、適当な距離の対人関係を持ちにくくなっていると言える。極端に遠ざけたり、あるいは逆に近づき過ぎたりと、関係の持ち方が極めて不安定になっている様子がうかがえる。そして、インターネットを介したコミュニケーションは、これらの極端な関係の持ち方を可能にしてくれる便利な道具になっていると言える。

5　おわりに――ネット非行の防止、再非行抑止のために

現代の少年の非行を抑止するためには、メディアリテラシー教育が必須である。インターネットの特性を正しく理解させ、いかなる行為が非行に抵触するのかについて、知識を付与することが重要である。しかし、非行を起こした少年たちには、それだけでは十分ではない。インターネットを介して非行に至った過程を振り返らせる中で、見えない相手に対する心遣いを忘れ、人を傷つけたことを反省させることが重要である。具体的に被害の実態を示して人の痛みを体感させ、インターネットの先には、直接対峙しないが、必ず生身の人間がいて、痛みを感じていることを了解させる必要がある。また、インターネット上の他者との関わりが、日常生活での自己中心的な対人関係のあり方の延長上にあることを理解させ、改めて日常生活上の対人関係の持ち方を見直させることも大切である。

人は、深いつながりで結ばれた人との関係において生きている実感が得られ、その経験が人の成長を促す。このことを踏まえて考えると、インターネット上の生活にとどまらず、現実の社会での生身の人との関係を充実させられるように少年に働きかけていくことが重要である。

また、フィルタリングやサイトの規制、いじめを取り締まる法律など、インターネットを取り巻く環境の整備が急ピッチで進められているが、それらは的確に活用されて初めて機能するものであり、親がその利用の管理・指導（ペアレンタルコントロール）を行うことが重要となる。大人は、未成年者には条件つきで使用を認めているという基本的立場で、責任を持って監督していく義務がある。

そして、親や大人自身は、適切な対人関係の持ち方を子どもに伝えるため、現実社会の中で生身の

人と関わる機会を失しないように配慮し、人が何をどう感じるのかといった五感体験を与えることも重要となる。大人自身も自らの対人関係のあり方を見直してみることも必要かもしれない。

今後も人々は、インターネットがもたらす利便性にますます依存した生活を営むようになるだろう。若い世代が親世代となり、対人関係様式の変化が連鎖し、人間関係の基本をつくる家族関係にも影響が現れる可能性はある。インターネットを介することで、親子のコミュニケーションの頻度や内容が増すことも予想される一方、顔を合わせて会話する機会が減ることで、親は子の顔色や態度から悩み事を推し量って言葉を投げかける機会を逸したり、犯罪につながる警告サインを見落としたりすることが生じることもあり得よう。また、家庭生活で自然に身につけることができた生活習慣や社会性などが、自然に学ぶことができなくなるかもしれない。家庭が子を育む機能が減じていく可能性があることを親が意識して子を養育することが重要になろう。思春期の子を持つ親には、特にそうした親の役割を意識させ、教育的な関わりについて啓発する必要があると考える。また、実社会とインターネットの世界とをつなぐ体験学習の機会として、親子でボランティアに取り組むといった社会体験をさせたり、インターネットを離れて自然の中で静かに過ごすといった野外活動をさせたりすることも非行抑止に有用であると考える。野外では、日常の利便性によって失われたものを意識できるようなプログラムを盛り込み、活動を通して親子の触れ合いを取り戻すことで、親の教育的な役割が回復することが期待できよう。

〈引用文献〉

（1）L・グラットン著、池村千秋訳『ワーク・シフト』プレジデント社、二〇一二年
（2）内閣府「青少年のインターネット利用環境実態調査結果について」二〇一〇年、齋藤長行、新垣円「青少年のインターネット利用における規範意識を育てるための協働学習についての研究」『情報文化学会誌』一八（二）、二〇一二年、六〇－六七頁
（3）警察庁「平成二十五年上半期のサイバー犯罪の検挙状況等について」二〇一三年　https://www.npa.go.jp/cyber/statics/h25/pdf01-1.pdf（二〇一四年十一月二十日アクセス）
（4）警察庁「平成二十五年上半期の出会い系サイト等に起因する事犯の現状と対策について」二〇一三年　https://www.npa.go.jp/cyber/statics/h25/pdf02-1.pdf（二〇一四年十一月二十日アクセス）
（5）小向太郎「インターネット上の青少年犯罪被害対策の動向」『情報処理学会研究報告』二〇一一ＥＩＰ五三（一）、二〇一一年、一－六頁
（6）警察庁生活安全局少年課「平成二十五年中における少年の補導及び保護の概況」二〇一三年
（7）石橋昭良「少年によるインターネット利用の諸側面と心理的影響」『犯罪と非行』一六八、二〇一一年、一一三－一三三頁

〈参考文献〉

藤岡淳子『非行少年の加害と被害（第二版）』誠信書房、二〇〇二年
河合幹雄「ネット犯罪の現状と課題」『犯罪と非行』一六八、二〇一一年、三一－五〇頁
河﨑貴一『インターネット犯罪』文藝春秋、二〇〇一年
正高信男『ケータイを持ったサル』中央公論新社、二〇〇三年
正高信男『考えないヒト』中央公論新社、二〇〇五年

齋藤長行、吉田智彦「青少年のスマートフォン利用環境整備のための政策的課題——実証データ分析から導かれる政策的課題の検討」『情報通信政策レビュー』六、二〇一三年
下田博次『子どものケータイ』集英社、二〇一〇年
唯野司『ネット犯罪から子どもを守る』毎日コミュニケーションズ、二〇〇六年
竹内和雄「スマホ時代のいじめの現状と対応について」『自由と正義』六四（四）、二〇一三年、一六－二一頁
読売新聞社社会部『親は知らない』中央公論新社、二〇一〇年

第Ⅱ類型（不特定対象型問題行動群）

万引き非行

新堂研一

1　はじめに

本稿では、事件の内容自体は比較的軽微であるが、累犯性の高い非行として万引きの手口による窃盗について取り上げる。

万引きとは窃盗の手口の一種であり、商店などで買い物客を装い、店員らの目をかすめて商品を盗み取ることである。江戸時代から存在する言葉とされ、その語源は「間引き」の音便であるという説、何でも盗む意味で「万《よろず》」と「引く」（盗むの隠語）から「万引き」となったという説等があるが、定かでないと言われている。[1]

2　総論

犯罪白書(2)によると、万引きは一般刑法犯検挙人員の約三分の一を占める。かつて万引き犯は女子と未成年者に多いと言われていたが、女子比は約四割であり、また最近、高齢者による犯罪全般の増加が見られる中、万引きにおいても著しく高齢者の検挙人員が増加している(3)。

最新のデータ(4)を見ると、二〇一三年の万引きの認知件数は十二万六千三百八十六件であり、検挙件数は八万九千九百十件（検挙率七一・一％）となっている。万引きの検挙人員は、二〇〇二年までは少年が四割台から五割台を占めていたが、二〇〇五年からは五十歳以上が四割台から五割台を占めており、高齢者の占める割合は、二十年前の約三・七倍となっている。

全国万引犯罪防止機構が行っている青少年の意識調査(5)を見ると、万引きについて「絶対にやってはいけないこと」と考える人が、小・中・高校生のいずれも九割を超えている。他の非行との比較においても、以下の序列のように、万引きは「悪い」と評価されており、青少年に万引きの悪質さについての「常識」はおおむね共有されていると考えられる。

・小学生──暴力＝いじめ＞未成年喫煙＞万引き＞未成年飲酒＞放置自転車乗り逃げ＞落書き
・中学生──いじめ＞暴力＞万引き＝未成年喫煙＞未成年飲酒＞放置自転車乗り逃げ＞落書き
・高校生──いじめ＝暴力＞万引き＝未成年喫煙＝放置自転車乗り逃げ＞落書き＞未成年飲酒

一方、小売業者を対象とする被害実態調査を見ると、万引き犯罪の原因として、①万引きに対する犯罪意識の欠落（ゲーム感覚での犯行など）が極めて多く、次いで、②店舗の大型化による従業員一人当たりの守備範囲の拡大、③失業者の増加など長引く経済不況が挙げられている。[6]

非行少年の検挙状況に目を移すと、二〇一〇年における少年の検挙人員で最も多い罪名は窃盗であり、その手口を見ると、万引きの占める割合が、年少少年（十四〜十五歳）で五六・三％、中間少年（十六〜十七歳）で五五・二％、年長少年（十八〜十九歳）で四三・五％となっており、いずれも最も高い比率を占める。[2]

次に、最近の非行、とりわけ万引きの態様を、警視庁が行った調査[7]により概観すると、万引きで取調べを受けた約七割は男子で、犯行場所としては量販店、スーパーマーケット、コンビニエンスストアの順で多く、犯行時間帯は夕方が約半数を占めている。目的物としては食料品、日用品、本、雑誌が多数を占め、被害額は五千円以下が約七割であり、被害品は大半が自己消費されている。また、計画性なしが約八割、犯行時に所持金を有していたのは約六割、心理的な背景として「ゲーム感覚」が最も多くなっている。これは、大都市の警察が取調官を対象として行った調査であり、他にも都市部の警察が少年を対象に調査したもの（愛知県警[8]）や、地方都市の警察が少年を対象に調査したもの（石川県警[9]）を見ても、同様の傾向が認められる。各警察の調査結果の概略を比較すると表1の通りとなる。

アンケートの選択肢に違いがあること、警察通報率によっても統計化される数値が異なってくることから、そのまま地域差と見なすことは必ずしも適当でないが、共通して見られるのは、少年が量販

第Ⅱ類型（不特定対象型問題行動群）：万引き非行

表1　警視庁、愛知県警、石川県警の調査結果比較

	警視庁	愛知県警	石川県警
調査期間	2009年4月〜6月	2009年5月〜6月	2011年2月〜4月
調査対象	取調官	少年	少年
対象少年数	428人	127人	54人
男女比	男71.7%、女29.3%	男62.2%、女37.8%	男72.2%、女27.8%
犯行場所	①量販店 ②スーパー ③コンビニ	①大型複合施設内店舗 ②ディスカウントショップ ③スーパー、③コンビニ	①古物店 ②スーパー ③ドラッグストア
目的物	①ゲームカード ②日用品 ③本・雑誌	①食料品 ②衣類 ③アクセサリー	①カード ②菓子 ③化粧品、③書籍
犯行時間帯	①夕方(16時〜) ②昼間(13時〜) ③夜(19時〜)	①夕方(16時〜) ②昼間(13時〜) ③夜(19時〜)	①15時〜18時 ②12時〜15時 ②18時〜24時
その店を選んだ理由	①死角が多い ②店員等が少ない ③自宅付近	①品物の種類が多い ②店員や警備員が少ない ③防犯カメラがない等	①店員が少ない ①死角が多い ③近い
動機・心理的背景	①ゲーム感覚 ②単に欲しかった ③誘いを断れない	①ゲーム感覚 ②友だちの誘いを断れない ③生き甲斐がない	①欲しかった ②ゲーム感覚 ③むしゃくしゃしていた
規範意識	①捕まるとは思っていなかった ②何も考えていなかった ③犯罪として厳しく処罰されると思っていた	①捕まるとは思っていなかった ②何も考えていなかった ③犯罪として厳しく処罰されると思っていた	①捕まるとは思っていなかった ②何も考えていなかった ③犯罪として厳しく処罰されると思っていた
こうされたら万引きを断念していた	①店員からの声かけ ②警備員の配置 ③断念することはない	①店員から声をかけられたら ②警備員が巡回していたら ③防犯カメラがあったら	①店員から声をかけられたら ②制服警備員が巡回していたら ③友人が止めたら

的店舗等において、切迫した理由もなく万引きに及んでいるという実態である。

このように、家庭裁判所にとって、非行少年の万引き事案は、最も目につきやすいタイプのものと言えるが、軽視してはならないことを多くの研究者や実務家が指摘している。例えば、村尾[10]は、（万引き等の）軽微事件には「凶悪犯罪への発展が待ちかまえている」として、「個々のケースに応じた個別的な処遇を行わなければならない」とする。また、桑原[11]は、少年非行の再犯率データを論拠として、「少年の間に、非行が比較的軽微であるうちに、適切な『保護的措置』を加えることにより、ある程度の再犯防止が可能である」として、（万引き等の）「軽微な非行」を放置しておくことはできないと結論づけている。

3　事例

ここで取り上げる六事例は、すべて秘密保持に配慮して、事例理解に支障がない範囲で再構成した架空のものである。

(1)　A男

自宅近くのスーパーで、おにぎり、惣菜類を万引きしたもの。A男（中学生）は三か月ほど前から多くのスーパーで毎日のように食料品を万引きしていた。A男の幼少期の家庭は「貧しいながらも幸せな」（母）ものであった。しかし、父母が離婚し、A男は小学校高学年から母、弟との三人で生活することとなった。A男が中学に入学した頃から、父の再婚により養育費が支払われなくなり、やがて家庭の貯金は底をついた。母が夜間、仕事に出かけるようになり、A男は弟とインスタント麺をすする毎日だった。A男は学校からの帰りに、スーパーの雑踏にまぎれて、食料品を万引きすることを始めた。母に見つからないよう、万引きした商品のゴミは近くのコンビニに捨てていた。

(2) B男

家電量販店から、DVDプレイヤー等の小型電化製品を万引きしたもの。B男（中学生）は、ゲーム機器等の娯楽品については、ほぼ量販店等で万引きして手に入れていた。父は「社会運動家」であり、活動中に知り合った母と恋愛結婚し、B男が誕生した。しかし、母が幼少期に死亡したことで、B男は祖父母に引き取られた。祖父母は「人さまに迷惑をかけるな」が口癖で、しつけは厳しいものであった。B男は小学生の頃から、他家に比べ厳しすぎるとして、まず祖母、次いで祖父に反抗的言動を見せるようになった。中学校入学後、ゲーム機を万引きして初めて警察から家庭裁判所に送られた。家裁調査官との面接時には、B男と祖父が激しく口論する姿が観察されている。それ以来、B男は祖父とまったく口をきかず、食事も一緒にとらないので、祖母が部屋まで運んでいく状態が続いた。やがてB男は中学に通わず自室で過ごす生活を送っていた。B男は「もう万引きはしません」と述べたが、「店も万引きされることを見越して高めに価格設定しているから、損害はさほどない」と述べたり、「祖父母や教師からいじめられた自分のほうが被害者」と言ったりして、自らの非をなかなか認めなかった。祖父母は、父の「金もうけ主義の社会、店にも問題がある」といった価値観がB男に悪い影響を与えたと見ている。

(3)　C男

自宅近くのコンビニから、小学校低学年向けアニメのキャラクターシールが入った菓子を万引きしたもの。C男（中学生）の父は、かつてスポーツに熱中し、企業でスポーツ選手として活躍した。C男も三歳年上の兄に続いて父と同じスポーツを始めたが、地元のスポーツクラブから推薦で高校に進んだ兄に比べ、体格も運動能力も劣ると評価されることが多かった。父はリストラにより退職し、その後、起業するがうまくいかず、多額の負債を抱えて母と離婚した。C男が中学三年になってから、兄の在籍する高校の運動部が全国大会に出場し、兄も補欠ながら全国大会出場を果たした。その直後から、C男の本件と類似の万引きが繰り返されている。C男は「シールがそれほど欲しかったわけではないので、二度と繰り返さないと約束する」とは述べたが、なぜ欲しくもないものを万引きしたかについては、きちんとした説明ができなかった。しかし、最近の大きな出来事として「兄の全国大会出場」と即答し、兄の活躍ぶりを半ばうれしそうに、半ば悔しそうに語っていた。母はC男に困らないだけの金銭を与えていたと言い、C男の万引きを理解できずにいる。

(4)　D男

書店から、DVDソフトとコミック本を大量に万引きしたもの。D男（高校生）はインターネットのソーシャル・ネットワーキング・サービス（SNS）で知り合った年下の共犯少年に見張りを頼み、店外に出ようとしたところ、検査機に感知され発覚するに至っている。

小学校時代のD男は「問題を起こすわけではないが、わがままな言動が目につく」と評されていた。D男は小学校高学年から進学塾に通い、中高一貫校に合格を果たした。部活動や社会活動にはまったく参加せず、帰宅後は親に買ってもらったパソコンでゲームをしたり、SNSに参加したりすることが多かった。パソコンで万引きの手口を見るうちに、「共犯者がいたほうが成功しやすい」と思い、SNSで言うことを聞いてくれそうな友人を探したという。家裁調査官の調査面接でのD男は、指示された反省文を用紙いっぱいに、きっちりした文字で書いたが、その内容は「たかがDVDのために」金を使うのはもったいないとの本音が見え隠れしており、被害店舗の立場や心情については、十分に検討されていなかった。また、万引きについては「みんなやっているけれど」ということを前提として語っていた。母によると、学校でも教師や目上の存在に対し、横柄な態度をとることが多く、懸念しているのだという。

(5) F子

スーパーの食品売場で食料品を大量に万引きしたもの。F子（フリーター）は真面目で几帳面な子どもで、小学生の頃から正月にもらうお年玉や、毎月の小遣いをノートにつけ、必ず月々の繰り越しを貯金していた。中学入学後も、真面目で成績も良く、生徒会の役員を務めるなど目立つ存在であった。そのようなF子が突然、高校には行かないと言い出し、周囲を驚かせた。F子は周囲の説得で定時制高校に進んだが、高校にはほとんど登校せず、コンビニでアルバイトを始め、何か所かのコンビニを転々とした。実は、F子は中学時代から「食べ吐き」が始まっていた。高校進学を渋ったのも、そのような自分に不安を抱いてのことであり、コンビニでアルバイトを始めたのも、「賞味期限切れの食品が手に入る」と聞いたからだった。実際、コンビニから期限切れの食材を持ち帰っては「食べ吐き」を続けていた。アルバイトがない日は、電車で他町のスーパーに赴き、食料品を万引きすることが続いた。家裁調査官の調査面接でF子は「本当は万引きを繰り返したくない」「専門家に相談してでもやめたい」と訴えた。F子は心療内科医の診察を受け、窃盗癖・摂食障害（神経性大食症）の診断を受けた。F子は短期間入院し、退院後は治療を受けながら自助グループに参加した。

(6)　G子

化粧品店で商品を万引きしたもの。G子（大学生）は万引き後、店内に呆然と立ち尽くしているところを見つかり、自ら万引きしたことを申告し、警察に通報された。G子は高校卒業まで特別の問題は見られず、「やりたいこともないので、とりあえず」学校推薦が受けられた地元の大学に進んだ。G子は同種の行為を繰り返してきたことを認め、「自分でも、なぜ万引きをしてしまうかわからない。悪いことだとはわかっているが、欲しくもないものでも万引きしてしまう」と述べた。G子は月に一回くらいのペースで「気分がハイになり」母と喧嘩をしてしまい、家を飛び出して繁華街をうろつくうちに、万引きをしてしまうが、その後は深く落ち込んでしまうと述べた。医師である医務室技官との面接の中で、G子は「生理が終わった頃にイライラが出てきて、ピークに達したときに母と喧嘩をすることがわかった」と報告した。G子は医務室技官の勧めで、婦人科で内分泌的検査も受けた結果、P

ＭＳ（月経前症候群）との診断を受けた。Ｇ子はＰＭＳのレクチャーを受けるとともに、通院治療を続けた。

4　事例の考察

Ａ男の万引きは、家庭の経済状況を背景に、自らや弟の空腹を満たしたいとしての万引きであり、環境要因の大きい非行と考えられる。本件後、家庭に福祉的支援が得られたことで、Ａ男の万引きは見られなくなっている。

Ｂ男の万引きは、欲しいものを手に入れるという側面よりも、祖父母の価値観（人さまに迷惑をかけない）や、大切にしているもの（近所での対面）を傷つけるという、反抗的な動機によるものと考えられる。Ｂ男が述べる言い訳は、典型的な「自己の持っている規範を中和化して、自己の犯罪行為を合理化する『中和の技術[12]』」と言え、Ｂ男を取り巻く環境と、Ｂ男の心理が相まって非行に至っている点が特徴的である。

Ｃ男はスポーツ活動で兄に追いつけないとの思いが強く、また代わりに誇りを持てる出来事等もなく、劣等感を抱いて生育したことをうかがわせる。万引きには、親からの愛情や、周囲の関心を引こうとする動機が見て取れる。これらが十分に認識されないまま、兄の全国大会出場という出来事により、無意識的にせよ「自分にも関心を寄せてほしい」という、いわば異議申立てをしたものと理解できる。

D男に関して、万引きの動機は「金を払うのがもったいない」というものであり、また「みんなやっているから」と合理化している。中学から同じような社会的・知的環境にある友人や、インターネットのSNSという限られた友人とのみ接触しており、このような環境条件のもとで、わがままで尊大な言動を身につけてきたと考えられる。非行少年の自尊心に注目した研究は多いが、[13]「自尊感情は高すぎても低すぎても問題がある」ものであり、[14]本事例でも高い自尊心が非行を促進する方向に働いたと考えられる。

F子が診断された窃盗癖（病的窃盗）は、十九世紀前半から注目された概念であるが、二十世紀に入るとE・クレペリン[15]により衝動狂として類型化され、近年の診断基準へと至っている。すなわち、世界保健機関（WHO）による国際疾病分類ICD－10における「習慣及び衝動の障害」としての窃盗癖（kleptomaniaもしくは病的窃盗（pathological stealing））、アメリカ精神医学会による精神障害の診断基準DSM－Ⅳ－TRにおける「他のどこにも分類されない衝動制御の障害」での窃盗癖（kleptomania）である。竹村[16]が言うように、窃盗癖と摂食障害には「枯渇恐怖」と「溜め込みマインド」という共通の心性が見られ、本事例においても、資質・生物的側面への入院等の医学的対応、「枯渇恐怖」「溜め込みマインド」を含む心理的側面への自助グループでの介入、「食べ吐き」をしやすい家庭状況の修正といった複数の介入が得られ、改善に至っている。

G子が診断を受けたPMSは「月経前三〜十日の間続く精神的あるいは身体的症状で、月経発来とともに減退ないし消失するもの」とされ、[17]思春期から閉経前の排卵性月経のある女性なら誰にでも発症する可能性があるとされている。PMSが万引きを「引き起こした」と考えるのではなく、PMS

による身体的側面に、自立志向が果たせない焦りや、アルバイトの職種をめぐる母との葛藤といった心理的要因、近くのショッピングモールやターミナルに商品があふれているという環境的側面が相まって非行へと至ったと考えられる。

5　万引き非行に見る現代の少年

少年が万引きに至る動機や経緯は多種多様であり、共通する特徴を見出すのは難しい。一見、単純でわかりやすい事例もあれば、さまざまな要因が複雑に絡み合って起きている事例も見受けられる。現代においても、万引き事案の一定の割合は、貧困などの経済的な問題を抱え、いわば生活のために行われる万引きである。また、環境要因への反作用として、少年の心理・認知的側面が強く働いて万引きに至るケースも多く見られる。さらに、少年の資質的側面、心理的要因と、社会的問題の相乗効果から非行に至っていると考えられる事例も存在する。

生物・心理・社会モデルは、システム論に基づく包括モデルであり、人間の行動を「生物」「心理」「社会」の各要因に還元することなく、これらの相互作用として理解することを可能にした。(18)万引きについても、少年が生物・資質的要因を背景として、社会・環境的要因の影響を受け、特定の心理・認知的要因によって行っているのは間違いないであろう。ただし、少年によって、または特定の時代的背景のもとで、これらの要因の一部がより色濃く非行（万引き）に影響を与えることは避けられないと考えられる。すなわち、戦後非行は三つのピークを経て減少の一途をたどっているが、万引きについても時代とともに特有な、あるいは目立つタイプのものがあると思われる。ここでは、①社会的万引き、②心理・社会的万引き、③生物・心理・社会的万引きの三類型を措定し、これらが層をなして現代の万引き非行少年像を形づくっているものと考える。

(1) 社会的万引き

第一のピーク（貧困を背景とした「生存型非行」の時期とも言われる[19][20]）以降の古典的な万引きであり、貧困や生活苦から逃れる手段として現れることが多く、経済的状況が強く影を落とし、社会的要因の影響が大きいという意味で、社会的万引きと呼ぶのが適当と思われる。戦後の経済復興から高度成長期を経て、福祉諸制度が整備されたこと等を背景に、近年、数は減っているものの、万引き少年の一定程度に見られる類型である。事例では、A男の事例が相当すると考えられる。

(2) 心理・社会的万引き

第二のピーク（経済至上主義的な社会の中で、価値観の葛藤に基づく「反抗型非行」が出現したとされる）以降の万引きであり、社会環境の影響を受けつつも、心理的要因の影響が強く見受けられる万引き類型である。続く第三のピーク（「遊び型非行」ないし「初発型非行」と命名された）以降の万引きにおいても、学校や家庭等、環境面が背景にありつつも、心理的な要因が強く影響している事例が多く見受けられる。心理的側面に関して、須藤[21]は、万引きに至る心理（動機）を五つに分類している。すなわち、①功利型（お金を払うのがもったいない等、金の損得に基づく）、②同調型（友人から誘われ、皆がやっ

第Ⅱ類型（不特定対象型問題行動群）：万引き非行

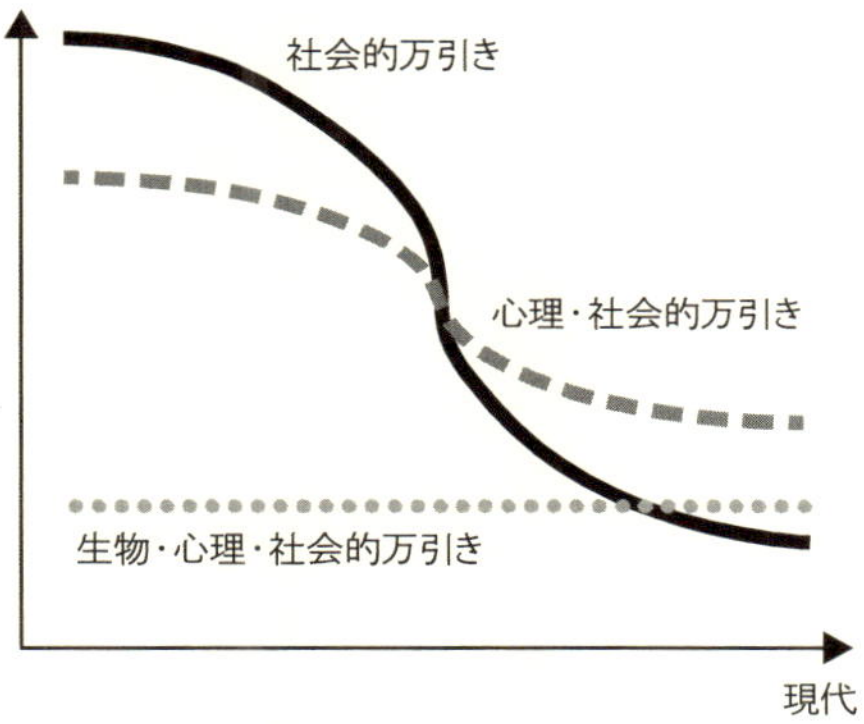

図1　非行類型の時代的推移のイメージ

ているからと合理化して）、③代償型（満たされない親からの愛情の埋め合わせとして）、④関心喚起型（問題行動を通して親や教師の関心を引こうとするもの）、⑤情緒表現型（いじめや受験等のストレスの発散や、持って行き場のない怒りの表現として）の五つである。事例ではB男において③または④、C男が①または②の類型に当てはまると考えられる。

(3) 生物・心理・社会的万引き

現代日本が非行のピーク期を経て平成に入った後は、少年の検挙人員数は減少の一途をたどることとなった。それでも、一見、問題がないように見える子どもたちが重大事件をいきなり起こすことが目立ち始めたとして、「いきなり型非行」の存在が指摘されるようになった。[22]「いきなり」には「ある事柄の発生前の状況に注目し、一般的に想定される手順を踏んでいない」との含意があることから、[23]万引きにおいても、生物・資質的傾向を持った少年が、特定の心理・認知的傾向のもとに、社会・環境的要因の影響を受けて犯行に及ぶ事例も散見され、万引き非行の一群をなしていると考えられる。
　これら非行類型の時代的推移のイメージを図1に示す。

6　おわりに

　万引き非行については、社会的万引き、心理・社会的万引き、生物・心理・社会的万引きの三類型が層をなし、非行少年像を形づくっているとの理解のもとに、六つのケースを紹介した。これらの類型は固定的・絶対的なものではないが、見立ての一法となるものと考えられる。このような見立てに基づき、少年たちへの適切な介入を行うわけであるが、少年との関係性を保つことが必要であり、見立てにも介入にも相応の時間を必要とするであろう。しかし、先に述べたように、万引きに適切な対処をとることは、その先の重篤な再非行を防ぐことへとつながる。「急がば回れ」との言葉もあり、万引き少年にしっかりと向き合い、関係性に基づき介入を行うことが、少年の再非行抑止につながり、ひいては社会にも良い結果をもたらすものと考えられる。

〈引用文献〉

（1）『日本大百科全書（二二）』小学館、一九八八年、二三五頁

（2）法務省「犯罪白書　平成二十三年版」二〇一二年　http://hakusyo1.moj.go.jp/jp/58/nfm/mokuji.html（二〇一四年八月三日アクセス）
（3）警察庁「高齢犯罪者の特性と犯罪要因に関する調査」二〇一三年
（4）法務省「犯罪白書　平成二十六年版」二〇一五年　http://www.moj.go.jp/content/001128570.pdf（二〇一五年一月一日アクセス）
（5）全国万引犯罪防止機構「第八回　万引に関する全国青少年意識調査分析報告書」二〇一三年
（6）全国万引犯罪防止機構「第八回　全国小売業被害実態調査報告書」二〇一三年
（7）万引きをしない・させない社会環境づくりと規範意識の醸成に関する調査研究委員会「万引に関する調査研究報告書」二〇〇九年　http://www.keishicho.metro.tokyo.jp/seian/manbiki/manbiki_chosa.pdf（二〇一四年八月三日アクセス）
（8）愛知県警察「万引き犯罪に係る実態調査（結果）」二〇〇九年　http://www.police.pref.aichi.jp/safety/manbiki-kekka.pdf（二〇一四年八月三日アクセス）
（9）石川県警察「万引き実態調査実施結果」二〇一一年　http://www2.police.pref.ishikawa.lg.jp/upload/04_anzennakurasi/manbiki-jittai.pdf（二〇一四年八月三日アクセス）
（10）村尾泰弘「軽微事件――万引き事件を中心に」『現代のエスプリ』四七二、二〇〇六年、七二－七九頁
（11）桑原尚佐「軽微な非行への初期的介入――保護的措置を中心に」、生島浩、村松励編『犯罪心理臨床』金剛出版、二〇〇七年
（12）Sykes, G.M. & Matza, D. (1957). Techniques of neutralization: A theory of delinquency. *American Sociological Review*, 22(6), 664-670.
（13）松浦直己「非行化した少年の不注意・多動衝動性と自尊心との関連」『発達研究』二三、二〇〇九年、一六三－一七四頁
（14）大川力、渕上康幸、門本泉「非行少年の自己意識に関する研究――その一」『中央研究所紀要』八、一九九八

年、六三–七七頁
(15) E・クレペリン著、遠藤みどり、稲浪正充訳『強迫神経症』みすず書房、一九八九年
(16) 竹村道夫「摂食障害と窃盗癖」『臨床精神医学』四二(五)、二〇一三年、五六七–五七二頁
(17) 日本産科婦人科学会『産科婦人科用語解説集(改訂第二版)』金原出版、二〇〇八年
(18) Engel, G.L. (1977). The need for a new medical model: A challenge for biomedicine. *Science*, 196, 129-136.
(19) 萩原惠三「戦後の少年非行の推移」、萩原惠三編『現代の少年非行』大日本図書、二〇〇〇年
(20) 松本良夫「少年非行・戦後四十年間の変遷」『犯罪と非行』六五、一九八五年、七六–九四頁
(21) 須藤明「万引きを繰り返す子どもにいかに寄り添うか」『教育と医学』六〇(五)、二〇一二年、三八四–三九〇頁
(22) 星野周弘「社会の変化と犯罪・非行の動向」『犯罪と非行』一二六、二〇〇〇年、六〇–八三頁
(23) 浅野百合子「イキナリ・ダシヌケニ・トツゼン・フイニ」、国広哲弥編『言葉の意味三　辞書に書いてないこと』平凡社、一九八二年、一五四–一六〇頁

第Ⅲ類型（非社会的問題行動群）

薬物非行

坂野剛崇

1　はじめに

薬物非行で担当した幾人もの少年たちを思い起こすと、心にわき上がるのは、張りつめた悲壮感、あるいは、扱い切れないものを抱えて一人たたずむ心細さというような感情である。そして同時に、その感情をもたらした少年のむしろ明るく元気な姿も目に浮かぶ。

覚せい剤を使用して家庭裁判所に事件が係属した少女の生い立ち、家庭環境は、その劣悪さに同情を禁じ得ないものであった。ただ、少年鑑別所の面接室で家裁調査官にそれを話す少女は、ごくごく普通のことのように淡々と、時には楽しそうな笑いさえも交えながら語った。しかし、その少女は、ある瞬間「私、つらいときほど、笑っちゃうんです」と言った。しかも、それまで見せたことがない真顔で。その後の少女の表情は、何かを押し込めたような硬い表情であった。その表情のまま、輻輳していたと思われるさまざまな思いが、ゆっくりと静かな口調で少しずつ語られていった。このように明るく振る舞う姿と、話す内容、そして少女の内的な心象であろう切迫感のような感情とのギャップは不自然なほどである。この不自然さはどこからくるのか。少女は、この不自然な感じをどのように感じ、どう収めているのだろうか。むしろ、少女は、収められないからこそ薬物を使うのかもしれないと考える。

覚せい剤を使用した少女の事例を通して、薬物非行を起こした非行少年の姿や状況、そして非行少年にとっての「薬物」の意味について考察し、そこから薬物非行からの立ち直り・更生のための方策等を検討する。

2　薬物犯罪・非行をめぐる現状

(1)　薬物犯罪・非行に関する法律等

薬物をめぐっては、その使用自体が犯罪・非行であり、薬物使用を取り締まる法律には、麻薬及び向精神薬取締法、覚せい剤取締法、大麻取締法、あへん法、麻薬特例法の五つ（薬物五法）がある。また、シンナーをはじめとする有機溶剤等の乱用を規制対象とする法律として毒物及び劇物取締法や、いわゆる危険ドラッグを取り締まりの対象とする薬事法がある。これらの法律では、幻覚や興奮、麻酔の作用のある各種の薬物の使用または乱用、所持等が禁止され、罰則が定められている。

また、少年非行においては、薬物の使用・乱用に関して「自己又は他人の特性を害する行為」として、「ぐ犯」（少年法第三条第一項第三号）立件されることがある。さらには、窃盗や傷害などの事件の中には、薬物使用・乱用の問題が背景にあるものもある。

(2) 薬物犯罪・非行の状況

戦後の薬物犯罪・非行の動向を見ると、三つの大きな乱用期がある。一つ目は一九四〇年代（第一次乱用期）で、戦後の混乱の中、覚せい剤が「ヒロポン」などの商品名で市中に流通し、密造、密売が問題となった。また、覚せい剤中毒者による犯罪・非行も見られた。二つ目は一九五〇年代後半（第二次乱用期）で、暴力団等が密輸、密売を始めたことで、覚せい剤が大量に流入するようになり、覚せい剤乱用者、中毒者による犯罪の増加が問題になった。また、この頃から、いわゆる「シンナー遊び」が急激に増えた。三つ目は一九九〇年代後半（第三次乱用期）で、暴力団のほか、外国人による密売が横行し、覚せい剤事犯の検挙者が増えた。この時期には覚せい剤事犯の全検挙者に占める初犯者の割合、未成年者の人数が増え、薬物乱用の裾野が拡大した。(1)

このような状況のもと、一九九七年、政府は、薬物乱用防止に関する戦略を策定して薬物乱用防止に取り組み、覚せい剤事犯は減少傾向を見せた。しかし、二〇〇四年以降は横ばいで推移している。また、覚せい剤事犯は、全薬物事犯のうち約八四％を占めており（二〇一三年）、薬物事犯の中心的課題である状況が続いている。一方、大麻事犯は、最近十年の検挙件数を見ると、二〇〇四年から増加傾向を示し、ピークである二〇〇九年には二〇〇四年の約一・三六倍となったが、その後減少に転じ、二〇一三年はピーク時の約五三％になっている[2]。

また、薬物事犯で大きな問題となっているのは再犯率の高さである。特に覚せい剤事犯の再犯者率は約六三％で、他の薬物事犯に比べて高い。また、覚せい剤の場合は約六〇％が同一罪名で、これは一般刑法犯の約四倍であり、更生・立ち直りの難しさを表している[2]。

一方、未成年者について見ると、いずれの薬物事犯も減少傾向が続いている。ただし、麻薬、特にMDMA等の錠剤型の薬物に関する事件数は、高水準を維持している[3]。また、合法ドラッグ等と称して販売される薬物等（危険ドラッグ）を使用した者による二次的犯罪や健康被害を起こす事例も多発している。和田[4]は、危険ドラッグの中学生・高校生の生涯経験率は、大麻、覚せい剤と同程度であるという。そして、危険ドラッグの使用経験は、大麻、覚せい剤の使用との関連性が強く、最近の未成年者の薬物乱用の順番は「喫煙→危険ドラッグ→大麻・覚せい剤」になっている可能性が示唆され、この流れは、シンナーからのそれよりも格段に強い関連性があると指摘している。

危険ドラッグは、シンナーに代わる入門の薬物（ゲートウェイドラッグ）となりつつあることが示唆され、薬物非行の防止のためには、これに対する対策が重要になっている。

(3)　薬物事犯に対する取り組み

薬物使用、乱用、依存からの回復は、「薬物を完全に断つことを軸にした人間的成長によるバランスのある生き方ができること[5]」と理解され、薬物事犯者の更生に向けた指導、教育は、断薬だけが対象ではない。薬物事犯者の更生には、本人が薬物使用を断つこととともに、健全な生活を継続できるようにすることが不可欠であり、警察・司法・行刑・保護の諸機関はさまざまな施策を展開してきている。

刑務所では、受刑者に特別改善指導として「薬物依存指導」を行い、薬物の害悪と依存性を認識させるとともに、薬物依存に至った自己の問題性を理解させて、再乱用しないための具体的な方法を考えさせる指導を行っている。[6] 少年院も「問題の回避方法の習得」として、薬物使用してしまう状況を考え察知できるようにする指導をしたり、[7] 保護者に対して子どもへの関わり方についての知識付与と個別援助を行ったりしている。[8] また、保護観察では、保護観察つきの執行猶予決定があった対象者に、覚せい剤を使用しないための具体的な方法を学ばせ、再発防止計画を立てさせることを目的に、専門別プログラムの一つとして「覚せい剤事犯処遇プログラム」を実施している。その中では、薬害の問題性に対する認識を深めさせる教育とともに、「引き金と欲求」「引き金と錨」といった薬物の使用や乱用に至る経過について考えさせている。[9] 薬物使用、乱用のきっかけとなる事情やその背景にある対人関係、生活上の問題について再考させ、薬物に手を出したくなる状況を招かない生活を送れるよう指導している。また、就労支援や、家族に対する薬物事犯者対応に関する講習会の開催、地域の医療・保健・福祉機関等やNPO法人、民間のリハビリ施設との連携などといった施策も展開している。

薬物事犯者、薬物非行少年の更生に携わる諸機関では、薬物事犯者が薬物を手に入れようと思えば手に入れられる状況で誘惑に打ち勝って、「クスリ」を断った状態を継続できるようにすることとともに、それをフォローする家族など薬物乱用者本人を取り巻く側に対する支援が行われている。

3　事例

薬物非行の少年や家庭の特徴等について、具体的事例を通して考察していく。なお、事例は、プライバシー保護に配慮し、複数の事例を組み合わせるなどして本質に及ぶ部分以外に大幅な改変を加えた架空のものである。

▼少年

A子、十六歳、無職（高校中退）。

▼非行（事件）の概要

深夜、友人と遊んで帰宅する途中、補導され、覚せい剤の所持が発覚した覚せい剤取締法違反である。A子は、検挙される約三か月前に、当時の交際相手（B男、二十一歳）から覚せい剤を譲り受け、何かあったときのための「お守り」として持っていた。過去には大麻、危険ドラッグを使用したこともあった。

▼生活歴・本件非行に至った経緯

A子は、出生時、特に異常等はなく、発育は順調であった。四歳時に体操クラブに入り、小学校入学後はさらに水泳などいくつか習い事を始めた。また、好きなことをするのは歓迎するが、勉強をおろそかにしてはいけないという父母の勧めで、小学四年からは学習塾に通った。これらの習い事のために遊ぶ時間がなく、親しい友だちができなかった。小学校卒業時A子は、中学で本格的に体操をしたいと親に相談し、親の探してきた、体操部が強くしかも進学実績もある私立中学に進学した。中学二年時、レギュラーになれなかったことから練習をさぼるようになり、部活動をしていないクラスメートと遊ぶことが増えた。中学三年時には、友だち数人と一緒にしていた他の同級生へのいじめが発覚し、学校を休むこともあった。中学卒業時には地元の公立高校への進学を希望したが、親の説得で系列の高校に進学した。高校には中学の同級生が多数いたため、中学時の評判がそのままクラスに広がり、登校しにくくなったA子は、朝は登校するふりをして家を出るが、登校せず、繁華街で過ごすなどして学校をさぼるようになった。学校をさぼっていたことが親に知られて注意を受け、それに反発して家出をし、女友だちの家に寄宿するようになった。この家出中に、女友だちの紹介でB男と交際するようになった。A子によれば、B男の、親身になって話を聞いて、ダメなものはダメとはっきりと注意をしてくれる頼りがいがあるところに引かれたという。ある日、B男の家に遊びに行ったとき、A子は、「気分が良くなる」と言われてB男から錠剤を渡され、それが危険ドラッグと知らないまま一緒に使用した。

A子はその後も女友だちとB男の家を行き来しながら家出を続けていたが、二週間ほどして、家に戻れなくなることや高校を退学になった後のことなどが心配になり、自ら帰宅した。帰宅したA子に対して父母は、再び家出をされることを心配し、特に注意をしなかった。その後A子は、日中は友だちと遊び、深夜に帰宅する毎日となった。また、自宅では自室で過ごすことがほとんどであった。この頃のことついてA子は「ダメになっていくというか、普通の生活に戻れなくなった気がしていた。どうしていいのかわからなくて、友だちや彼氏と一緒でないといられない感じだった」と述べた。このような生活の中、B男から「煙草のようなもの、ぼーっとして気持ちがいいだけ」と大麻の使用に誘われ、一緒に吸った。以後、B男の家でB男と一緒に大麻を吸うことが増えた。

二学期が始まって間もない頃、進級が危ぶまれたことから、いったん登校するようになったが、遊び中心の生活を抜けられず、すぐに学校をさぼるようになった。父はA子の態度に立腹し、独断で退学届を高校に提出した。

A子は、これを契機にますます両親を嫌うようになり、B男の家に寝泊まりするようになった。この間、B男らと大麻の吸引を繰り返した。また、この頃B男から覚せい剤を勧められた。A子は、B男から「注射でなければ、中毒になるようなことはないので大丈夫」と言われたこと、また、断るとB男の機嫌を損ねる恐れがあると思ったことから、覚せい剤を「あぶり」（加熱吸煙法、結晶をあぶって気化させ、鼻から吸入する方法）で使用した。その後、A子は、何にも考えなくてよくなるので良かったと繰り返すようになった。そのうち、B男から、薬物の購入費用を稼ぐために風俗店で働くよう言われた。A子は恋人に裏切られたと感じ、B男の家を飛び出した。しかし、B男から連絡がくることを恐れて自宅に戻るわけにはいかないと、女友だちのアパートに寄宿した。A子は、もう覚せい剤を使用しないと考えていたが、「お守り」として、B男の家を出るときに持ってきた覚せい剤を隠し持っていた。

なお、A子によれば、覚せい剤の使用の期間は約二か月で、その間に十回程度、「あぶり」で使用していた。B男と同居していた頃は週一回程度、B男宅から出る直前の二週間は三日に一回程度の頻度で使用していた。

▼家族

父母との三人暮らしである。父は子煩悩で、日頃から子どもとのコミュニケーションを大事にしてきたという。しかし、A子が幼い頃は残業が多く、子育てを母に任せるところが多かった。最近は、残業等が減って帰宅時間が早くなったこと、A子が幼い頃にあまり関われなかった反省から、A子と一緒に過ごすように努めてきた。子育てに当たってはA子の自主性を尊重してきたといい、習い事など子どもたちが望むことにはなるべく応えてきたという。

母は専業主婦である。婚姻前は夫（A子の父）の取引先の会社で働き、婚姻後もしばらく働いていたが、夫の転勤によりやむを得ず退職し、その後仕事をしていない。現在は週二回程度、高齢者の世話をするボランティア活動を行っている。子どもの自主性を尊重するという子育ての基本的な構えは、夫と同じである。ただし、元来心配性で、何かと先回りして世話を焼きがちなところがある。また、女性であっても一人でもやっていけるようにと、積極的にA子の相談に乗ったり、指導したりしてきた。

両親についてA子は、「好きにしていいと言うが、結局は言う通りにしなければならなくなっていた。どこか縛られている感じで息苦しかった」と振り返った。

4　事例の考察

(1)　A子について――常に覆い被さる不安と揺らぎ

A子は、中学入学後、スポーツをやめ、それまで得てきた両親や周囲からの評価と支持を失った。中学でのいじめは、同級生への妬みや嫉みが代理的により弱い者に向けられたものであり、優位性を感じることで自信を保っていたと言える。高校入学後は、学校不適応感から怠学が見られたが、両親に知られないように留意しており、両親の期待、意向に沿って受け入れられたい気持ちも持っていた。また、「人並み」の生活から外れていく不安から生活を立て直したい（非行から引き返したい）気持ちもあった。しかし、理解されない状態が続き、家庭に居場所のなさを感じて、不良交友に傾倒していっている。

このようなA子の基底にあるのは、両親に受け入れてもらえるかという評価に対する不安であり、非行化に向かう自棄的な気持ちと、そこから引き返すべきという考えの間の逡巡である。乾[10]によれば、この時期の子どもは、親に対する自立と依存の揺れる不安、親の喪失とそれに代わる新たな対象の獲得に直面し、不安感、反発、うつろいやすさ、怒りなどのとらえどころのない心の動揺や生きにくさを体験し、自己のコントロールができにくくなり、それが怠学や家出、不良交友、非行へと結びつくことがあるという。A子はまさにこうした状況にあった。特にA子の場合には、幼少時から過保護、過干渉な態度の両親のもとで養育されたことで自主性、主体性の成長が阻害され、自信を持ちにくくなっていたために、こうした心理状態が一層著しくなっていた。なお、そこに現れたB男は、A子の依存心を満たし、不安感を和らげてくれる対象であり、家庭からの離脱等の悲哀や空虚感を満たす大きな拠り所となっていた。

(2) 両親について――相克する子への思い

A子の両親は、子の自主性を尊重してきたという。しかし、それは、両親の期待や希望、親が描く理想という制約のあるものであった。また、母の過保護、過干渉な監護態度には、婚姻を機に仕事を辞めたことへの後悔の念があり、そこから生じた思いをA子に託す気持ちがあったこと、すなわち、母自身の深い空虚感、自己尊重の欠如を埋めようとするものがあった。そして、母は、再吟味、再方向づけが迫られる中年期の危機にあり、それが社会を広げつつある子どもとの対比の中で意識化され、A子を統制しようとする態度になっていた。A子が、両親に「どこか縛られている感じで息苦しい」と感じているのは、この母の思いでつくられた強固な枠にはめられている感覚があったためと言えよう。

(3) 親子関係について――すれ違う両者の思い、ディスコミュニケーション

両親は、A子の自主性を尊重すると言いながら、他方では強固な枠にはめ込もうとしている。この養育態度は矛盾をはらんでおり、A子はダブルバインド――相矛盾したメッセージを同時に指令するコミュニケーション――にさらされていた。佐藤[11]によれば、親からのダブルバインドにさらされると、子どもは直接の反抗もできず、逃げ道もなくなり、混乱してひきこもるか爆発するか、いずれにしても前に進めなくなるという。A子はまさにこの状態にあり、両親への整理し難い複雑な感情を抱えるしかない状況にあった。

なお、この両親と逆の存在として映ったのがB男であり、A子にとってB男は心情を理解してくれ

る対象であった。また、内容はともかく話は明快で、無用に混乱させられることがなかった。いわば、両親に求めつつ満たされないものを代償的に充足してくれる対象であり、安定的な関係を維持しやすかったと言える。

(4)　A子にとっての薬物——関係を断つもの／関係を維持するもの

A子は、薬物の使用時の心情について、「多幸感」とともに、「何にも考えなくてよくなるので良かった」と述べている。この「何も考えない」とは、家庭や交友関係、高校といった生活や周囲とのこと、現在や将来といった時間的展望を意識しないで済むということを指し、それら空間的、時間的関係性を断った状態に自分を置けることを意味している。A子にとって、薬物の使用は、たとえそれが一時的であっても「関係性」というしがらみやそれにまとわりつく不安感を断ち切ってくれるものであったと言える。

他方、不良交友について「友だちや彼氏と一緒にいないといられない感じだった」と述べ、薬物も「断るとB男の機嫌を損ねる恐れもあった」と誘われるままに使用し続けている。ここからは、A子のB男や友人らの関係への執着の強さがうかがわれ、A子にとって、一緒に薬物使用するという行為自体がB男との親密性を感じさせてくれるものになっていた。

5　薬物非行に見る現代の少年

(1)　耐えきれない深い孤独感

A子に限らず、薬物非行の少年は、仕事や学業、家族関係などの対人関係や、それに起因する将来に対する不安や焦燥感を抱えていることが少なくない。このため、その不安や焦燥感のために、自暴自棄の心理に陥り、自己評価の低さ、受動的行動傾向の強さ、強い無気力・孤立感が生じていることが多い。

このような状況に耐え、そして乗り越えて将来と希望を見出せる者もいる。見出せる者には、親や友人、あるいは職場の上司、学校の先生など、必ず心の支えになっている人がいる。そうした人がいることで、自分と向き合い、出口を見出していく。しかし、薬物非行を起こす子どもたちには、そうした心の支えになる人が見えないことが多い。支えがないために自分の乗り越えるべき課題に向き合えない。かといって、抱えておくこともできず、目を逸らす。しかし、この課題は常に心に引っかかっており、すぐに浮かび上がってくる。そのため、周囲に気づかれないだけでなく、自分でも意識しないようにと、明るく振る舞ってそれを覆い隠そうとする。無気力で活動性が低いように見える薬物非行の子どもたちは、既述してきたような内的な葛藤への対応に心理的なエネルギーの多くを費やしているために、活動できにくくなっているのである。アッパー系と言われる覚せい剤などの薬物は、薬理作用によって気分を躁的にしてくれる。薬物非行の子どもたちにとって、薬物は、否が応でも浮かび上がろうとする不快な感情を覆い隠し、目を向けることから回避させてくれる便利なアイテムになっているのである。

(2) コミットできない人間関係

前項で述べた孤独感が生じるのは、実際には満たされていないが、周囲の人たちとつながりたい気持ちがあることによる。薬物非行の少年たちは、薬物を使用・乱用しているとき、それぞれがそれぞれの耽溺の世界に入り込む。そこには、一緒に何かをしているという感じはない。しかし、それでも薬物非行の少年たちにとっては、同じ場所にいること、直接的な関わりはなくとも同じことをしていることが大切なのである。そこには、場所をともにしながらも互いに干渉はしない関係、距離感がある。この周囲との関係の持ち方、距離のとり方は、「群れている」と呼ぶしかない関係と言え、そこに本当の意味でのコミュニケーションはない。しかし、薬物非行の少年たちは、この微妙な関係、対人距離しか保てないのである。このような対人関係しかとれないのは、一方では、人との関わりを希求する気持ちを持ちながらも、もう一方では、人との関係で生じる摩擦によって心が傷つくのを恐れる気持ちがあることによる。群れる関係は、このような背反する気持ちが折り合ったところにあると言える。

薬物の乱用・使用は、一方では、社会生活上のさまざまなストレスによって直面させられるこれらの状態から一時的であっても回避、逃避しようとすることによる。薬物使用・乱用による多幸感や幻覚の世界に浸ることで、一時的であっても社会との関係（＝しがらみ）を断つのである。また、逆に、一緒に仲間との心地良い関係に浸ることで、ストレスを感じなくて済む居場所を得る手段にもなり得る。薬物の乱用・使用は、これらの両方を満たしてくれる格好のものとなっているのである。

この何事にも正面からコミットせず、表面的な関係を維持しようとする心性は、公園に集まりながらも各自がゲーム機のゲームに興じる現代の子どもたちの姿と何ら変わりがないのかもしれない。また、最近の薬物非行の少年たちが、遊び程度でとどまり、薬物乱用に深入りしなくなっているのも、こうした心性が反映されていると言えよう。

(3) 薬物非行からの離脱のための方策

薬物使用・乱用は、周囲との人間関係の問題を背景に、薬理作用も加わって依存へのスパイラルへとはまり込んでいく。この負のスパイラルからの脱却、すなわち薬物使用・乱用からの離脱、更生・立ち直りのためには、周囲の人々と「健全な関係」を結び、維持できるよう生活を見直し、心情的に安定できる居場所を確保して社会的に承認され得るアイデンティティを確立できるようにすることが肝要となる。

また、薬物非行の少年の更生・立ち直りに必要なのは断薬指導であり、正しい知識等の付与などにより、ほとんど持ち合わせていない薬害への理解を促すことである。薬物非行の少年たちの多くは、薬物について「身体に悪いものではない」「やめられないことはない」と、薬物使用・乱用の負の側面を知らない、あるいは気にしつつも否認してふたをしていることが多い。薬物非行から立ち直らせるためには、薬害（耳に入らない都合の悪い部分）に対する正しい知識を付与し、危険性について認識させることが不可欠となる。また、少年が薬物を使用・乱用する動機に即して、薬物を使用・乱用したくなる、生きにくさの感覚が高まるような状況（トリガー）を招かないように、本人の生活や周囲の環境を整えることも必要となる。

そして、そのためには、まず家族をはじめとする周囲のサポートが不可欠となる。ところが、西川[5]は、薬物使用・乱用者のいる家族は、本人に干渉し、後始末を行いながらも、本人を責めたり非難したりするため、本人は家族への反発心と反抗心を強め、その結果として薬物の使用・乱用を再発させ、そして、それを家族の無理解、家庭への居場所がないことに責任転嫁し、問題解決の責任をとらなくなるという問題維持の連鎖があると指摘している。薬物使用・乱用者の更生のためには、これらの連鎖を断ち切り、家族を本人の更生・立ち直りを支える環境として機能できるようにすることが望まれる。

ただし、本人やその家族は、これらに対する必要性を十分に感じていないことが多い。薬物非行の少年の場合、家族との関係の問題が大きいことが多いため、この問題維持の連鎖は相当大きいことが少なくない。そのため、薬物非行の少年の更生には、本人に断薬の必要性を認識させ、主体的に取り組めるよう動機づけること、家族等についても本人に薬物使用を助長する環境となっていたことを認識させ、改善を促すことが一層重要となり、少年とその家族への介入が必要となる。

薬物使用・乱用の問題が「非行」という形で顕在化したことは、強制的に薬物使用を断たせる強固な端緒になり得る。実効のある更生に向けて、司法の介入を契機に、少年や家族に内発的動機を形成する働きかけが肝要となる。そして、内発的動機を社会の中で実現できるよう、生活基盤を整え、意欲を維持し、トラブルが生じても安易に撤退することのないよう、心情を支える態勢が安定的に用意されていることが大切となろう。

6 おわりに

薬物の使用・乱用は、治療されるべきものであり医療の対象である。そして、それが非行として現れたとき、司法の対象にもなる。薬物非行は、司法と臨床の交差する領域での問題であり、改善、更生には、双方の利点を生かした調和的なアプローチが必要となる。

薬物犯罪に関して欧米では、実刑処分の代替措置として治療処遇プログラムへの参加を義務づける「ドラッグコート」が導入されている。(12) ドラッグコートとは、暴力や性犯罪の前科がないことを前提に、薬物事犯者を、数か月にわたる積極的な支援と制裁を組み合わせた治療プログラムに従事させるものである。この間、薬物事犯者には、薬物の禁断、安定した住居の確保、生活スタイルの変化を目指して、集団や個人でのカウンセリング、住居の提供、仕事や生活スキルのトレーニング、不定期の薬物検査が行われる。(13)

これは、これまでの当事者主義、弾劾主義型に基づく刑事手続を代替する新たな刑事司法の思想的潮流を背景にしている。すなわち、「犯罪者の抱える問題や犯罪の背後に潜む問題について解決を提供することによって安心安全な社会を目指す(14)」という「治療的司法（treatment justice, therapeutic justice）」の考え方に基づいている。

薬物非行の少年に対しては、薬物を求める心の問題、薬物使用・乱用によって補償されている当事者にとっての「何か」を探り、そこから見出した問題への適切な対応が求められる。薬物非行の少年の更生・立ち直りのためには、少年やその家庭の持つ問題解決に向けた未来志向の考え方に基づく解決策を施す必要があると言えよう。

〈引用文献〉

(1) 梅伝強「薬物犯罪の法律的対策の研究」、石川正興編『薬物犯罪の現状と対応』社会安全研究財団、二〇一二年、三‐二〇頁
(2) 警察庁刑事局「平成二十五年度中の薬物・銃器情勢」二〇一三年
(3) 薬物乱用対策推進本部「第四次薬物乱用防止五か年戦略」二〇一三年
(4) 和田清「飲酒・喫煙・くすりの使用についてのアンケート調査」二〇一一年
(5) 西川京子『薬物問題をもつ家族への援助研究』相川書房、二〇一一年
(6) 小島まな美「刑事施設における薬物事犯受刑者処遇の現状」『ジュリスト』一四一六、二〇一一年、三〇‐三四頁
(7) 田中大介「薬物問題への少年院での指導・実践――多摩少年院での指導・実践を振り返って」『犯罪と非行』一六九、二〇一一年、一〇二‐一一五頁
(8) 川島敦子「薬物非行に焦点を当てた矯正教育の今後――矯正教育プログラム（薬物非行）開発会議の提案から」『刑政』一二三（六）、二〇一二年、三三‐四四頁
(9) 田島佳代子「保護観察所における薬物事犯者の処遇」『罪と罰』五〇（二）、二〇一三年、五五‐六四頁

（10）乾吉佑『思春期・青年期の精神分析的アプローチ』遠見書房、二〇〇九年
（11）佐藤悦子『家族内コミュニケーション』勁草書房、一九八六年
（12）石塚伸一「日本版ドラッグ・コートを越えて――新たな早期介入の可能性」『犯罪と非行』一六九、二〇一一年、一三二‐一五一頁
（13）村本邦子「治療的司法の観点から見た法と心理の協働――トロントの治療型裁判所を視察して」『法と心理』一一（一）、二〇一一年、七‐一三頁
（14）指宿信「治療的司法」、廣井亮一編著『加害者臨床』日本評論社、二〇一二年、二四〇‐二五一頁

〈参考文献〉

警察庁生活安全局少年課「平成二十五年中における少年の補導及び保護の概況」二〇一四年
松本俊彦『薬物依存とアディクション精神医学』金剛出版、二〇一二年
村松励「薬物非行」、森武夫監修『ケースファイル非行の理由』専修大学出版会、二〇〇〇年、四四‐五六頁
沼上潔「薬物依存からの脱却――薬物について・なぜいま若者の間で広がっているのか」『ケース研究』三〇七、二〇一一年、六二‐一〇三頁

第Ⅲ類型（非社会的問題行動群）

女子非行

飛田　勇

1　はじめに

女子非行で担当した少女たちは、甘えん坊で人なつっこく、けな気で生真面目な子が多く、関わる大人が「放っておけない」とか「何とかしてあげたい」といった気持ちになることが多い。他方、移り気で感情の起伏が激しく、振り回されることも少なくない。「素直で聞き分けのよい子」と「わがままを言い、むさぼるように要求し続け、周りを巻き込んで疲弊させる困った子」のギャップに、非行少女と関わる大人は希望を持ったり絶望したりを繰り返す。そして、非行少女は、関わる大人の揺れとシンクロするように動き回り、再非行に至ることも少なくない。

非行を起こす少女について、少女の姿や彼女らが置かれている状況、そして少女らの非行の意味を考察し、少女の立ち直りのために必要な援助について検討する。

なお、事例は、秘密の保持に最大限の配慮をして、本質を損ねない程度に修正、再構成した架空のものである。

2　総論

(1)　女子非行の状況

非行少女の検挙人員は、刑法犯、特別法およびぐ犯のいずれも減少傾向にある。二〇一三年の刑法犯少年に占める女子の割合は一六・六％であり、二〇〇三年以降その割合は低下傾向にある。女子非行の内容（罪名）を見ると、窃盗が七割を占め、そのうち万引きが八割を超える。触法少女についても補導人員は減少が続いており、二〇〇三年の五千十二人から二〇一三年は二千五十五人と約四割になっている。また、ぐ犯少女の補導人員も減少が続いており、二〇〇三年の九百七十七人から二〇一三年は三百九十六人と約四割になっているが、二〇一二年の三百八十四人からは増えた[1]。

ただし、処分別に見ると、少年院送致に付された少年のうち女子の占める割合は九・四％と少ないものの、男子に比べて初等少年院および医療少年院に送致された人員の比率がそれぞれ高く、女子は男子に比べて早期に非行性を進化させる傾向があること、心身に大きな問題を持っている場合があることが推察される現状にある。

者が多いとされている。

(2) 女子非行に対する取り組み

二〇一三年版の犯罪白書[2]によれば、女子少年に特有の問題として、保護者または交際相手との関係が非行の原因になっている者が多いこと、生育の過程で被害的で過酷な経験をしている者が相当数おり、総じて自己肯定感が希薄で、自分自身の過去および未来に対して否定的なイメージを持っている者が多いとされている。

女子少年に対して少年院では、特に、危機場面、困難場面でのきめ細かな個別指導を重視し、危機を少女と教官が一緒に乗り越えることで少女との信頼関係を築き、あきらめずに粘り強く取り組めば報われるという経験を積ませることで、少女に自信をつけさせ、自己イメージの回復を図っている。また、保健・体育で性感染症や妊娠と出産についての性教育や、育児に関する指導も行っている[2]。

保護観察では、生活が乱れるきっかけになる事情やその背景にある対人関係、生活上の問題について考えさせ、非行につながる状況を招かない生活を送れるよう指導している[2]。特に、異性との関係の持ち方、性感染症や妊娠、出産、子育てについての指導が必要な女子少年には、地域の医療・保健・福祉機関等と連携を密にしている。また、心身の調和と自己統制力および適切な自己表現力を養う集団プログラムを実施している。さらには、就労支援や、家族に対する講習会、自己肯定感の涵養や社会性の向上を図るために、公共の場所での清掃活動や福祉施設での介護補助活動等の社会貢献活動を実施している[2]。

また、自立援助ホーム、自立支援ホームといった、少女が安定した日常生活を継続できる生活基盤も用意されており、健全な社会生活への再適応を促す種々の仕組みが整備されつつある。

3　事例

(1)　非行の概要（ぐ犯）

▼少年

A子、十五歳、中学三年。

▼非行（事件）の概要

A子は、素行不良な友人宅に外泊し、コンビニエンスストア等で万引きをしたり、不良チームのメンバーと交遊し、それらのメンバーから頼まれたカンパの金を払うために、出会い系サイトで知り合った多数の男性と性関係を持って金銭を受け取ったりしていた。また、外泊先から自宅に連れ戻されると、母と激しい喧嘩をして激昂し、母に殴る蹴るの暴行を加えた。このままでは、今はまだ非行を起こしているわけではないが、将来、売春防止法（勧誘・斡旋など）、暴行、傷害などの罪を犯すおそれがあるとして「ぐ犯」事件として送致された。

▼生活歴・本件非行に至った経緯

家庭は、父のギャンブルと飲酒が原因で夫婦喧嘩が絶えず、母はA子を妊娠しているときも父から激しい暴力を受けた。A子が生まれても、母は、父からの繰り返される暴力と、姉と兄およびA子の子育てに疲れ、A子が一歳のときに何もやる気がなくなって精神科を受診するようになった。そして、A子が一歳半のとき、父母が離婚して、A子ら子どもらは母に引き取られた。父は実家に戻ったが、年に数回はA子ら子どもたちと会った。

離婚後、母は生活のために昼夜働き、A子らの身の回りの世話や教育をすぐ近くに住む母方祖母に任せた。元来、母と母方祖母は仲が良くなかったが、生活のためには仕方がなかった。母と祖母は子育てをめぐって喧嘩を繰り返すようになり、母は生活を支えること、祖母との関係がうまくいかないことに疲れて体調を崩した。

A子は、小学四年頃から、学校でいじめを受けるようになった。また、家庭では朝起きないことや姉兄と喧嘩をしても自分の非を認めないことなどから、母の体罰を受けることがあった。母の虐待を察知した小学校が児童相談所に通告し、A子は母と一緒に児童相談所で指導を受けるようになり、小学五年のときには、施設に措置された。

施設に入所して一年半後頃から、A子は施設の年少女児への暴力、職員への反抗が見られるようになった。中学生になると、摂食障害で児童精神科に約五か月入院して治療を受けた。その後、A子は情緒的に安定し、母の精神状態も落ち着いていたこと、A子の強い希望があったことから、病院で母との面会を重ねた。退院に際して、A子は自宅に戻ることを強く希望し、母もA子の家庭引取りを強硬に求めたことから、A子は退院と同時に自宅に戻った。

A子は、精神科への通院、児童相談所の指導を続けながら、地元の中学校に通い、中学二年の一学期までは、体調不良での欠席はあったが、比較的落ち着いた生活を送った。

しかし、中学二年の二学期頃からA子は素行の良くない生徒と交遊し始め、三学期からは無断外泊をするようになり、服装や頭髪も派手になった。中学三年の夏休みには、A子がスーパーマーケットなどで素行不良な仲間と万引きをした。この頃からA子は母の注意や指導を聞かなくなり、二学期になると学校を休んで勝手気ままな生活をするようになった。そのため、母と姉兄はA子に体罰をもって指導を行い、A子はそれに反発した。児童相談所は、母による再度の虐待を疑って母を指導した。また、A子がリストカットをしたり、薬を大量に服薬したりしたため、主治医が入院を勧めたが、母とA子はともにそれを拒否した。

A子は部屋に一人でいることが多く、話し相手を欲しがり、父からスマートフォンを買ってもらうと、ソーシャル・ネットワーキング・サービス（SNS）の出会い系サイトの掲示板に書き込みを行い、たくさんの人と知り合いになった。これについてA子は、メールをしているとワクワクするし、年齢の離れた大人の男の人とも知り合えた、自分宛のメールがたくさんきてうれしかったと述べた。

中学三年の夏休み前、携帯電話のサイトで知り合った同い年のB子と親しくなり、B子の勧めで不良チームに入った。B子には何でも話せるし、チームの男子は皆優しくて、一緒にいて楽しかった。仲間を家族のように感じたという。九月になると、A子は無断外泊を繰り返し、中学校も休みがちになった。そして、十月には母に夜遊びや怠学を注意されて母と取っ組み合いの喧嘩をし、止めに入った姉と兄からも暴行を受けた。A子は家を出て、B子の自宅で生活するようになった。母は、携帯電話でA子と連絡をとっても、帰宅を促すことはなかった。十二月になってもA子はB子の家で生活を続け、中学校を休み続け、児童精神科への通院も中断した。A子は、不良チームの幹部から毎週のようにB子を通して万単位のカンパを要求されるようになり、出会い系サイトを通じて知り合った男性との援助交際をしてカンパの金を稼ぎ、B子を通じて不良チームのリーダーに渡していた。なお、援助交際についてA子は、セックスをするときは皆優しく、大事に扱ってくれた、怖い思いをしたことはなかったと述べた。また、この頃に不良チームのメンバーC男（中学三年）と話が合ったことから交際を始めた。C男はとても優しくて仲間思いであり、A子のことも大事にしてくれたという。

翌年の一月中旬、援助交際の客を待っているところを警察官に補導され、母に引き取られた。その際、A子は母に謝って帰宅したが、一月下旬に、学校に行かず何もしないで家にいたところ、母と喧嘩になり、家を飛び出し、再びB子の家に身を寄せた。また、その頃、C男のオートバイ事故の治療費のために援助交際を繰り返した。二月中旬の深夜、パトロール中の警察官に補導され、ぐ犯送致された。家庭裁判所でA子は、観護措置（少年鑑別所への入所措置）がとられた。鑑別所入所当初、A子は、B子や交際相手のC男のことを気にして落ち込んでいたが、鑑別所入所して二週間ほど経った頃には母や家族への謝罪の気持ち、B子等との交遊をやめて児童精神科と児童相談所にも通うという内容の手紙を母に送るようになった。母は、それに返信したうえで、A子との面会を重ねた。審判では、A子に反省が見られたこと、母が鑑別所でのA子の変化を認めて今後も指導していくと、引取りを強く希望したことから、在宅試験観察（最終処分を保留して少年を自宅に戻し、相当期間、家裁調査官が定期的に面接を行うなどして観察する）となった。

試験観察に当たって家庭裁判所は、犯罪行為をしない、家出や無断外泊をしない、家庭裁判所と児童相談所にそれぞれ約束した日に行く、児童精神科に定期的に通って治療を受け、主治医が必要と判断したときは入院する、B子や不良チームの者と関わらない、家にいるときは家事を手伝う、ということを約束させた。

A子は、試験観察が始まって二週間ほどは約束を守ったきちんとした生活を送ったが、次第に家で何もせずダラダラ過ごすようになった。それに対して、母が注意したことを発端に喧嘩になり、A子は家を出た。その後、家裁調査官や児童相談所の担当者が介入して、母子関係、家族関係の安定を図った。しかし、A子は、指導を受けたときには素直に謝って母に連れられて帰宅するが、家庭では些細なことで母と喧嘩になって家を飛び出すということが繰り返された。はじめは家裁調査官の指導を受け入れていた母も、A子の状況が改まらないことから、A子を突き放す態度を強めた。他方、A子も生活態度を乱したままになった。このようなA子に母が注意したところ、A子が逆上して母につかみかかり、一方的に殴る蹴るの暴行を加え、何とか逃げた母が一一〇番通報し、A子は警察に保護され、再び少年鑑別所に入所する手続がとられた。

母は、調査には出頭したものの、A子の面会には行かなかった。また、母は精神科に入院したため審判にも出頭しなかった。調査で母は「もうA子とはやっていけない。私は、もう知りません」と何度も言い、A子は「母と一緒にいると、また同じことの繰り返しになる」と述べた。

審判でA子は、少年院送致決定となった。

(2) 少年の状況

▼性格・行動傾向、心理テスト結果等

面接では、人なつっこい反面、少しでも気に入らないとすねるような態度をとり、精神的に幼く、社会性の未熟な感じである。また、自分の思うようにいかないとすぐあきらめる。また、あきらめると自暴自棄になって何事も被害的に受け止め、精神的に落ち込んで黙り込む。暴言や暴力に及ぶこともある。母や周囲の大人に見捨てられるとの不安が強く、見捨てないか確かめようと相手を試すような行動が見られる。他方、高望みをして自分を良く見せようとするが、自信が持てないため、地道な努力は苦手で、頑張りが長続きしない。基本的生活習慣が身についておらず、自分の気持ちや考えを言葉で相手に伝えるのが苦手である。

▼家族

母、姉、兄とA子の四人暮らしである。母は、酒乱の父親と精神的に不安定な母親に育てられ、母親に甘えたくても甘えさせてもらえないできた。中学時には、母親と些細なことで口喧嘩を繰り返すようになり、高校時には、対人関係がうまくいかず、精神的に不安定になって精神科に入院し、高校も中退した。

父とは勤務していた居酒屋で知り合い、姉の妊娠を機に結婚した。母は父の両親と同居したが、父の両親、特に姑との関係が悪く、精神的に不安定になって再び精神科に通院した。また、父は飲酒やギャンブル、暴力があり、夫婦喧嘩が絶えなかったため、離婚した。

離婚後、うつ病で通院治療を続けており、内職をしているが定職には就いていない。

母は、子どもに勉強することと自分の身の回りのことは自分ですることを求め、姉と兄はそれらができるのに、A子はそれらができず、何かと母に甘えてくるのをうっとおしいと感じていた。そのため、A子が甘えようとするのをあからさまに拒絶し、A子に「生まなきゃよかった」と言うこともあった。

父は現在、隣町に住み、月に一回、自宅に養育費を持参した際、子らに小遣いや物を与えていた。母は、父が子どもにばかりいい顔をして甘やかすと不満を述べていた。
姉と兄は高校生である。A子と母が口喧嘩をしても、我関せずの態度だが、A子が母に暴力を振るうと止めに入り、A子に暴力を振るう。また、A子が兄のスマートフォンや持ち物を勝手に使って喧嘩になり、殴る蹴るの暴行を受けることもある。

4　事例の考察

(1)　A子の特徴と非行の関連

A子は、父から母への暴力、母と父方祖母の間に確執がある不安定な環境のもとで育った。その中で母は心身ともに疲弊しており、その程度は精神科の治療を要するほどであり、A子は母と安定した愛着が形成されず、基本的な信頼関係もできなかった。

両親が離婚すると、A子は、幼児期・児童期にも、A子が望むようには母に甘えることができず、さびしさを募らせていった。また、母方祖母の強制と母からの体罰は受けても、一貫性のあるしつけや世話を受けることができず、基本的な生活習慣が身につかなかった。

思春期に入り、母と同程度の体格となったA子は、母に愛着を向けるのと裏腹に、母に拒否されたと感じると母に恨みと怒りを抱き、母や姉、兄の指導に反発して暴力を受けると家の外に依存対象を求め、素行不良な友人と交遊を始めた。その結果、母や姉兄にも注意され、従わないと暴力を振るわれ、家にいるのが嫌になって、不良集団との結びつきを強めるという悪循環に陥った。

また、不良集団に受け入れられている感じが心地良かったようで、A子は、B子や不良チームを家族のように見ており、過剰なまでにB子や不良チームに迎合するようになっている。このA子の特徴は、岡田[3]が述べているように「満たされない愛着への欲求を抱え、擬似家族的な関係を求める。基本的な安心感が乏しく、誰かの保護にすがらずには生きていけない。いいように利用されても、なかなか気づかない」状態にあったと理解できる。

また、A子は母に自分のさびしさに気づいてほしいし、関心を持ってほしいと思っていたが、それが得られなかった。そのさびしさを埋め合わせようとし、友人らに求められる金銭を支払うことで、自分が役に立ち、存在を認められようとしていた。援助交際を続けたのも、セックスのときには優しく大切に扱われたことで、同様の効果が得られたためと言える。

(2)　両極端な対応をする母とA子

家裁調査官との調査場面で、母はA子をかばったかと思うと、A子を責めたり非難したりするという言動を繰り返した。また、A子自身も母と同じような特徴を示し、母にベタベタと甘えたと思えば、次の瞬間には激昂して暴力を振るうということがあった。母とA子は、同じような特徴や問題があることで、互いに適切な距離をとることができず、離れると不安になり、一緒にいると自らが相手よりも優位に立とうとしたりとか、相手を自分の思い通りに動かそうとしたりして衝突した。そして、暴力的な言動が互いに増え、姉兄が母側について暴力を振るわれるとA子が自宅を出るということが繰り返された。このような母との関係は、A子にとっては、母は考えや気持ちを否定し、攻撃してくる存在で、そのときの気分や自分の都合次第で行動するため、母に甘えたくても甘えられなかったと言えよう。また、A子と母は、互いに相手に振り回されていると感じていると言える。

(3) A子と母の対人関係の特徴

A子も母も、親など身近な大人（主に母）と安定した愛着関係が形成されていない。そのため、互いに感情的になり、相互に相手が怒るような言動が多くなり、A子に家出や暴力等の行動が生じやすくなっている。そのため、児童相談所や家庭裁判所の指導においても、その枠組みを守れなかった。約束事項を守らないことについては、A子も母も自身が守らなかったにもかかわらず、相手に原因がある、相手に不当な扱いをされているといった被害感を持ち、感情的になって、相手を責めたり挑発したりした。その結果、母子の関係を悪化させていた。

A子も母も、評価が極端ですぐに白黒をつけたがり、曖昧な状況に耐えられず、何か起こるとすぐに結論を求めたがった。そのため、関わる側はその極端な言動に振り回されがちとなった。また、A子も母も、医師やケースワーカー、児童相談所の職員といった援助者に依存的になりやすかった。さらに、A子と母は、援助者の口調やふるまいに対して敏感に反応しやすく、物事を被害的に受け止める傾向が強いため、良い関係を維持することが困難であった。

5　女子非行に見る現代の家族

(1)　家族および少女の特徴

家庭裁判所に係属する少女の家庭には母子家庭が少なくないが、その中には、母自身に虐待やドメスティック・バイオレンス（DV）の被害体験があったり、精神疾患やアルコールの問題があったりすることがある。さらに、経済的に苦しいために、子どもの出生直後から生活の維持に追われ、子どもの養育に十分手が回らず、子どもに対する放任などの不適切な養育や虐待が見られることもある。その結果、子どもにとって親が安心や安全をもたらす存在とならず、親を信頼できないため、少女は周囲の大人に対する信頼感が持てず、安定した人間関係を築けないことから、精神的に不安定になりやすい。また、基本的な生活習慣が身についていないため、学校や職場の人間関係もうまくいかず、不適応となって家庭で無為に過ごしている者も少なくない。加えて、母の異性関係や再婚といった保護者の事情から、保護者の少女への関心が低下し、十分な世話ができなくなる場合もある。特に、母と再婚相手の間に子どもが生まれた場合には、少女が家庭に居場所がないと感じたり、保護者にかまってもらえないさびしさを募らせて家出をすることもある。

その一方で、年齢相応に家族や社会から認められたいという承認欲求、やればできるはずという自負心（プライド）もあり、現実の中での自分と想像の自分とのギャップの大きさを受け入れにくく、自己否定感を強めていると同時に、何とか理想に近づけたいという焦燥感を強めていることが少なくない。少女たちは、社会に踏み出したくても踏み出せず、一般には認められないが、家出をすることで少しでも社会に近づこうとしているのかもしれない。

(2) 女子少年と社会の関わり

少女の中には、胎児のときから有害な刺激に断続的にさらされ、出生後も経済的にも精神的にも不安定な環境のもとで養育され、親やきょうだいからの虐待や学校でのいじめを受け、行き場を失った結果として非行に至っている者がいる。こうした少女は、同じような環境や同じような特徴を持つ少女と親しくなって、そこから男子を含む不良集団と関わり、家出や怠学によって枠のある生活から外れていく。そして、素行不良な年長の異性との関わりを深めると、援助交際をしたり、十八歳未満であるにもかかわらず性風俗で働いたりするようになって、薬物の使用につながる少女も少なくない。特に、暴力団関係者や犯罪傾向の進んだ年長の男性と親しくなり、居室や薬物の提供する見返りに売春を強要され、心身ともに傷ついて警察に保護される少女もいる。

最近は、ラインや「○○トーク」といったアプリケーション、出会い系と称するインターネットサイトが利用され、友人・知人をつくるのが一層容易になっており、その範囲も広くなっている。中には少女を利用しようとする悪意を持った大人もおり、こうした場合、メールの文面だけのやりとりになるために、容易にだまされやすく、少女が売春や児童福祉法違反の被害児童として保護されることも少なくない。

こうした少女が社会に出て、他者とそれなりの関係を結び、社会生活を営むには、情緒的に安定できる居場所が必要である。岡田[3]が述べているように、精神的に不安定な母に振り回され続けた子の場合には、母から離した環境で育て直しをすることが必要だが、少女が落ち着いて生活できる環境を社会内で得るのは非常に難しいのが現状である。

自立援助ホームや自立支援ホームが整備されつつあるとはいえ、それらの数はまだ少なく、虐待を受けた少女に適切に関わることができる指導員の数も十分ではないようであり、受け皿の拡大と少女を理解して適切な指導や援助ができる指導員の確保が望まれる。

6　おわりに

統計上、女子非行の家庭裁判所への送致件数は減っている。しかし、警察が検挙した児童虐待事件が二〇一三年は増えていないものの、二〇一二年までは増加の一途をたどり、警察が発見・保護した家出少女も二〇一二年から増加に転じている。(1) このような状況を見ると、虐待の被害を受けた少女および家出等ぐ犯事由ある少女の暗数は決して減ってはいない。むしろ増えている可能性があると考えられる。

非行は、少女や保護者にとっての危機である一方で、支援のための機関が少女や保護者に関わるきっかけでもある。A子のような少女に対しては、少女が求める人との安定した関係と社会とのつながりを、家庭や家庭に代わる場所で、どのようにすれば得られるかを、少女に関わる司法と社会福祉、そして医療や教育の関係者が協力しながら検討し、少女らが抱える問題に適切に対応することが求められる。

〈引用文献〉

（1）警察庁生活安全局少年課「平成二十五年中における少年の補導及び保護の概況」二〇一四年
（2）法務省矯正局「犯罪白書」二〇一四年
（3）岡田尊司『シック・マザー』筑摩書房、二〇一一年

〈参考文献〉

藤野京子「女性犯罪の現状と課題」『犯罪と非行』一六六、二〇一〇年、五‐二八頁
藤岡淳子『犯罪・非行の心理学』有斐閣、二〇〇七年
藤岡孝志『愛着臨床と子ども虐待』ミネルヴァ書房、二〇〇八年
犯罪対策閣僚会議「再犯防止に向けた総合対策」二〇一四年
橋本和明『虐待と非行臨床』創元社、二〇〇四年
広田照幸、後藤弘子『少年院教育はどのように行われているか』矯正協会、二〇〇三年
家田荘子『少女は、闇を抜けて』幻冬舎、二〇一一年
金子陽子「女子少年院の実践」『世界の児童と母性』七一、二〇一一年、六七‐七一頁
中森孜郎、名執雅子『よみがえれ少年院の少女たち』かもがわ出版、二〇〇八年
小野善郎「思春期の非行・自殺」『母子保健情報』六〇、二〇〇九年、六七‐七一頁
杉山登志郎「そだちの凸凹（発達障害）とそだちの不全（子ども虐待）」『日本小児看護学会誌』二〇（三）、二〇一一年、一〇三‐一〇七頁
瓜生田ゆき「最近の女子非行の動向と少年院の処遇の現状」『犯罪と非行』一六六、二〇一〇年、五一‐六九頁

第Ⅳ類型（親密圏型問題行動群）
校内非行

室城隆之

1　はじめに

学校は、家庭とともに、子どもたちにとって、毎日の生活の中で多くの時間を過ごす重要な場所である。子どもたちはそこで、社会で必要とされる基礎学力と体力を養うとともに、教師や友人との関係を通じて社会や人間関係におけるルールとそれを遵守する意識や精神力を身につける必要があり、学校の場は、すべての子どもたちが安心して、これらの課題に取り組むことができる場でなければならない。

校内非行、特に校内暴力（学校内での暴力行為）は、このような学校の安全と秩序を脅かす行為であるため、学校教育において非常に重大な問題である。文部科学省の調査[1]によれば、小・中・高等学校

第Ⅳ類型（親密圏型問題行動群）：校内非行

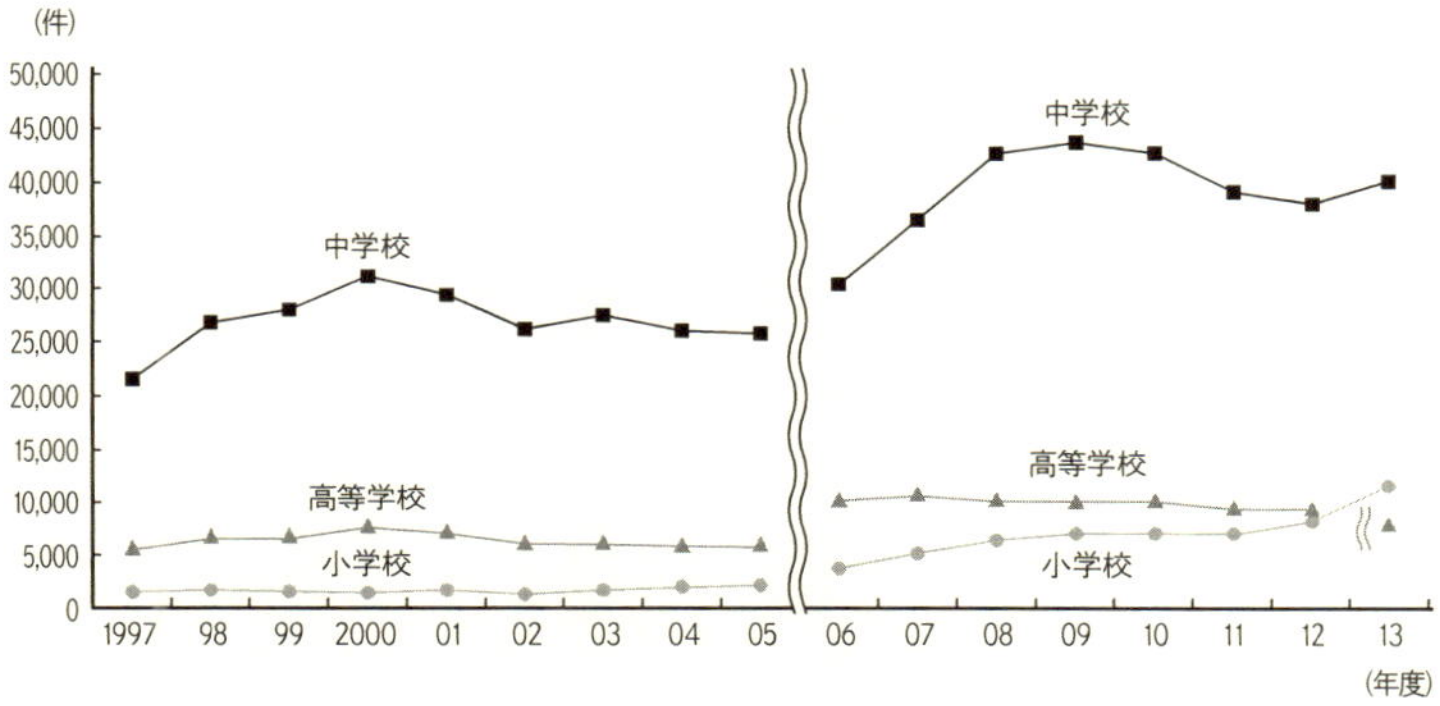

図１　学校内外における暴力行為発生件数の推移
（文部科学省「平成25年度　児童生徒の問題行動等生徒指導上の諸問題に関する調査」2014年より一部改変）

における暴力行為の発生件数は、二〇〇九年に約六万千件と過去最高の件数に達し、その後はやや減少しているものの、依然として高水準で推移している。また、近年、小学校における暴力行為の発生件数が増え続けており、今後に不安を感じさせる状況である（図１）。こうした現状を踏まえ、文部科学省は、二〇一二年七月に「暴力行為のない学校づくりについて（報告書）[2]」を発表し、各学校においてはさまざまな暴力予防プログラムを実施するなどして対応に努めている。

しかし、家裁調査官として校内暴力事件に接していると、これらの努力にもかかわらず、学校現場では暴力行為を起こす生徒たちの対応に非常に苦慮している様子がうかがえる。例えば、ある生徒は、教師が注意をするとすぐにキレて暴力を振るうため、教師はその生徒を怒らせないように気を遣い、その結果、その生徒はますます自分勝手な行動を繰り返している。また、ある生徒は、学力の低さから授業に出られずに校内を徘徊し、下級生にちょっかいを出しては暴力を振るうため、教師が交替でその生徒を監視しなければならない状態になっている。さらに、ある生徒の場合には、教師が注意をすると、その生徒の親が学校に乗り込んできて文句を言うため、その生徒の暴力行為に対して教師が注意をできなくなっている。これらの例に見られるように、最近の校内暴力の背景には、個々の少年の質的な問題、家庭や学校の指導力の低下など、それぞれに複雑な要因が影響しているため、その対応は必ずしも一筋縄ではいかず、有効な対応策を見出しにくい状態である。

2　校内暴力の歴史的概観

文部科学省[1]は、「暴力行為」を「児童生徒が、故意に有形力（目に見える物理的な力）を加える行為」と定義しており、その対象によって、「対教師暴力」（教師に限らず、用務員等の学校職員も含む）、「生徒間暴力」（何らかの人間関係がある児童生徒同士に限る）、「対人暴力」（対教師暴力、生徒間暴力の対象者を除く）、学校の施設・設備等の「器物損壊」の四形態に分けている。このうち、対人暴力には学校外での暴力を含むため、ここでは対教師暴力、生徒間暴力、器物損壊の三つを指して「校内暴力」と呼ぶこととする。

松元[3]によれば、校内暴力は一九六〇年代前半から多発し、一九六四年に第一のピークを迎えている。この頃の校内暴力は、校外の不良集団と結びついた問題生徒グループの集団による暴力であり、十六歳から十七歳の少年が多く、高圧的な教師や差別をする教師に対する反抗の論理に基づいたものであったとしている。

その後、校内暴力はいったんは鎮静化したが、一九七〇年代後半から再び増加傾向が見られるようになり、一九八〇年代前半に第二のピークを迎えた。この時期の校内暴力は、校外の不良集団との結びつきがない弱い者同士の集団による暴力であり、十四歳から十五歳の年少少年が中心で、理由なき反抗や遊び的なものが目立っていた。

一九八〇年代後半からは、再び校内暴力は減少傾向を示したが、一九九〇年代後半から三度目の増加傾向に転じ、二〇〇九年には過去最高の発生件数となって第三のピークを迎えた。この時期、すなわち現代の校内暴力の特徴について、中村[4]は、①低年齢化、②倫理観や規範意識の低下、③「キレる」「自己中」という行動特徴を挙げ、さらに、学校を取り巻くさまざまな変化として、社会の変化、保護者の変化、教育の商品化と保護者の（過剰な）消費者意識を挙げている。また、松浦[5]は、以前の校内暴力と現代の校内暴力の質の違いについて、①子どもの暴力の場が学校外から学校内に移っていること、②暴力の主体が集団から個人へ、複数から単数に変化していること、③暴力が衝動性を強めていることを挙げており、さらに教師がそのような衝動性の強い子どもに不適切な対応を行い、その結果、いじめの加害者に転じる、あるいは不登校になるなどの、いわゆる二次障害に陥る子どもが増加していることも指摘している。

そこで、次節では、家庭裁判所における校内暴力事例を検討することによって、そこに見られる現代の校内暴力の特徴を明らかにしてみたい。なお、ここで紹介する事例は、家庭裁判所で取り扱う事件の特徴を踏まえて作成した架空の事例である。

3　事例

(1)　事例の概要

A男は中学三年の男子生徒で、父、母、兄と四人家族である。幼少期から集団行動ができずに勝手な行動をしたり、自分の思い通りにならないと友だちに乱暴したりするなど、落ち着きのない行動が目立ち、小学校入学前には精神科クリニックで発達障害の疑いがあると診断されたが、薬は処方されなかった。このようなA男に対し、父は体罰で抑えつけ、母も手のかかるA男にイライラし、手を上げることもあった。

小学校入学後もA男は授業に集中できず、他の児童に暴力を振るうこともあった。ただし、小学二年時から始めたサッカーは一生懸命にやっていた。そして、中学入学後もサッカー部に入ったが、先輩にいじめられ、中学一年の夏でやめた。その後、A男は「もっと強くなりたいと思って」不良傾向のあるB男と遊ぶようになり、怠学、喫煙、万引き、喧嘩などを繰り返すようになった。

これに対して、父母は以前と同じようにA男を力で抑えようとしたが、A男は反抗して父母に暴力を振るったため、父母は次第にA男に注意せず、放任するようになった。一方、A男は、学校には毎日通っていたが、教室に入らず、友だちと校舎内を徘徊したり、喫煙や授業妨害を繰り返し、注意する教師に対しては反抗し、暴力を振るうこともあった。さらに、他の生徒たちには虚勢を張り、弱い生徒をからかったり、手を上げたりすることもあった。これに対して、教師はできるだけA男を刺激しないように、直接A男に注意しないで、代わりに家庭に連絡し、父母に注意してもらうことが多くなった。しかし、父母も注意ができず、逆に学校の対応を非難するようになり、学校と父母との関係も悪化していった。

ある日、A男は喫煙を教師Cが母に連絡したことに腹を立て、職員室で大暴れし、窓ガラスを割った。そのため、担任教師の勧めで、A男は母に精神科クリニックに連れて行かれ、注意欠如・多動症（ADHD）および反抗挑戦性障害、行為障害と診断されて、投薬治療を受けるようになった。その後、A男は「学校に行くと先生たちに変な目で見られるのが嫌だったし、また問題を起こしたくなかったので」学校に行かなかったが、一か月後、再び学校に通い始めた。また、その頃から薬を飲まなくなった。

そして、あるとき、A男はたまたま教師Cを見つけ、「この間のことを覚えているか」と話しかけたが、Cに「覚えていない」と言われ、「なめられたと思って」カッとなり、殴る蹴るの暴行により全治二週間の怪我を負わせて逮捕され、少年鑑別所に収容された。

(2) 審判までの経過

A男は逮捕当初、「これくらいのことで、何で被害届を出したのか」「他にも先生に暴力を振るっている子はいるのに、どうして自分だけ逮捕されるのか」という不満を述べた。しかし、その後、鑑別技官や法務教官、家裁調査官と話し合いながら、自分を振り返る時間を与えられ、「暴力を振るったのはいけなかった」「そのときは先生になめられたと感じたし、周りの友だちになめられたくないという気持ちもあったので、強いところを示したいと思ってやってしまった」と反省を述べるようになった。

そして、今後「暴力を振るわない」「学校のルールを守って学校に通う」「夜遊びや外泊はしない」「悪いことをしたり、強がったりするのではなく、やるべきことをきちんとやることで、周囲に認められるようにする」「大人の話を聞き、わがままな言動を直す」「薬をきちんと飲む」ことを約束した。

また、父母も、当初は警察に通報した学校に対する不満を述べていたが、家裁調査官と話し合う過程で、今後は学校と協力して、力で抑えつけたり放任したりせず、A男と話し合い、サポートしていく姿勢を示すようになった。しかし、一方で、A男の衝動的な行動傾向から再犯のおそれも否定できなかったため、審判でA男は、家庭裁判所が処分保留のまま一定期間様子を見たうえで最終処分を決定する「試験観察」に付された。

(3)　試験観察の経過

試験観察は、家裁調査官が週一回、A男および保護者（主に母）と面接をする形で進められた。

▼第一期（第一回～第六回）**――A男が怒りを語り始めた時期**

A男は当初、約束を守って学校に通い、授業にも参加していた。また、薬をきちんと飲み、先生に注意を受けてもカッとなることはなかった。一方、家庭でも、父母はA男を一方的に叱ったり、暴力を振るったりしなくなり、A男が家族ともめることもなかった。

しかし、第六回面接で、A男は先生に腹を立てて早退したことを報告し、「以前、その先生に怒られ、叩かれたことがあったが、そのときには、やり返せばもっとやられると思って我慢していた。今回は、その先生の授業中に以前のことを思い出してイライラし、早退した」と述べた。そのため、家裁調査官は本件時のA男の行動と関連づけ、A男が悪く見られることに敏感であることや、怒られたときにその場では反応できないが、怒りの気持ちが心に残って、別の機会に噴出する傾向があることを指摘し、怒りにうまく対処することがA男の課題であることを伝えた。また、家裁調査官がA男に「これまで父母や兄に怒られて、その場でやり返せなかった怒りが残っているのではないか」と聞くと、A男はそれを否定し、「家族に対して怒りはないが、学校の先生に対して怒りが出る」と述べた。しかし、その後、これまで兄に殴られてきたことについての怒りを語った。

▼第二期（第七回〜第十回）——自律に向けての努力を開始した時期

その後A男は、学校内で問題を起こすことはなかった。一方、母は、毎朝いくら起こしてもA男が起きず、機嫌が悪くなったりするので、母のほうが腹を立て、怒ってしまうことを訴えた。また、小さい頃からA男を甘やかし、何でも手を貸してきたが、中学からは手を貸さないように気をつけてきたこと、しかしそうするとA男が何もしようとしないので、我慢ができなくなって感情的に怒ってしまうことを語った。

それに対して、家裁調査官は「A男は母に甘えているので、すぐに自分で行動することはできない。しかし、A男と話し合って、少しずつ自分で起きることにチャレンジさせるようにし、それができたときにはほめ、できなかったときには怒らずに、励ましてあげてほしい」と伝えた。そして、その後、A男は少しずつ自分で起きられるようになった。第九回面接で、A男は「今までは母に甘えてきた。しかし今は、周りから馬鹿にされない自分になりたい。もともと負けず嫌いで、自分が周りよりできないと悔しいと思っていたが、面倒くさくなってしまい、変われないとあきらめていた。しかし今は、変わりたいと思う」と述べた。

第十回面接では、A男から「最近は母がガミガミ言わなくなったので、カッとなることもなくなった」と報告があり、母も「A男に対して言いたいことはたくさんあるが、今は我慢して、言わないようにしている。そうすると、A男は反抗することもなく、自分から家事を手伝ってくれたりして、表情も穏やかになってきた」と述べていた。

その後、A男は高校受験に合格し、無事中学を卒業した。

▼第三期（第十一回〜第十五回）——問題が再発した時期

高校の入学式の日の朝、A男はパニック状態になり、母に手を上げた。A男によれば、「朝、服が見つからず、母から『早くしなさい』と怒られ、どうしていいかわからずにいたら、『もう、行かなくていい』と言われ、カッとなって手を上げてしまった」とのことであった。そして、A男は「母に一方的に言われると、イライラしてわけがわからなくなる」と述べたため、家裁調査官はA男の気持ちを受け止めつつ、改めて「暴力を振るわず、気持ちを話していこう」とA男に伝えた。また、母には「A男を急かすとパニックになってしまうので、余裕を持って接する必要がある。また、パニックになっているときは助けが必要なときなので、怒らずに助けてあげるほうがよい」と伝えた。

しかし、第十五回面接では、A男が学校で喫煙を注意され、反抗して先生を蹴り、他の生徒を殴ったこと、それを父母に怒られるのが嫌で、先輩の家に外泊したことの報告があった。A男によれば、「父に注意をされると腹が立つし、父は手を上げてくるので殴り合いになると思い、それが嫌だった。母もうるさいので、とりあえず落ち着こうと思って、先輩の家に泊まった」とのことであった。また、

A男は「次の日、家に帰った際、父母は怒らず、母は心配してくれて、驚いた。しかし、まだ父母を信用できず、また一方的に怒られるのではないかと思う」と言い、さらに「家裁調査官は自分にとって父に近いので、信用できず、また鑑別所に入れられると思った」とも述べた。

母からは、家庭裁判所に出頭する途中、A男が「家裁調査官に言うのか」と聞いてきて、母が言うと伝えると、A男は「俺がどうなってもいいのか」と言って暴れたとの報告があった。そして、A男は「もう一度やり直したい」と述べたため、家裁調査官はA男に、学校の先生に謝り、やり直すように指導した。また、「父母も先生も家裁調査官も、A男を否定しているのではなく、悪いところを直してほしいので注意をしている。君も自分のしたことを隠さず、責任をとれるようになってほしい」と伝えた。

▼**第四期**（第十六回～第二十三回）――**父との葛藤が浮上した時期**

A男はその後、父母と話し合って高校を中退し、仕事をすることに決めた。しかし、仕事はなかなか見つからず、夜遊びや外泊が繰り返された。母によれば、A男はそれを家裁調査官には言わないでくれと言ったが、母が「家裁調査官はむやみに怒る人ではない。隠しても仕方がないので、正直に言う」と言うと、A男はそれ以上ごねなかったとのことであった。

第二十三回面接では、友だちを家に泊めた際、父が怒ってA男を殴り、それに対してA男が包丁を持ち出したことが報告された。そのため、家裁調査官は「A男を殴ってきたのは、父の問題である。小さい頃なら怖くて、包丁がないと対抗できなかったと思うが、今のA男であれば包丁がなくても話し合えると思う」と伝え、再度A男との間で、暴力以外の方法で問題を解決すること、夜遊びや外泊をしないで仕事を探すことを約束として確認した。

▼第五期（第二十四回〜第四十回）——父との関係が改善し、仕事に就いて落ち着いた時期

A男は、第二十四回面接で、父と話をし、父から謝られ、仲直りできたことを報告し、「もう包丁は必要ない」と述べた。第二十五回面接では初めて父が同行し、これまではA男がADHDであることを受け入れられず、厳しく接してきたが、今後は長い目で見て関わっていこうと考えていると述べた。

その後、A男は土木作業員として働くようになり、父とはぶつかることもあったが、次第に話し合って解決できるようになり、困ったときには父に相談するようになった。第三十八回面接で、A男は「以前の自分と変わったのは、父母を信じてみようと思ったことである。以前は父母のことが好きではなかったし、信じようと思っていなかった。父はすぐに手を上げてきたし、母は何でも許してしまい、本当に自分のことを考えてくれているのか信じられなかった。しかし、今は父母が自分のことを考えてくれていることは、以前よりは信じられるようになった」と語った。第四十回面接で試験観察を終了し、審判でA男は保護観察となった。

(4) 事例の考察

本事例では、A男の発達障害を背景とした不器用で落ち着きのない行動が、父母や兄からの体罰（虐待）という二次的な障害（発達障害という一次的な障害に対して、周囲が不適切な対応をすることによって生じる新たな障害）を引き起こし、そのためにA男の内面には恐れと怒りが抑圧され、蓄積されたものと考えられる。そして、それが学校での人間関係においてもA男に同様な感情を引き起こし（転移）、

その結果、Ａ男には教師や他生徒が父母や兄と同様に自分を脅かすものと認識され、それに対する防衛と怒りの表現として不良化し、校内暴力を起こしていたものと考えられた。特に、Ａ男は、一方的に注意をされることに対して「なめられている」と感じやすく、なめられないように強いところを見せることで自分を守ろうとして、暴力に及ぶことが理解された。また、力で抑えようとする父の態度や母の過保護・過干渉がＡ男の自律性の発達を阻害し、そのために生じるストレスが不良交遊や暴力によって発散されてきた面もあると思われた。

Ａ男は逮捕され、少年鑑別所に収容されたことにより、初めて自分の行いを反省することができ、学校のルールを守って学校に通い、暴力を振るわないことを約束した。しかし、実際に社会に戻り、学校に通うようになると、やはり先生や親に対する怒りを感じ、それが学校適応を妨げたり、暴力につながったりする様子がうかがえた。

そこで、家裁調査官は、Ａ男の暴力に規制をかける一方で、Ａ男の怒りや不安に耳を傾け、その気持ちを受け止めるように努めた。また、それとともに、Ａ男自身に考えさせ、Ａ男の自律性を育てるように援助した。一方、父母に対しては、Ａ男の行動に腹を立て、手を上げたり、過干渉になったりしてしまう気持ちを受け止めつつ、Ａ男を一方的に注意せず、Ａ男が考えて行動するのを待ち、それを支持することを援助し、家裁調査官自身がその見本を示した。その結果、Ａ男は、抑圧してきた父母や兄に対する怒りや不信感を意識化し、表現するようになり、家裁調査官に対する不信感も表現できるようになった。そして、次第に自律的に行動することができるようになり、それを支持してくれる父母や兄、学校の先生、家裁調査官がＡ男を迫害する対象ではないことを理解できるようになって、粗暴な行為が見られなくなったと考えられた。

4　校内暴力事件に見る現代の少年と家族

(1)　少年たちの衝動性の強さとその背景にあるもの

松浦[5]が指摘するように、現代の校内暴力の特徴の一つとして、少年たちの衝動性の強さや衝動コントロールの悪さが挙げられる。そして、その背景には本事例のA男のように、発達障害や知的障害など、少年自身の器質的要因が影響していると考えられる場合もある。しかし、それ以上に、そのような少年たちに対する保護者や周囲の大人たちの対応の誤りが、二次的障害を生むケースが多いように感じられる。

本事例のA男の父母のように、子どもを力で抑えつけようとし、それが身体的虐待に及んだりする場合もあるし、逆に子どもの好き放題にさせて放任している場合もある。また、そのような障害がなくても、保護者から甘やかされたり、放任（ネグレクト）されたりして、衝動のコントロールの仕方を学んでいない少年たちもいる。いずれにしても少年たちの内面には、衝動をコントロールするために必要な規範意識（超自我）は育ちにくい。その意味で、校内暴力事件を起こす少年たちは、必要な指導や援助を受けてこられなかった少年たちである。そして、そのような状態のまま学校という社会に出る結果、A男のように親に対して抑圧してきた怒りを先生や他生徒にぶつけるか、逆に親のように自由にさせてくれないことに対して怒りを噴出させ、暴力を振るう結果になるものと考えられる。

(2) 指導や援助を得られない保護者たち

しかし、このような少年の保護者たちもまた、必要な指導や援助を得られていない場合が多い。現代の核家族化した家庭において、保護者たちの中には、子どもの育て方がわからず、また、必要な指導や援助を得られないまま手探りで子育てをしている者もいる。そして、時には自分の感情をコントロールできないまま、子どもに暴力を振るったり、放任したりしてしまう場合もある。まして、発達障害など養育に困難が伴う子どもの場合、そのような傾向が強くなるのは当然であろう。また、離婚などにより、子どもや保護者が家庭内に支援者を得られない場合も少なくない。その結果、文部科学省の調査[6]に見られるように、家庭における教育力は低下し、少年の衝動コントロールの悪さを助長しているのである。

(3) 社会的サポートの弱さ

さらに、このような少年や保護者の場合、学校もまた十分なサポート機能を果たせていない面がある。室城[7]は、校内暴力を起こした中学生らにインタビューを行い、その結果から、教師が少年たちを一方的に力で抑えつけることによってますます少年たちが反発し、暴力を引き起こしていることが明らかになった。また、保護者も、学校に呼び出されて注意を受けたり、非難されたりすることによって学校と敵対する関係になってしまいやすい。その結果、校内暴力を起こす少年や保護者は、ますます衝動性を強めてしまうおそれがある。

(4) サポートを受ければ変化できる少年と家族

確かに校内暴力を起こす少年やその保護者の中には、抑えつけようとすれば反発する一方で、放任すればますます好き放題に行動する者もいて、その場合の対応は難しい。しかし、このような少年や保護者も、一方で暴力は許さないという毅然とした態度を示しつつ、彼らの心情をきちんと受け止め、必要な指導や援助を行うことで、変わることができる可能性がある。

室城[8]は、対教師暴力を起こしてその後立ち直った中学生のインタビューから、彼らが社会に戻って立ち直ろうと努力したときに、学習面での遅れや遊びたい欲求、親や教師との葛藤などから挫折しそうになるが、教師や専門家など周囲からの学習面、心理面でのサポートを得ることで立ち直ることができることを明らかにした。また、学校と敵対していた保護者もまた、専門家が間に入ることによって、学校と協力して子どもの指導を行うことが可能となることが多い。つまり、A男の事例に見られるように、校内暴力を起こす少年やその保護者たちは、周囲の適切な指導や援助を受けることができれば、変わることのできる存在なのである。

5　おわりに――司法機関と学校との連携の必要性

少年法はその第一条で「少年の健全育成」を目的とすることを明示しており、その目的を実現するために成人の手続とは異なるさまざまな工夫がなされている。心身鑑別のために少年鑑別所に収容する観護措置（少年法第一七条）は、専門家と話し合いながら、少年が自分を振り返る機会を少年に与えている。少年法第二五条に定める「家庭裁判所調査官の試験観察」もその一つであり、家庭裁判所が学校と協力しながら少年の指導を行うことを可能にしている。さらに、少年法第二五条の二では、家庭裁判所が保護者に対して、訓戒、指導などの措置をとることができることを定めている。

すなわち、少年法に基づく司法機関の関わりは、学校で対処できなくなった生徒を少年院などの施設内で教育することだけではなく、司法機関と学校とが連携しながら、学校内での指導を有効なものにしていくことも予定しているのである。したがって、学校が、早期に警察や家庭裁判所などの司法機関の協力を得ることによって、学校内での指導をより有効に行うことが可能となると考えられる。そして、A男の事例に見られるように、それは決して簡単なことではなく、粘り強い指導と援助を必要とするものではあるが、それだけに、専門家が力を合わせて取り組んでいく意義があるのである。

校内非行は、学校という社会の秩序と安全を脅かす、許されざる行為である。しかし、それを起こす子どもたちにとっては、そのような社会に適応できない痛みと怒りの表現でもある。また、保護者たちも、どうすればよいかわからずに困っている。学校と警察、家庭裁判所などの関係機関が連携し、そのような彼らの心情を受け止め、彼らの行為の誤りに気づかせ、心理面、学習面などの援助をしていくことによって、彼らの社会適応を援助していくことが大切であると考える。

〈引用文献〉

(1)文部科学省「平成二十五年度　児童生徒の問題行動等生徒指導上の諸問題に関する調査」二〇一四年
(2)文部科学省「暴力行為のない学校づくりについて（報告書）」二〇一一年
(3)松元泰儀「現代社会病理としての学校内暴力・家庭内暴力」、瓜生武ほか著『学校内暴力・家庭内暴力』有斐閣、一九八〇年、一‐二六頁
(4)中村豊「暴力行為の質と量はどう変わったのか」『生徒指導』四〇（五）、二〇一〇年、一二‐一八頁
(5)松浦善満「学校における子どもの暴力行為――その歴史と現在を知る」『児童心理臨時増刊　子どもの暴力にどう向き合うか』金子書房、二〇〇七年、一一‐一八頁
(6)文部科学省「家庭教育の活性化支援等に関する特別調査研究（委託調査）」二〇〇八年
(7)室城隆之「中学生の対教師暴力における動機形成プロセスに関する質的研究」『学校メンタルヘルス』一三（二）、二〇一〇年、九三‐一〇三頁
(8)室城隆之「中学生の対教師暴力からの立ち直りプロセスに関する質的研究――家庭裁判所調査官による介入事例の分析」『犯罪心理学研究』四九（二）、二〇一二年、一‐一四頁

〈参考文献〉

樺澤徹二「校内暴力の実態と対応」、松原達哉編『「暴力・非行」指導の手引き』教育開発研究社、二〇〇二年、四六‐五九頁
室城隆之「非行と家族と学校」、小谷英文編『現代のエスプリ別冊　心の安全空間――家庭・地域・学校・社会』至文堂、二〇〇五年、一七〇‐一七七頁
室城隆之「対教師暴力少年に対する教育カウンセリングのあり方について――家庭裁判所における実践報告を通じて」『教育カウンセリング研究』四（一）、二〇一二年、五七‐六五頁

室城隆之「少年審判」『臨床心理学増刊第五号　実践領域に学ぶ臨床心理ケーススタディ』金剛出版、二〇一三年、一五一―一五五頁
中野良顯『校内暴力』開隆堂出版、二〇〇三年

第Ⅳ類型（親密圏型問題行動群）

家庭内暴力

大野恵美

1　はじめに

家庭内暴力には、親から子どもへの暴力を含む児童虐待（child abuse）、配偶者間暴力（domestic violence）など、家庭内の構成員に対するさまざまな暴力の形がある。欧米では、これら二つのタイプが多いが、日本では、子どもによる親（養育者）への暴力が問題となっており、極めて日本的な現象と言われている[1]。ここでは、この「子から親への暴力」を家庭内暴力とする。

家庭内暴力については、不登校やひきこもりなど非社会的問題との関連が論じられると同時に、少年の生い立ちや母親を中心とした親密な家族関係に根差した問題行動としてもとらえられる。家庭内暴力のある少年たちの語る「怒り」の言葉の背後には、諦念や絶望感からくる「悲しさ」を感じる。また、少年たちが何回も親に「お前が悪い」と暴力を振るいつつも、なお親に対する期待や甘えを失ってはいないことを体験することが多い。

ここでは、家庭内暴力に見る少年と家族を踏まえて、家庭内暴力を起こす少年が何を訴えたいかを考察し、現代の家庭内暴力のある少年やその家族の特徴および対応について論じてみたい。

2　総論

(1)　家庭内暴力が事件として家庭裁判所に送致されるとき

家庭内暴力は、家族が家庭内暴力の実態を隠そうとするため、事態が深刻になり、被害者である親が子どもの暴力に耐えかねて警察に相談して初めて傷害事件として家庭裁判所に係属したり、ぐ犯事件（少年法第三条第一項第三号）として家庭裁判所に送致されたりする。また、例えば、窃盗、（第三者に対する）傷害、恐喝など別の事件の調査の過程で家庭内暴力の問題が表面化することもある。このように、家庭裁判所に事件として係属する段階では、少年による暴力が繰り返されて、警察の指導や親の自衛行動が行われた後であることが多い。

(2)　家庭内暴力の状況

▼家庭内暴力の社会的認知

瓜生[2]は「一九六〇年後半には見られ始めていた家庭内暴力は、外では真面目な良い子と見られている少年が、ある時突然親に反発して暴力を振るい始め、(中略) 家庭内の秩序を破壊し尽くすところは校内暴力と同様であり、その行動は他から見て理解し難い病理性が認められた」と述べている。ここで見られる病理とは、外では周囲の期待に添った「良い子」が家庭内で豹変するというものであった。世間体を気にする親は暴力に耐え、子どもは家庭外における不満や不全感などを家庭内で発散するという悪循環を生み出し、親子関係は暴力を伴いながらも支え合うという歪んだものとなった。

一九七〇年代後半になると、開成高校生殺人事件（一九七七年、息子の家庭内暴力に悩んだ父親による事件）、世田谷祖母殺し事件（一九七九年、高校生が祖母を殺害し投身自殺した事件）、神奈川金属バット両親殺害事件（一九八〇年、受験浪人生が両親を殺害した事件）など一連の家庭内における殺人事件がきっかけとなり、親子関係の危機的状況は、外形的には幸せに見える家庭にも潜んでいるとして、家庭内暴力が社会問題として注目されるようになった。この時期は、高度成長に伴い生活は豊かになり、都市における人口の集中が見られ、マイホーム主義や核家族化といった家族構成の縮小および家族の閉鎖性が高まった時期であった。また、テレビ等で暴力に触れる機会も増え、女性の社会進出の結果、父母の家庭内での役割の変化も見られた。加えて、学歴を優先する風潮が学校教育および家庭内における価値観の硬直化を引き起こした。

茨木[3]は、学校基本調査によると、一九七五年度以降、中学生の不登校は増加の一途をたどり、そのうち、学校嫌いを理由とする長期欠席者が半数を超えていると述べ、急激な人口増加と受験競争社会のあおりで多くの子らが学校についていけなくなった状態の反映であるという見方を示している。また、一九七〇年代後半から一九八〇年代前半には校内暴力が多発し、荒れる学校に居場所がなくなり、登校しなくなったとも考察している。

このような不安定な社会情勢の中、子どもが目標喪失や不全感からくる怒りを家庭内で暴力として表現するケースが増え、登校拒否と家庭内暴力との関連が問題とされた。若林・本城[4]は、登校拒否をした子どもの家庭内暴力の有無は、物質的、金銭的な欲望を統制する能力が十分に育っているかどうかが重要であることや、暴力が激しい事例では乳幼児期の母子間の接触が不十分で甘えが許容されてこなかったことを指摘している。

▼その後の時代背景

一九八九年（平成元年）には合計特殊出生率が低下するという一・五七ショックを迎え[5]、バブル経済の崩壊、一九九五年の阪神淡路大震災、同年の地下鉄サリン事件、二〇〇八年のリーマンショック、新卒の学生の就職難および経済状況などから閉塞感が広く感じられるようになった。一方で、二〇一一年の東日本大震災後は、地域や家族とのつながりの重要性が見直されるようになった。

学校教育の分野では、二〇〇二年に受験優先主義の反省から「ゆとり教育」が導入され、週休二日制になったが、この後、学力低下から新学習指導要領へと移行し、授業数が増えた。ＮＨＫ放送文化研究所が中高校生に行った意識調査[6]では、調査開始後三十年前から一貫して、学校の楽しさの中心は勉強や部活動ではなく友だちとの時間にあるという結果であり、思春期の子どもにとって、親密な対人関係がいかに大切なものかを示している。また、同意識調査からは、現代の青少年は、実現することが困難な夢を持つよりも、身近なところで幸せを求めるようになっていることもうかがえる。一方で、パソコンや携帯電話の普及により、ラインやメールによる情報交換が日夜問わず行われる環境となり、これらは交友関係維持のために新たに課せられた義務となった。また、交友関係や学校で不適応を起こした場合、家庭内にひきこもり、インターネットやゲームに逃避できるようになった。

社会的には、晩婚化に伴い、親の庇護のもとで同居を続ける子どものパラサイト化現象が大きな話題となった。

▼ひきこもりと家庭内暴力の関係

厚生労働省がまとめたひきこもりに関する新ガイドライン(7)で、ひきこもりは「様々な要因の結果として社会的参加（義務教育を含む就学、非常勤職を含む就労、家庭外での交遊など）を回避し、原則的には六ヶ月以上にわたって概ね家庭にとどまり続けている状態（他者と交わらない形での外出をしていてもよい）を指す現象概念」と定義された。内閣府が二〇一〇年二月に十五歳以上三十九歳以下の若者五千人を対象として行った実態調査(8)では、広義のひきこもりは、全国で約六十九万六千人（同年齢人口比の一・七九％）と推計し、ひきこもりの状態になった年齢は、十代のうちであったのが三割強の者であると指摘している。また、同調査では、「ひきこもり群」の気持ちがわかる、自分でもひきこもりたいとする「ひきこもり親和群」は、百五十五万人（同年齢人口比の三・九九％）いると推計している。「ひきこもり群」と「ひきこもり親和群」は、心理的傾向に重なる部分が多く、家族との情緒的絆の弱さや対人関係に困難を抱えるといった問題があるとしているが、「ひきこもり親和群」は、友人関係で我慢することが多いなどの困難があるものの、話のできる友人がいたことがひきこもりに至らない一つの理由と考えられている。同調査の中では、壁を蹴ったり叩いたり、怒鳴り散らしたり、家族を殴ったり蹴ったりするという指標で「暴力」を評価しているが、回答結果から、実際に暴力的傾向がある

第Ⅳ類型（親密圏型問題行動群）：家庭内暴力

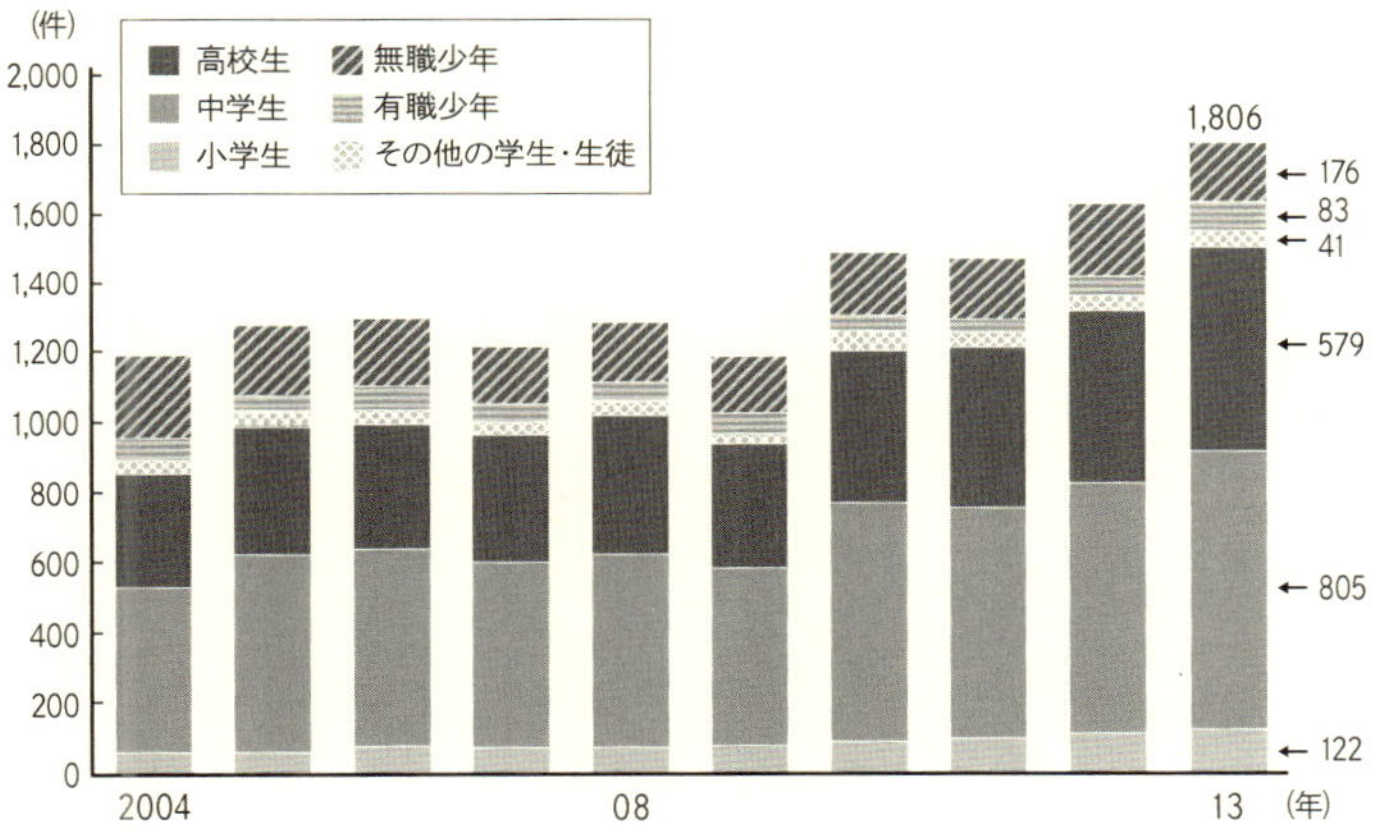

図1　少年による家庭内暴力の認知件数の推移（就学・就労状況別）
（法務省「平成26年版　犯罪白書」2014年より一部改変）

のは「ひきこもり群」ではなく、この「ひきこもり親和群」であると分析している。

▼現在の家庭内暴力の状況

犯罪白書[9]によると、一九九七年までは、少年による全国の家庭内暴力の件数は七百から八百件前後で推移していたが、二〇〇〇年に急増して以降は千件を超える状態が続き、二〇一三年は千八百六件（前年比一一％増）と過去最高件数となっている（図1）。いずれの年も、最も高い比率を占めるのは中学生であり、二〇一三年は中学生が全体の四四・六％（八百五件）となったが、小学生の占める割合が上昇している。対象は、母親が千六十六件（五九・〇％）、家財道具が二百九十六件（一六・四％）、父親と兄弟姉妹がいずれも百五十四件（八・五％）、同居の親族が百二十八件（七・一％）であった。少子化にもかかわらず家庭内暴力が増加していること、母親が被害にあうことが多いことが特徴である。

3　事例

事例は、現代の家族について考えるための架空のものである。

(1)　非行の概要

▼少年

A男、十七歳、無職（高校中退）。

▼非行（傷害事件）の概要

A男は高校を二年の四月で中退したが、アルバイトもすぐに行かなくなってしまったため、日中は家におり、夜はゲームセンターに出かけて行く生活を送っていた。事件の数日前、母に「洋服を買う。金をくれ」と言ったのに母が断ると、母を殴り通院を要する怪我を負わせた。事件前日の夜、母はA男の洋服を見て、万引きをしたのではないかという疑いを持った。事件当日の午前中、父母がA男に万引きについて問いただしたところ、A男は曖昧に答えていたが、父が出勤すると、母に「なぜ自分を疑うのか」と言って、顔面を殴った。これまでも家庭内暴力があった際、警察官に何回も家に来てもらっていたことから、母はすぐに警察に連絡した。警察官が駆けつけ、A男は逮捕された。

▼生活歴・本件非行に至った経緯

父は会社員、母は専業主婦で、兄が一人いる。A男は、出生時の異常はなく、健診で発達上の問題を指摘されたことはなかったが、よく迷子になり、気に入らないと地団太を踏むところがあった。幼稚園時代からA男はすぐに叩くため、A男の周囲には誰も近寄らなくなった。小学校中学年から地元の運動クラブに入り、中学校時代は運動部に所属して部活動が生活の中心となったが、A男はクラスの同級生の輪に入ることができず、部活引退後は、登校はするが教室には入らずたむろしている同級生ばかりと付き合った。その中で、A男は使い走りにされていた。

家庭では、母は家事を完璧にこなしていたが、家庭的でない父への不満をA男によくこぼした。父は、帰宅後、母からA男が友人に乱暴したと聞くと、一方的に怒鳴り、A男を殴ったりした。しかし、A男は小学校時代に父に遊びに連れて行ってもらった記憶を大切にしており、「怒らないときの父は好きだった」と述べていた。兄は、A男が中学一年の三月に早々に自立して家を出た。

その後、A男は公立高校に進学し、運動部に入部したものの、数日間でやめてしまった。勉強にもついていけず、一部の同級生には小遣いでお菓子等を買わされていた。A男は「自分はいじられキャラ」と述べ、関わっていた友人らのことを悪くは言わなかったが、一方で、A男は、自分よりさらに弱い同級生をいじめたり暴力を振るったりした。

A男は、高校一年の秋以降は不登校になり、ゲームセンターに出かける以外は自分の部屋でインターネットやゲームに興じることが多くなった。母が「高校だけは行きなさい」と言った途端、A男は激しく暴れ、母に向かっていった。父が止めに入ったが、逆にA男に殴られてしまい、父母は逃げるしかなかった。父は、帰宅後は、A男を刺激しないよう自室にこもるようになったため、A男の攻撃は母に向き、甘えともとれる要求を次々に出し、かなえられなければ殴る等の暴力を振るうようになった。A男は高校二年の四月に中退した後も、家庭内では同様の気ままな生活を続けた。長時間入浴したり、汚れを極端に嫌ったりするなど、強迫的な行動が見られた。

▼その後のA男の様子

少年鑑別所に入った後、A男は自分の起こした行為への後悔を述べ、「家族の大切さがわかった」と訴えたが、一方で、「父母が自分（A男）のことをいつも否定する」「こんな自分になったのは、母のせいだ。母が悪い」などと言う場面が何回もあった。また、「助けてほしいと思っても、父母に聞いてもらえると思えなかった」という心情を語る一方で、母との面会では、差し入れに対する要求が続くなど、場面によって言動の不一致が見られた。

(2)　考察

▼A男の置かれた状況

A男の場合、幼少期から問題が現れており、多動などの行動特性があったが、父母の養育はA男の特性を踏まえたものではなく、学校教育における効果的な働きかけにつながらなかった。また、学童期および思春期は、友人との関係を通じて、自分が他人からどのように受け入れられるのか、社会とどのように関わっていけばいいのかを学ぶ時期であるが、A男はその土台となる友人関係で早期からつまずいている。A男には自分の肯定的なイメージが十分育っておらず、対人関係にも自信がなかった。中学校では部活という居場所があったが、高校進学後は新しい環境への適応が大きな課題となった。高校では、勉強が難しくなり、部活にも適応できず弱い同級生への暴力で発散していたが、同世代の友人関係や高校生活での居場所（社会への参加）を得ることができず、家庭内で退行し、母の庇護を求めた。

岩井[10]は、子どもが家庭内暴力に訴えることについて、「一人の人間として独立し、主体性を持って他者あるいは社会に関わっていく時期になると、家族から社会への橋渡しの役割を果たす父性原理を自分の中に同一化できないために、社会化の基本となる学校での役割の分担及び仲間との人間関係への参加ができない。また、母の過干渉により、家族からの独立、分離もできない」と説明しているが、A男については、高校に進学した時期に、このような状況にあったと考えられる。

▼A男が親に求めたもの

A男が小学校時代に同級生に暴力を振るったとき、母はA男がつまずいていた友人との関係で解決を一緒に探るより、自分がA男の尻ぬぐいをしていることへの不満にとらわれ、父は事情を聞かずに体罰を加えた。親自身も社会性（コミュニケーション能力）が未熟であり、また、周囲に援助を求めることができなかった。

A男にとって、男性モデルとなるはずの父親像は、体罰を加える「強い（怖い）」ものであった。一方で、遊びに連れて行ってくれた「優しい」父親像もあった。しかし、A男が高校で不適応を起こしている際、父親は助けなかったばかりか、A男の暴力から早々に逃げ、A男の中には「弱い」父親像が生じたと思われる。また、A男は母からは「否定的な」父親像を与えられており、身近な父親を通して、困難に立ち向かうといった父性的な強さは十分育まれなかった。A男からすると、父親はどういう人なのか試していたのではないかと考えられる。

また、母は家庭内暴力を受けてもA男の世話をし続け、これまで多くの暴力を甘んじて受け入れてきた。しかし、A男は、心のサポートを必要とした時期に、母は助けてくれなかったと感じ、母に自分の肯定的な面を理解してもらっていないと一貫して訴え続けた。A男は、母からの情緒的な支えを得られていなかったため、母への感謝の念は乏しかった。A男は、自己評価の低さや目標のない生活のいら立ちを、自分と最も近く、否定的な側面を共有してきた母に向けたのである。A男は「こんな自分にしたのは、母が悪い。母が自分の悪口を言う」などと調査面接の場でも母に対して怒っていたが、一方で、退行した母子関係に安住しようとしていることもうかがえた。A男にとって、母は自分に最も近い存在であり、自分の一部であるがゆえに、母には自分を受け入れてもらい、そこを出発点として外界に立ち向かいたかったのではないだろうか。

▼なぜ家庭内暴力が起きたのか

A男は、思ったことを気楽に言い合える普通の友人がおらず、友人関係に疎外感を感じ、生活の中心であった家族や学校の中で居場所を見出せずにいた。また、将来への目標も持ったことがなかった。父母は、A男の身になって具体的に援助するという姿勢が不足していたため、A男は、考えや気持ちを聞いてもらう体験が乏しく、家庭外での疎外感を言葉にすることができなかった。親子で互いにわかってもらえないという相手へのいら立ちや不満が募り、その葛藤が家族という閉塞的な場で持続した。

このような家庭環境で、A男は、社会的自立が果たせていないことへの挫折感、劣等感、自己不全感、欲求不満などの混沌とした感情を父母に対する恨みと怒りの感情に置き換え、その父母がつくった家庭においては自分が満足する権利があると考えるようになった。自分が求める満足を得るためには、それまで父母が持っていた家庭内における支配権を手に入れる必要があり、支配権を得る手段として家庭内暴力が日常的になってしまったと考えられる。同時に、暴力を振るい続けても親が自分を見捨てないという実感は、甘えを満たすものであった。

川畑[1]は、家庭内暴力がある家庭では、親自身が世間に対して被害的感覚を持ち、家庭が閉鎖的・防衛的で孤立しており、話し合いによる歩み寄りや妥協が困難であると指摘し、また、斎藤[11]は、①密室性、②二者関係、③序列（権力関係）の三点がそろったとき、その場にいる誰もが暴力的に振る舞う可能性があり、この三条件は家庭内暴力においてよく当てはまると述べている。A男の事例のように、家庭内の支配権を獲得するために家庭内暴力が始まると、家族だけで暴力を止めることは難しくなる。この場合、川畑[1]や斎藤[11]らが挙げているような条件に介入し、家庭内暴力の悪循環を断つ必要がある。

4　家庭内暴力に見る現代の少年と家族

(1)　現代の家庭内暴力

これまでも家庭内暴力における「父性の欠如と母の過干渉」というミクロの視点は指摘されてきた[3][4][10]。加えて、現在の家庭内暴力を振るう少年たちは、インターネットやゲーム、ソーシャル・ネットワーキング・サービス（SNS）などを通じて、同じような行動傾向を持つ友人や社会と何らかの形で接しているという事情がある。本来、直接的な人間関係によって促進されるはずの精神的な自立や成熟がもたらされないまま、社会と関わりを持ちたいという少年たちの願望は疑似的な人間関係を通じて常に刺激され続けるが、少年たちは、現実の対人関係がうまくいっているわけではないため、満たされることはない。少年たちは、このような不遇感への怒りや絶望感をどうすることもできず、心理的距離が近い家族（特に母親）に矛先が向かっていることがうかがえる。筆者が出会った少年たちは、親を攻撃するだけではなく、自分に対する絶望感や否定的感情を訴えていた。

先に述べた内閣府が行った実態調査[8]では、暴力的傾向がある「ひきこもり親和群」について、①うつ傾向や罪悪感、強迫傾向が強く、同時に周囲の理不尽さに対する怒りからくる暴力傾向が共存していること、②子ども時代に親から厳しく、コミュニケーションの乏しいしつけを受けてきたために、家族との情緒的な絆が弱く、親からの干渉に対する拒否と不安からくる依存的傾向という両価的な態度を有していること、③友人関係では我慢やいじめなどを多く経験しているものの、一方では友だちと話すという経験も多いことを特徴として挙げている。筆者は、「ひきもこり親和群」で挙げられた特徴は、家庭内暴力が問題となる少年像と重なる面が大きいと考えている。同調査によると、年齢は在学中の人で女性が多いというが、力が強い男子少年のほうが事件として認知されやすい面があるため、家庭内暴力の事件は男女を問わず起こると言える。

(2)　現代の家庭内暴力の少年への対応の手がかり

▼少年本人に対する援助

明翫・辻井[12]は、衝動的行動は、他者に対する欲求がまとまっておらず、エネルギーのかたまりとして相手にぶつけた状態であり、相手への希望や願望を言語化できないことが行動化につながる要因であると述べる。事例で見てきたA男が父母や友人と心でつながるためには、まずは言葉で他人とつながる体験が必要であり、そのためにはA男自身が自分を受け入れることが第一歩である。A男が自分の感情を理解し、言葉で表現し、人と共有し、相手への要望を伝え、相手の反応を見ながら怒りや不安をコントロールするには訓練が必要である。そのうえで、A男は、社会的なルールや対人関係スキル等を獲得し、社会的に許容される形で自立に向かうことが求められる。人が人を通じて成長することは現代も昔も変わらない。現代のインターネット社会においても、直接的な人とのやりとりは、感情（情緒）の発達には不可欠である。

このような訓練を受けるためには、受診しやすい治療機関または教育機関に、まず両親だけが受診し、次第に本人の通院を促すことから始める。治療者と子どもの信頼関係が構築できれば、次に、段階的社会参加（習い事、ボランティア活動、家事手伝いなど）を経て、社会参加に至るという方法が有効であると考える。

▼家族に対する援助

親の側にも、感情を言葉にし、伝え、受け止められる経験が必要である。そのことによって、親も少年とのコミュニケーションを学ぶきっかけになる。専門機関に相談するほか、地域活動や親戚・友人との付き合いに目を向け、親も社会とつながっていくことが有効であることが多い。

また、家庭内暴力の家族の対応について、斎藤[11][13]は、暴力と向き合う際に最も重要なのは、「暴力を拒否すること」と「受容の枠組みを作ること」という基本方針であり、重症度は暴力の内容より暴力の継続期間によって決められるという。初期の家庭内暴力を沈静化するためには、本人の劣等感を刺激せず、恥をかかせないために何に気をつけるべきかを理解し、コミュニケーションを十分図ることが必要であり、慢性的な家庭内暴力については、親は身動きがとれなくなっていることが多いため、比較的穏当な方法として、他人を介在させることが大切になると述べている。

少年の暴力が収まらず、家族の避難が必要な場合は、警察や専門家と連携し、適切なタイミングを図る必要がある。

▼家庭裁判所による教育的・福祉的対応

家庭裁判所が行う司法臨床は、調査、審判などの審理過程で、教育的な働きかけを行い、さらに父性的な役割を担って社会規範を示すことになる。審理過程で、家庭内暴力の問題の所在を理解し、病院臨床や行政機関（児童相談所など）、少年保護機関（保護観察所、少年院などの施設）という治療や矯正教育を行う適切な機関と連携をとり、実効性のある方法で処遇を引き継ぐことが重要な意味を持つ。

家庭内暴力の事件では、親子とも感情的な葛藤を抱え、暴力で疲弊し、冷静に自分の気持ちや行動を振り返ることが困難な場合が多い。家庭裁判所が少年を少年鑑別所に収容した場合、一定期間、親子は分離される。少年は、親に依存できない状況で、家裁調査官や鑑別技官との面接で家族や自分の暴力について振り返り、考えや気持ちを言葉で表現する機会を得る。親も守られた場で、自分たちの子育てを振り返り、子どもに本当は何を期待したいのか、そのために必要なことは何かを考えることが可能となる。

また、在宅事件における面接調査でも、第三者である家裁調査官が親子関係に別の視点から介入して、振り返りを援助することになる。このような教育的な働きかけの中で、少年および父母に対して、他人を尊重するコミュニケーションの方法を学んでもらうことになる。また、家裁調査官は、少年がどのように社会参加できるか、どのようにインターネット社会と関わっていくことが少年にとって適切かなどを一緒に考えたりすることもある。さらに、少年に老人ホームでのボランティア活動や清掃活動などに参加してもらい、気づきを共有したり、少年が居場所を得られる若者サポートステーションなどの社会資源を紹介したりすることもある。

5 おわりに

家庭内暴力で自分の一部である家族を痛めつけるということは、自分をも傷つける行為である。家庭内暴力を行う少年の罪償感の欠如を指摘する見方もあるが、筆者は、少年の制御できない感情が爆発し、爆発によって自他とも傷を負うというイメージでとらえている。少年や親がその痛みを受け入れるところから治療が始まるのではなかろうか。家庭内暴力で苦しむ思春期の子どもおよびその父母が社会とつながり、適切な治療や社会的な援助を受けられるような支援態勢の充実に期待したい。また、家庭裁判所の審判の結果、社会的自立を促すような親子関係の再構築の第一歩を踏み出してもらえることを願ってやまない。

〈引用文献〉

（1）川畑友二「思春期の家庭内暴力」『そだちの科学』二〇、二〇一三年、八八‐九三頁
（2）瓜生武「戦後半世紀の家族変動（前半）」『ケース研究』三〇四、二〇一〇年、五二‐一〇五頁
（3）茨木俊夫『実践問題行動教育体系・家庭内暴力』開隆堂、一九九一年
（4）若林慎一郎、本城秀次『家庭内暴力』金剛出版、一九八七年
（5）内閣府「平成二十五年　少子化社会対策白書」二〇一三年
（6）NHK放送文化研究所編『NHK中学生・高校生の生活と意識調査二〇一二』NHK出版、二〇一三年
（7）厚生労働省「ひきこもりの評価・支援に関するガイドライン」二〇一〇年
（8）内閣府「若者の意識に関する調査（ひきこもりに関する実態調査）報告書」二〇一〇年
（9）法務省「平成二十六年版　犯罪白書」二〇一四年
（10）岩井寛「家庭内暴力と家族病理」『季刊精神療法』六、一九八〇年、二一七‐二二五頁
（11）斎藤環「子どもから親への家庭内暴力」『こころの科学』一七二、二〇一三年、六九‐七四頁
（12）明翫光宜、辻井正次「怒りと不安をコントロールする」『こころの科学』一五五、二〇一一年、一二九‐一三四頁
（13）斎藤環『社会的ひきこもり』PHP研究所、一九九八年

〈参考文献〉

平木典子、柏木惠子『家族を生きる』東京大学出版会、二〇一二年
河合俊雄、内田由紀子編『「ひきもこり」考』創元社、二〇一三年
小島貴子、斎藤環『子育てが終わらない』青土社、二〇一二年
尾木直樹『思春期の危機をどう見るか』岩波書店、二〇〇六年

第Ⅲ部　現代の家族

家事総論——家事事件に見る現代の家族

町田隆司

1　はじめに

高度経済成長期からバブル経済期まで、日本の家族は生活水準の向上を目標にしてきたが、一九九〇年代、ある程度の生活水準を達成すると、家族は次に向かうべき目標を見失ってしまった。山田は[1]現代の家族が抱えるこの問題点を、①豊かな家庭生活に達した後、「幸せな家族をつくる」ための適切な目標が見つからない事態、②豊かな生活を将来維持できるかわからない不安が生じている事態、と指摘した。社会の進展とともに公的扶助制度や保育園・介護施設などが充実したのはいいが、その分、「家族の機能が縮小し、家族の持つ意義が軽くなった[2]」と言うこともできよう。確かに、物質的・経済的な生活水準を達成すると、家族は次に何を目標にしたらいいかわからなくなった。もちろん、物質的・経済的な豊かさだけが家族の豊かさの指標ではない。それに代わるものが見つからないまま、それと入れ替わるかのように個人の志向性が多様化し、家族的な絆の弱体化や人間関係の希薄化をもたらしたのであろう。

さて、家族目標の喪失や生活維持の不安は、次第に現代人の家族に対する意識を変え、結婚するカップル数の減少、晩産少子化、高齢者問題といった現象につながった。家族が小さくなり、家族が持っていた相互扶助機能が縮小した結果、家族内の問題が時には深刻な家族紛争に発展した。それは、例えば、本書の各論である離婚紛争、夫婦間暴力（ドメスティック・バイオレンス）、児童虐待、子の奪い合い、子との面会交流の争い、老親介護問題と高齢者虐待、そして遺産をめぐる紛争などである[3][4]。家庭裁判所には、家族内の紛争の解決や、法律上の権利保障や権利の実現を求め、夫婦親子、成年後見関係、相続に関する問題など多種多様な問題が持ち込まれる。本稿は、家事事件の最新の傾向から現代の家族を論じてみたものである。これらから現代の家族の姿が見られれば幸いである。

2　夫婦間紛争と面会交流事件の現在

(1)　結婚と離婚の統計

厚生労働省の人口動態統計[5]によると、結婚組数は緩やかな減少傾向を示しており、離婚組数は二〇〇二年をピークに明確な減少傾向にある（図1）。二〇〇二年は、婚姻七十五万七千三百三十一組に対し、離婚は二十八万九千八百三十六組だったのが、二〇一三年は、婚姻六十六万三千組に対し、離婚

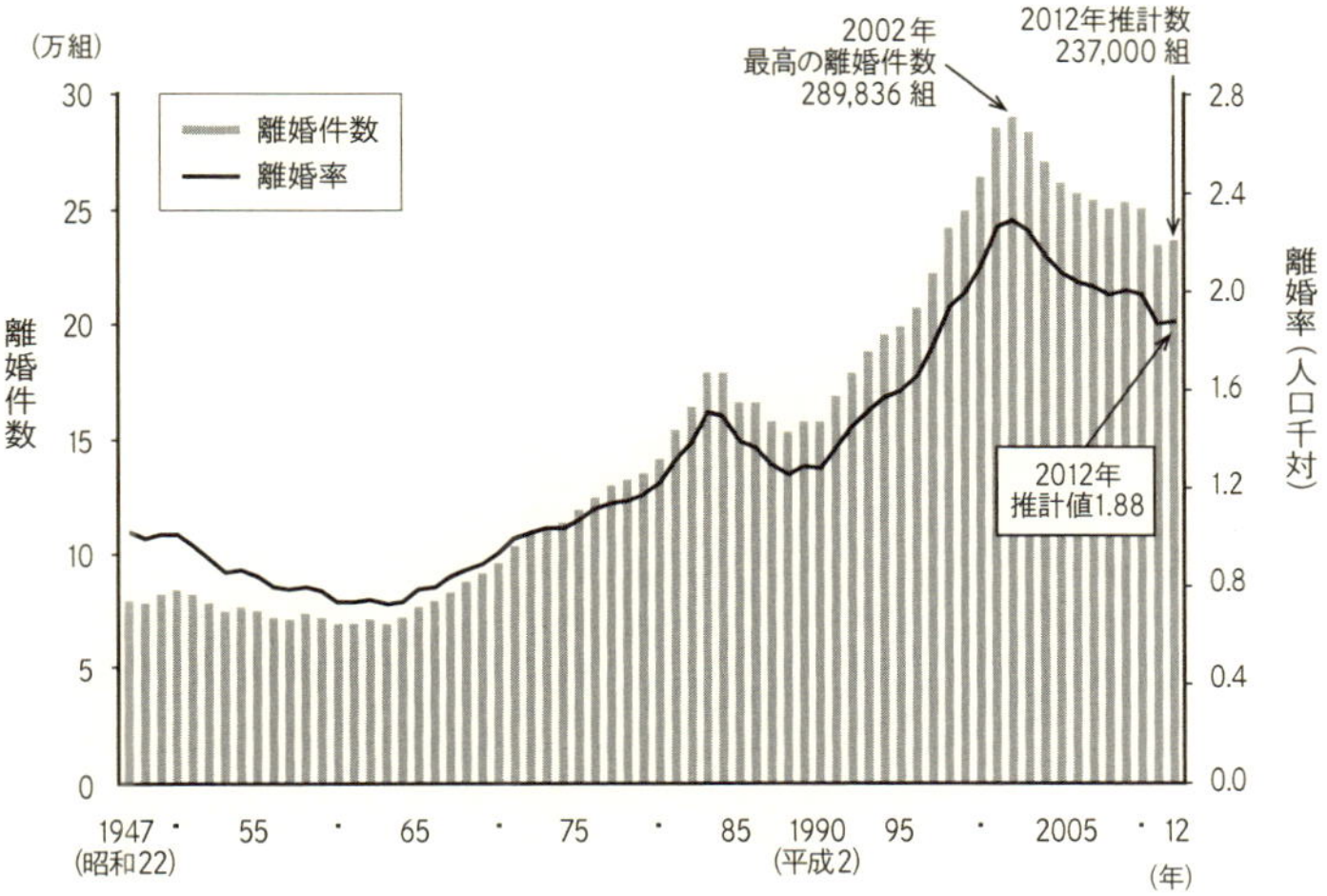

図1　離婚件数および離婚率の推移

は二十三万千組であった。十年間の比較ではあまり大きな差はないものの、この数からすると、およそ結婚する夫婦三組に一組が離婚していることになる。[*注1] また、二〇一二年に離婚した夫婦のうち、未成年の子がいた夫婦の割合は五八・三%で、子どもの数にすると二十三万五千二百三十二人であった。[5] この数字を一年間の子どもの出生数（百三万七千二百三十一人、二〇一二年）と比較すると、約四分の一に当たり、決して少ない数ではないことがわかる。

一方、司法統計年報[6]によると、全国の家庭裁判所で扱った婚姻中の夫婦の事件（離婚調停のほか円満調整・同居扶助・婚姻費用分担も含む）は、ここ数年間、約六万〜七万件で推移しており、二〇一三年の終局件数は六万六千八百二十四件であった。この件数は、単純に計算すると全離婚組数の約二九%という数字になり、およそ四組に一組は家庭裁判所を利用していることになる。また、婚姻中夫婦の事件を男女別に見ると、夫からの申立ては一万八千三百四十五件なのに対し、妻からの申立ては四万八千四百七十九件で、圧倒的に妻からの申立てが多い。申立て動機で、夫の暴力を挙げた妻は一万千九百五十五件（四人に一人の割合）であり、これは十年前（一万四千五百八十八件）に比べるとやや減少した。

また、未成年の子がいて調停成立等により離婚が決まった場合、父親が親権者になったのは千八百九十九件なのに対し、母親は一万八千七百四十件と九〇％近くを占め、母親が親権者になる割合が非常に高い。さらに、離婚調停に限って見ると、調停成立は二万六千九百十件、不成立は一万九百一件、取下げ一万千四百三十二件であった。*注2 離婚調停で解決できなかったとき、どちらかの提訴により行われる裁判手続が離婚訴訟であり、その審理のやり方は民事訴訟とほぼ同じである。二〇一二年の離婚訴訟件数は九千九百九十一件であった。

ところで、婚姻中の夫婦の事件全体にあまり大きな変化が見られない一方で、「子の監護をめぐる事件」のうち、面会交流（別居親が子どもとの面会を求めたもの）と子の引渡し（別居親が相手親に子の引渡しを求めたもの）、子の監護者指定（子の監護者の身分を認めるよう求めたもの）の調停および審判事件は、毎年前年の一～二割増加している（図2）。例えば、二〇一三年の面会交流の終局件数は九千六百五十二件で、これは十年前の三倍近い件数である（二〇〇三年は三千八百九十四件）。事情があって子どもと別れた親が子どもと会いたいと思っても、会えないケースが増えているようだ。現代の家族は、紛争化すると、子どもが紛争の争点になりやすいとも言えよう。

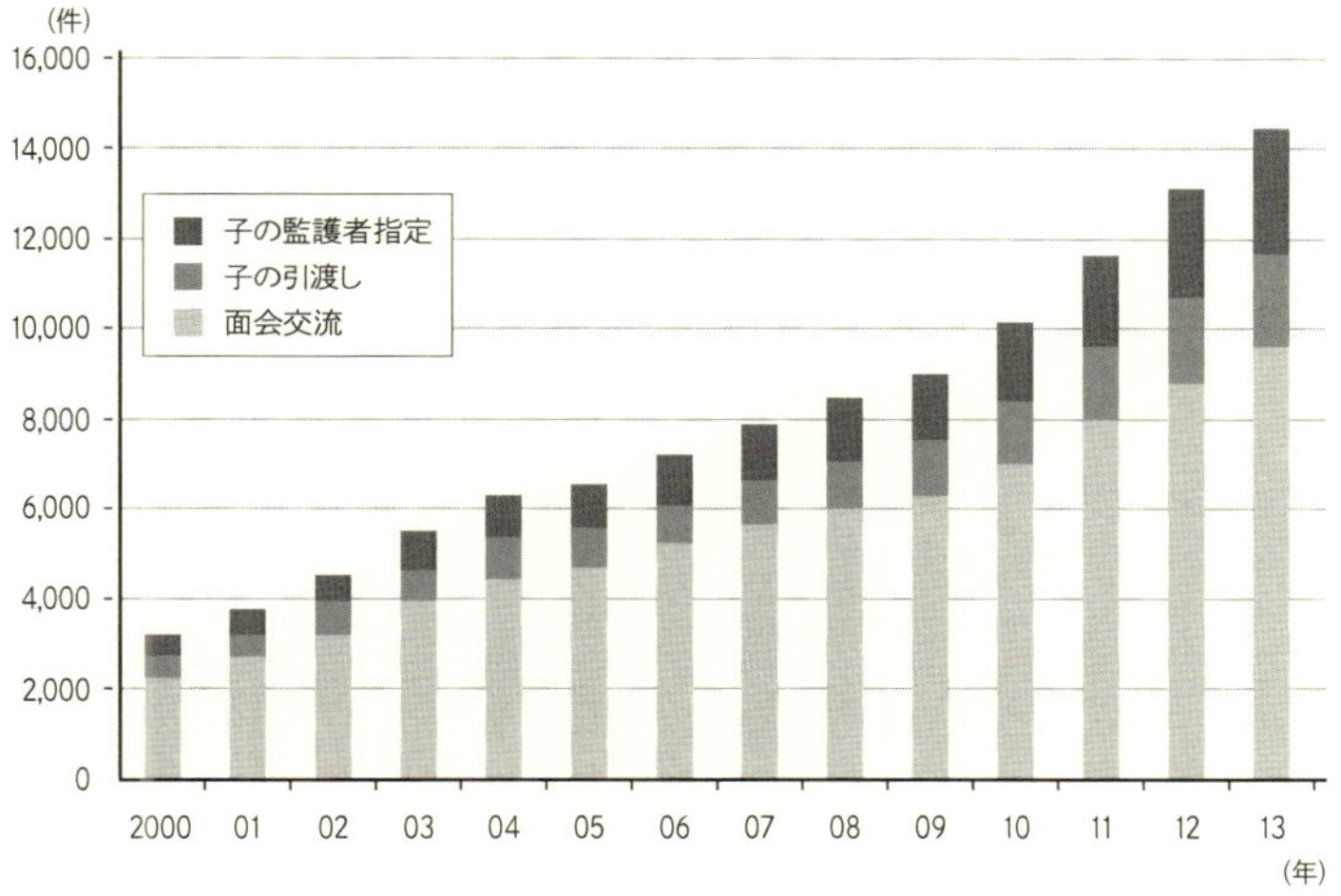

図2 「子の監護をめぐる事件」の推移

(2) 離婚時に子どもが争点になるとき

近年、公的扶助制度や保育園・介護施設などが充実したこともあり、女性が社会進出した一方、「イクメン」という言葉にあるように男性の育児参加が増えている。これら自体は非常に喜ばしいことであろう。しかし、ひとたび夫婦間に紛争が起きると、子どもの親権や面会交流等をめぐる対立が起きやすくなった。また、子どもの意向を紛争解決に反映させるため子どもに面接するとわかるが、子どもが親に抱く感情は実にさまざまである。暴力親から解放された安心感や喜びを語ることもあるが、怒りや恨み、離別の悲しみ、裏切った罪障感や後悔を語ることもある。中には非言語的な不適応反応(家庭内暴力、不登校や非行等)や神経症、精神病様の症状で反応することもある。[7] 実際、子をめぐり争っている夫婦に、従来よく言われた「子どもには母親が必要」と説明するだけでは父側(夫側）は納得しないことが多くなった。例えば、相手の提出資料や家裁調査官の調査報告書等の開示を求め、弁護士のみならず医師や臨床心理士等の専門家の助言を求める当事者も年を追うごとに多くなっている。以上のように、子どもをめぐり、紛争が激化しているのが最近の実情である。

3　成年後見関係事件の現在

(1)　高齢者や障害者の実情

家庭裁判所で扱う家事事件のもう一つの大きな柱である成年後見制度に触れたい。ここからも現代の家族のある一面がうかがえる。

森岡[8]は、「老人扶養」における「老人側の基本的欲求」に、①経済的安定欲求、②健康保持欲求、③社会活動欲求、④人間関係の欲求、があると指摘している。これらのうち、①経済的安定欲求と②健康保持欲求については、年金制度や公的扶助の充実、介護保険制度やデイサービス、介護施設等の拡充という形で改善が進んでいる。しかし、③社会活動欲求と④人間関係の欲求は、社会や家族の積極的な協力がなければかなわない。独居高齢者の社会的孤立や孤独死が社会問題になっていることからわかるように、これらは十分とは言えないのが現状である。場合によると、犯罪者が、孤独な高齢者の人間関係欲求を利用して、オレオレ詐欺などの経済被害をもたらすことさえある。これらの問題は、知的障害や精神障害のある人にも、まったく同様のことが言える。そこで、これらの人を法的に守り、生活支援をするため、二〇〇〇年から成年後見制度が導入された。

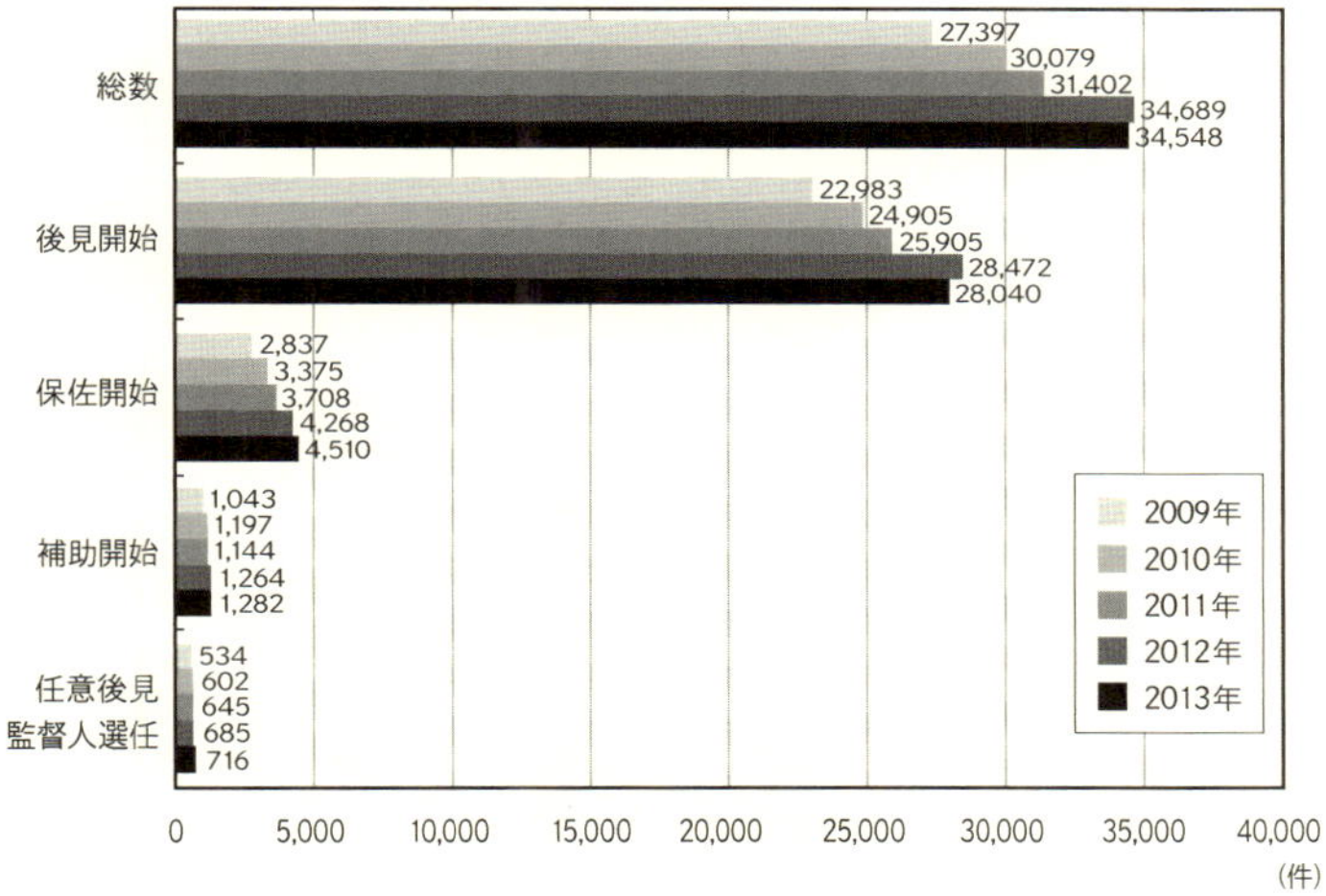

図3　成年後見開始等事件の申立件数の推移

各年の件数は、当該年の1月から12月までに申立てのあった件数である。

(2)　成年後見制度とは

成年後見制度とは、認知症や知的障害、精神障害などにより判断力が低下した人の身上看護や財産管理を、裁判所の選任した後見人等が行うことで法的に支援する制度である。本人の能力や契約に応じて、「後見」「保佐」「補助」「任意後見」の四段階に分かれている。家庭裁判所は、申立てを受けると必要な調査を行い、それぞれの審判をする。さらに、後見人・保佐人・補助人の事務遂行状況を、定期的に事務報告書や領収証を裁判所に提出してもらうことにより監督している。最高裁判所家庭局[9]によると、二〇一三年の成年後見開始等事件の申立件数合計は三万四千五百四十八件で、着実にその数を増加させている（図3）。その結果、二〇一三年末時点で、後見人等が援助している人は十七万六千五百六十四人に上っている。

4　家事事件に見る現代の家族の特徴

(1)　迅速な紛争解決を求める現代の家族

現代を表す言葉に「変化のスピードが速くなった時代」という表現がある。交通機関や情報技術等の進歩で変化が速くなり、現代人が抱く時間感覚はどんどん短くなった。「時は金なり」ということわざにある通り、現代人は、短時間で済むこと自体に高い価値を置いている。そのような時代変化を受けて、最近、裁判所もあらゆる裁判の迅速化を検討するようになった。[10] 家事事件も同様で、少ない回数の審判や調停で解決すれば、それに越したことはない。実際、筆者も複数の当事者から「調停で一年間かかるのなら、訴訟で三か月で解決したほうがましだ」と語るのを聞いたことがある（実際は訴訟が早期解決になるとは限らない）。また、最高裁判所の報告書[10]は、今後、「これまで潜在化していた法的紛争が顕在化し、質的にも複雑化・多様化し、事案によっては先鋭化していく」とも指摘している。面会交流が近年急増したのと同じように、今までは問題にならなかったものが問題になるのであろうか。現代の家族は、早い解決を求めつつも、徹底して争おうとする傾向がある。家族問題で煩わされる時間は短いに越したことはないが、「ここは絶対に譲れない」という感覚を持つと徹底的に争わなければ気が済まなくなる。現代の家族は、この矛盾した感覚を併せ持っているようだ。

(2)　国際化と現代の家族

次に現代の家族の特性の一つとして、国際化を挙げる必要がある。一昔前はまれであった国際結婚が社会の国際化に比例して増加した。一九八〇年は七千二百六十一組であった国際結婚組数は、二〇〇六年にピーク(四万四千七百一件)となった後に減少し、二〇一二年に二万三千六百五十七組(婚姻組数全体の約三・五%)となっている。また、国際結婚の増加は国際離婚の増加も意味している。一九九二年の国際離婚は七千七百十六件だったが、二〇〇五年には一万五千六百八十九件になった。さらに、国際離婚の増加は、片親の同意なしに国境を越えていきなり子どもを連れ去られたという紛争や、子どもに会わせてくれないという紛争を生む。言語や社会、文化習慣の違いから、より深刻になることもある。[11] 司法統計年報によると、二〇〇三年に家庭裁判所で扱った婚姻関係の国際紛争事件は千六百二十七件であったが、十年後の二〇一三年は千九百二十四件に増加した。

ところで、国をまたいだ子の連れ去り紛争の解決のため、日本はハーグ条約締結を承認し、二〇一四年四月から同条約を発効させている。この条約の正式名称は「国際的な子の奪取の民事上の側面に関する条約」で、離婚後の子の親権制度の違い(日本は離婚時に単独親権となるが、国際的には共同親権の国が多い)などから、日本は長く加盟していなかったため、「日本は子どもの連れ去り天国」という批判が出ていた。[12] ハーグ条約関係事件は、まだスタートしたばかりのため件数は少ないが、今後増える可能性があろう。また、条約の原則(子の連れ去りに対しては子を元の居住地に戻すこと)は、今後、日本人同士の子の引渡しや面会交流の紛争にも影響が及ぶ可能性がある。最近では、国際化とともに、欧米諸国のように日本にも共同親権制度を導入すべきであるとする議論も起きている。[13] 現代の家族は、国際化という嵐に揺さぶられていると言えよう。

(3) 成年後見制度から見た現代の家族

少子高齢化により、成年後見制度の利用数は増えている。しかし、残念ながら利用者数の増加に伴い、本稿冒頭に述べたような経済不安も背景に、後見人・保佐人・補助人による横領等の不正行為が発生するようになった。後見人等になった親族が本人の財産を使い込んでしまうのは、やはり現代の家族の弱い一面であろうか。二〇一三年の全国における不正事案は計六百六十二件、被害総額は計約四十四億九千万円に達した（ただし、すべてが親族による不正ではない）。現在では、後見開始を受けた本人の金銭財産の一部（日常使わない財産）を信託銀行に信託する「成年後見制度支援信託」制度も導入された。

また、独居高齢者や老々介護の増加とともに、福祉関係者が訪問したとき、その人の認知症発症に気づいて後見開始の必要性を意識することがある。そのとき、身近に親族がいればよいが、親族がいないか、いても非協力的という場合がある。そのような場合、市町村長が申立人になって、家庭裁判所に後見開始等を申し立てることになるが、近年はこの市町村長申立てが増えている（二〇一三年で五千四十六件、全体の約一三・二％）。親族に後見人にふさわしい人がいない場合、最近は市町村のバックアップにより、市民後見人（弁護士などの専門職とは別に、市町村の養成講座を履修した一般人）が選任されることもある。高齢化社会と言われ久しいが、独居高齢者の孤立は、現代の家族が見ないようにしてきた暗部であろうか。認知症や精神障害等のある人が安心して自立した日常生活ができるように、今後も成年後見制度が広く利用されるよう期待したい。

(4) 履行勧告から見た現代の家族

最後に、履行勧告から見た現代の家族を論じてみたい。調停が成立または審判訴訟が確定したにもかかわらず、相手当事者がその内容を実行しないとき（例えば養育費を払わない、子どもを引き渡さないなど）、裁判所に申し出れば、家裁調査官等がその実行を促す。これを履行勧告と言い、二〇一三年は一万七千百六十七件の勧告申し出があった。この数字は、繰り返し勧告を申し出る人も多いので単純には比較できないが、婚姻関係の調停の成立件数と審判認容件数の合計（三万五千九百七十八件）の約四七％に当たる。それでも勧告により、半分は一部でも履行しているので、勧告の成果があると言うべきであろう。本来、実行する義務があるのに、不履行のままでいると、差押えなどの強制執行になることもある。実行しない事情には、本稿冒頭に述べたような個人的志向の優先や経済不安、相手への屈折した感情や葛藤などいろいろなものがある。日本では、不履行に刑事罰等が課せられないので、「喉元過ぎれば熱さを忘れる」のであろうか。養育費等の不履行は、受け取る者の生活に影響する。不履行はまさに現代の家族の甘えの部分である。

5 おわりに

家庭裁判所における「夫婦間紛争や面会交流事件と成年後見関係事件の現在」をまず紹介し、さらに「裁判の迅速化・国際離婚・成年後見・履行勧告から見た現代の家族」を論じた。本稿冒頭で、現代の家族には、家族目標の喪失や生活維持への不安が背景にあると触れたが、筆者は、その不安の顕在化した姿が、家庭裁判所の家事事件であると考えている。早い解決を希望しながら徹底的に争おうとしたり、異文化への対応に翻弄されたり、見たくないものは見ないようにしたり、義務を先送りして甘えたりしている。しかし、本来、人はいつでも正常な心理を働かせ、適切な判断ができるとは限らず、誰でも心理的弱者になり得る。離婚紛争を抱えた夫婦、その間に挟まれた子どもや、認知症や知的障害・精神障害を患った人などは、まさにその一例である。現代の家族にはこの対応が求められている。

＊注1　人口千人当たりの年間離婚経験者数の割合を離婚率と言い、国際比較にはこの数値が使われる。総務省統計局によると、二〇一一年の日本は一・九で、世界的にはまだ高いほうではない。一位はロシアで四・七である。

＊注2　離婚調停成立のすべてが「離婚」とは限らない。わずかながら「円満解決」や「当分の間別居する」という成立も含まれている。また、取下げの中には「協議離婚届出」による取下げもある。

〈引用文献〉

（1）山田昌弘『迷走する家族』有斐閣、二〇〇五年
（2）平野敏政「現代社会における家族の機能変動と家族関係」『帝京社会学』二五、二〇一二年、一－二一頁
（3）瓜生武『いま、家族の何が問題か』司法協会、二〇一二年
（4）山根尚子「近現代日本における家族像――愛の復権と家族の新たな絆を求めて」『日本大学大学院総合社会情報研究科紀要』三、二〇〇三年、一六九－一八〇頁

（5）厚生労働省「平成二十五年　人口動態統計の年間推計」二〇一四年　http://www.mhlw.go.jp/toukei/saikin/hw/jinkou/suikei13/（二〇一四年十一月二十日アクセス）
（6）最高裁判所「司法統計年報」　http://www.courts.go.jp/app/sihotokei_jp/search
（7）本田麻希子、遠藤麻貴子、中釜洋子「離婚が子どもと家族に及ぼす影響について――援助実践を視野に入れた文献研究」『東京大学大学院教育学研究科紀要』五一、二〇一一年、二六九－二八六頁
（8）森岡清美「変動する危機の現代家族」『季刊社会保障研究』一二（一）一九七六年、一五－二四頁
（9）最高裁判所事務総局「成年後見関係事件の概況」　http://www.courts.go.jp/vcms_lf/20140526koukengaikyou_h25.pdf（二〇一四年十一月二十日アクセス）
（10）最高裁判所事務総局「裁判の迅速化に係る検証に関する報告書」二〇一三年
（11）曲暁艶「国際結婚に関する研究動向と展望」『東京大学大学院教育学研究科紀要』四九、二〇〇九年、二六五－二七五頁
（12）C・ジョーンズ『子どもの連れ去り問題』平凡社、二〇一一年
（13）上村昌代「離婚後の子どもの共同養育に向けて――共同親権・共同監護をめぐる問題」『京都女子大学大学院現代社会研究科博士後期課程研究紀要』六、二〇一二年、三三－五八頁

〈参考文献〉

安藏伸治「離婚とその要因――わが国における離婚に関する要因分析」『日本版 General Social Surveys 研究論文集』二、二〇〇三年、二五－四五頁
堀田香織「親の離婚を体験した青年の語り」『心理臨床学研究』二七（一）、二〇〇九年、四〇－五二頁
石垣智子「国際的な子の奪取の民事上の側面に関する条約の実施に関する法律の概要」『ケース研究』三一七、二〇一三年、三－七二頁
井村たかね『家族のための臨床心理学』北樹出版、二〇一二年

柏木恵子、平木典子『家族の心はいま』東京大学出版会、二〇〇九年
栗林佳代『子の利益のための面会交流』法律文化社、二〇一一年
村瀬嘉代子『子どもと大人の心の架け橋』金剛出版、一九九五年
野口康彦『親の離婚を経験した子どもの精神発達に関する研究』風間書房、二〇一二年
田中晶子「子どもへの事実確認面接――司法面接を使った三歳児への面接事例より：量的分析の報告」『四天王寺大学紀要』四七、二〇〇八年、六三‐七四頁
棚村政行ほか「親子の面会交流を実現するための制度等に関する調査研究報告書」二〇一三年　http://www.moj.go.jp/content/000076561.pdf（二〇一四年十一月二十日アクセス）
棚瀬一代『離婚と子ども』創元社、二〇〇七年
棚瀬孝雄「両親の離婚と子どもの最善の利益――面会交流紛争と日本の家裁実務」『自由と正義』六〇（一二）、二〇〇九年、九‐二七頁

I　夫婦関係

離婚と子どもの奪い合い

瀧川善和

1　はじめに

最近、離婚をめぐるトラブルに子どもが巻き込まれ、悲劇的な結末に至る事件がマスコミで報じられることが多くなってきた。二〇一三年十二月に東京都文京区の小学校内で離婚調停中の父親が九歳の子どもと灯油のようなものをかぶって無理心中を図った事件などは、衝撃的な事件として大きく取り上げられ、記憶に新しい。

家庭裁判所に申し立てられる子どもをめぐる紛争は、まずは離婚調停における親権の問題として話し合われるが、状況によっては、面会交流、子の監護者指定、子の引渡し等が別々に申し立てられていくことがあり、紛争は重層的な形をとっていくこともある。はじめから激しい子どもの奪い合いが生じている場合には、当面、子どもを父と母のどちらが育てるかということを優先して決める必要があり、調停による調整ではなく、審判手続により進行する必要が生ずる。

このように、離婚に伴う子どもをめぐる紛争の多くは、紛争の程度、当事者の状況などのさまざまな要因により、種々の形をとっていくことがある。夫婦、親子の問題解決のために、家庭裁判所への期待はますます大きくなっていると思われるが、紛争性の高い事件が増加し、その内容も複雑、困難化しているというのが実情である。

本稿では、広く離婚と子どもをめぐる諸問題に言及し、その中で、「奪い合い」となるような事件について家裁調査官の観点から考察し、そこから見える現代の家族の特徴について考えたい。

なお、本稿では二つの事例を紹介し、筆者なりの視点で考察を加えているが、事例は、秘密保持に最大限の配慮をし、本質を損ねないように修正、再構成した架空のものである。

2　夫婦間紛争と子どもをめぐる問題の背景

(1)　家庭裁判所で扱われる子どもをめぐる事件

夫婦の紛争と子どもをめぐる問題を、家庭裁判所における事件として整理すると次のようになる。①離婚調停における親権の争い（夫婦関係調整調停事件）、②監護者指定（変更）事件、③子の引渡し事件、④離婚訴訟事件における親権者の指定、⑤離婚後に起こる紛争としての親権者変更事件などである。また、離れて暮らす親と子どもとの面会交流事件は、離婚前後を通して争われるホットな子どもをめぐる紛争である。

家事事件手続法の施行により、家事調停・審判手続の透明化や当事者主義的運用（当事者が自分の主張に対して証明する責任を負うこと。反対の概念は職権主義）が進み、紛争解決への道筋もこれまでとは違った形になりつつある。そのため、調停においては、調停委員会の法的・専門的判断に裏打ちされた斡旋が必要となり、また、手続の進行において、対立当事者の提出した資料や家裁調査官の調査結果については、原則的に開示を前提とした運用が行われるようになっている。

(2)　子どもをめぐる事件の動向と傾向

司法統計年報（二〇一三年度）により、全国の家庭裁判所における婚姻中の夫婦間の調停申立て件数の推移を見ると、一九九六年に五万件を超えてから毎年増加を続け、二〇〇三年に六万二千件を超えてピークに達した。その後、やや減少傾向が続きながらも、二〇一三年においても五万五百八十二件と高い水準を保っている。その中で未成年の子どものいるケースは、六割から七割を占めている。

夫婦間の調停以外での子どもをめぐる紛争事件について見ると、増加の一途をたどっており、子どもの監護をめぐる紛争事件（子の監護者指定、養育費、面会交流、子の引渡し）の調停事件は、二〇〇三年には二万二千六百二十九件だったものが、二〇一三年には三万二千二百八件に増加した。最も先鋭的な争いとなる子の引渡し審判事件で見ると、二〇〇三年は全国で四百三十七件だったものが、二〇一三年には千五百六十八件と四倍近くに増加している。

離婚に伴う子どもの監護養育をめぐる紛争が増加し、深刻化した要因として、棚村[1]は、①未成年の子どもを持つ有子夫婦の離婚の増加、②父母の力関係の対等化、③子どもの出生率の低下、④子どもの帰属をめぐるルールの多様化、⑤離婚後の単独親権の原則を採用していることなどの法制度的な不備などの諸要因があると述べている。これらに加え、当事者意識の変化、男性の意識の変化などの要因も考えておく必要があろう。

(3)　背景としての現代の家族の状況

先述のように子どもをめぐる紛争の増加が見られるが、日本の現代の家族の状況として、一九九〇年代頃から未婚化、晩婚化、少子化、高齢化などが指摘され、それらについては多くの研究や分析が行われている。

そのうち、未婚化、晩婚化の原因となる現象の一つとして、一九九〇年代に「パラサイトシングル」という言葉が生み出され、戦後、経済成長とともに豊かになった親世代に寄りかかり、高校・大学卒業後も長期間親と同居し、経済的利益を得て自由を謳歌する若者を示す状況が語られ、日本的な現象として海外からも注目された。ところが、最近になって、欧米でも若者が親元に舞い戻る現象が見られるようになり、それがK・S・ニューマン(2)により「アコーディオンファミリー」という言葉で説明されている。自立を重んじるアメリカにおいても、親が家に戻ってくる子どもを、まさにアコーディオンの蛇腹のように広げて受け入れる現象を指している。山田(3)によると、日本では、経済状況の悪化や雇用の不安定化により、パラサイトシングルのあり方が、自立したくても不本意ながら親元にとどまらざるを得ない若者の増加という形で変質してきているという。これらは、主に婚姻前のシングルの状況を示すものとして説明されているが、山田は、離婚後シングルにおいても同じようなことが起こりつつあるとし、「パラサイトディボースド（parasite divorced）」と呼んでいる。家庭裁判所に持ち込まれる離婚や子どもをめぐる紛争の中では、このようなパラサイトディボースドと言えるような家族に接することが多くなっており、離婚後の家族のあり方の一つとしての特徴を示している。

以上のように、家族全体として見れば、未婚化、晩婚化等の進行により少子化する中、離婚の数は高止まり状態にあり、子どもをめぐる事件が増えているというのが現代の家族の状況である。次に述べるような当事者意識の変化も相まって、子どもの奪い合いの問題はより深刻さを増していると言える。

(4) 当事者意識の変化

筆者の実感としては、事件の増加とともに率直に事件が難しくなったという印象がある。事件から感じるのは、主張の陰に、なかなか抑制できない生の感情を表出する当事者が多くなっていることである。佐竹[4]は、事件の増加や困難化の原因が国民の価値観の多様化や権利意識の向上と説明されることについて、「現実の紛争は決してそんな理性的なものではない。私の見るところ、今日の紛争はむしろ逆に、生の感情と生の感情のむきだしのぶつかりあいといった様相をますます強めているように思われるのである」と指摘している。

また、男性の意識の変化についても着目する必要がある。「イクメン」という言葉に象徴されるように、男性の家事や育児参加が注目されるようになっている。目黒ら[5]は、男性のジェンダー意識について広範な調査研究を行い、その研究のエッセンスとして、「男性の雇用不安からパートナーにも収入を期待する（女性にも稼いでほしい）という意識を強める一方、男性にとって家族を養うこと・扶養者であることは、代替されない男性性として意識されている。つまり、男性個人のジェンダーアイデンティティは、世帯における『唯一の稼ぎ手』にこだわらないが、扶養者＝養い手であることへの執着が強固であると言える」と説明している。妻だけでなく子ども含めた家族の扶養者であるという男性のジェンダーアイデンティティが、突然の妻や子どもの別居という事態に激しく揺さぶられ、家庭裁判所の紛争における強い主張につながっていることがあると思われる。

3　事例

(1)　事例１――調整が難しく審判や訴訟での解決が必要だったケース

▼事例の内容

Ａ男（八歳）の父は、代々食品製造の仕事に従事しており、Ｃ市において、両親とともに一家で和菓子店を経営していた。十歳年下の母が店でアルバイトをしたことをきっかけに結婚し、間もなくＡ男が生まれた。しかし、母は、父の母親とのいわゆる嫁姑の関係や、父の支配的な態度に不満を募らせ、次第に夫婦関係は悪化した。母は、Ａ男を連れ、隣のＤ市の実家に身を寄せ、別居が始まった。

父は、父の両親とともにＡ男を連れ戻しに行き、双方の両親も交えた怒鳴り合いの喧嘩が起こるなど、Ａ男の監護をめぐって激しい子どもの奪い合いの紛争となった。双方とも弁護士を依頼し、弁護士の仲介により、A男は週の半分ずつを父母それぞれの家族の家で生活するという交替監護の態勢がとられた。そのような状態になったところで、母から家庭裁判所に離婚調停および監護者指定調停が申し立てられた。対抗して父からも監護者指定調停が申し立てられ、A男の監護をめぐって全面対決の様相を呈した。

調停は二回開かれたが、双方ともにA男の親権者になることを強く主張し、離婚問題が決着するまでは、自分のほうが継続的にA男を監護するべきだと譲らず、現状の交替監護状態を早期に解消したいと強く主張した。第二回調停で、二つの調停はいずれも不成立となり、離婚問題は訴訟に持ち込まれ、監護者指定については審判で決着されることとなった。審判では、家裁調査官がA男の監護状況やA男の心情について調査を行うこととなった。

家裁調査官は双方の家を訪問し、A男と父家族、A男と母家族の様子をそれぞれ観察した。そして、A男にもそれぞれの家で面接し、A男の意向や心情を把握するよう努めた。また、日を替えて、両親とA男に家庭裁判所に来てもらい、家族面接室（家庭裁判所では家族面接や親子面接（親子交流）を行うために和やかな雰囲気の部屋を設置している。「児童室」と称する場合もある）を使って、それぞれの親子交流の様子を観察する調査を行った。家裁調査官は、調査結果を調査報告書にまとめて提出し、その後、裁判官の決定により、監護者は母と指定された。離婚訴訟でも親権者が争われたが、審理の結果、親権者を母とすることで決着した。監護者（実際に未成年の子どもを監護教育する親のこと）、そして親権者（未成年の子どもの法定代理人として、子どもを監護教育し、財産を管理する親のこと）が決まり、ようやくA男が落ち着いて生活できる基盤ができた。父とA男とは、定期的な面会交流が行われることになり、ほどよい形で父と子の関係が保たれることとなった。

▼事例からわかること

このケースの特徴は、双方ともに実家の親族（祖父母）が前面に出て、実家対実家の争いの様相を呈したこと、別居に当たって双方が譲らず、交替監護の態勢がとられたこと、当事者双方から感情的に過ぎるほどの主張が展開されたことなどである。

父は、もともと自信家で、自分が家族を引っ張っていくという姿勢が強かった人であり、母はどちらかというと控えめで自分の意見をあまり出さない人だった。父にとって、自分が支配できていたと思った家族において、普段からあまり自己主張をしなかった母が、別居という実力行使に出たことで自尊心が傷つき、実家を巻き込んだ紛争につながっていったと思われる。

また、それぞれの実家の親の援軍が紛争をよりヒートアップさせていた面がある。双方の実家は、ともに経済力があり、経済的援助をいとわない姿勢が見えた。祖父母は、親子の生活を援助するというよりも、孫ともども抱え込んで面倒をみていくという姿勢であった。父も母もそのような両親の援助を当然のごとく期待し、それに甘えることに対してあまり気にかける様子も見えなかった。

別居時の激しい子どもの奪い合いは、A男に深い心の傷を与えたと思われ、面接時のA男は、そのことをつらそうに語ったのが印象的であった。また、その後の交替監護は、双方の親族がそれぞれの思惑でA男に関わっていたことがわかり、A男のストレスや緊張感は、相当高いものになっていた。

(2)　事例2――同居夫婦の子の奪い合いのケース

▼事例の内容

B子（九歳）の両親の家庭内別居は、一年に及んでいた。約一年間、家庭内で夫婦間には血の通った会話はなく、B子は、父、母それぞれとは普通に会話をするが、家族三人のコミュニケーションが避けられた状態となっていた。B子は、父親と話すときには母親に気を遣い、母親と話すときには父親に気を遣うという非常にストレスの高い生活が続いていた。

母は、家庭裁判所に離婚を求めて調停を申し立てた。調停において、母は、収入が少なく、自己本位な性格の父に対する不満を述べた。一方、父は、母の不倫を疑い、「母親失格だ」と訴えて対立した。母によると、インターネットを通じて知り合った男性に相談しているが、不倫ではないと主張した。

第二回調停後、家裁調査官が当事者双方と個別に面接を持つこととなった。そこでは夫婦の関係修復の可能性、別居の可能性、別居の場合の方法などが課題となった。また、裁判所で作成している当事者助言用DVDを双方に視聴してもらい、両親の紛争下にある子どもの気持ちについて考えてもらった。母は、家庭内別居の状態が長く続いて耐えられず、早く夫には出て行ってもらいたいと述べた。相談している男性は大事な人であり、別れることはできないし、交際が子どもに影響することはないと述べ、最後までその考えが変わることはなかった。一方、父は、母の男性関係に対する怒りの気持ちが強く、そのような行動をとる母親に子どもは渡せないと訴えた。

面接により、次のような事情が明らかになった。父はアルバイトで、母はパート店員であり、家族は経済的に苦しい生活を送っていた。また、父は、若い頃から実家の両親との関係が悪く、調停の頃はほぼ断絶状態となっていた。一方、母は、実家の両親が離婚しており、母親とは時々連絡をとる程度の関係はあるが、その母親は、経済的に苦しく、とても頼れる状態にはなかった。それらの背景があって、夫婦は、離婚を考えて別居したくても現実に行動に移せずに、ずるずると同居が続いていたのである。

第三回調停後にB子に家庭裁判所に来てもらい、家裁調査官がB子の気持ちを聞くことになった（心情調査）。B子は、しっかりした態度で、父と母に対する幼い頃からの思いや、普段感じている気持ちを語った。B子の一番の願いは、早く両親には結論を出してほしいということだった。口もきかない両親の間で毎日がつらいと述べ、涙を流す場面もあった。また、父も母もどちらも好きなので、もし別れてどちらかと住むことになっても、時々会いに行きたいという気持ちも述べた。

調査後の第四回調停で、家裁調査官から調査の結果を当事者双方に説明した。双方ともB子の気持ちに理解を示しながらも、解決策を示すまでには至らなかった。その調停の最後に、裁判官は、当事者双方に対し、調査報告書に書かれた調査結果や家裁調査官の意見をよく読んだうえで検討するよう指示した。その後調停は二回ほど続けられ、親権者を母とすることで合意した。

▼事例からわかること

この同居夫婦による子どもの奪い合いのケースでは、当事者双方ともに、事態を何とかしなくてはと思いながらも、相手が悪いのになぜ自分が譲歩しなくてはならないのかという思いにこだわり、なかなか動きがとれない状態になっていた。また、背景の事情として双方の実家との関係や経済的事情があり、さらに母の男性関係が事態をより複雑にしていた。

事件の進行は、調停での話し合いが早々に行き詰まったことから、家裁調査官が当事者双方との面接を重ねることにより、解決の糸口を探ろうとした。また、その経過の中で、裁判所が作成しているＤＶＤを視聴してもらうことによる働きかけも行った。その後、子どもの心情調査を経て、再び調停に戻って、最終的な合意に至っている。調停という枠組みでの話し合いと、家裁調査官による調整や調査という臨床的な関わりを行きつ戻りつしながら進行したことが解決につながったものと思われる。

4　子どもの奪い合いに見る現代の家族

(1)　家族の状況

最近の家庭裁判所における子どもをめぐる紛争から見えてくるのは、離婚と子どもをめぐる家族の状況は、経済的な事情や原家族との関係に左右され、二極化、さらに階層化してきているということである。実家との相互依存関係が生じていて、実家の祖父母に強く依存した親がいる一方、離婚という危機的な状態にありながら、孤立してもがいている親がいるという状況である。

実家との結びつきが強い場合（先に述べたパラサイトディボースド）、実家の祖父母は、子どもをめぐる争いで、子どもの監護に関わりを持つ存在として重要な意味を持つ。子どもの親権や監護権を主張する当事者にとって、実家の親がいなければ子どもとの生活が成り立たず、当初から祖父母が監護の中心を担うことを前提とした主張もなされることがある。事例1がそうである。結婚して、実家からはいったん自立したはずの大人が、また再び親に頼り、親（実家）の側も積極的に受け入れている状況がある。ただし、この場合でも実家の経済的な状況により、親子を受け入れても経済的に十分に生活を支えられる場合と、実家の親の年金収入と自身の収入を合算することによって、ようやく貧困世帯への転落を防いでいる場合もある。

一方で、自身の経済力の問題に加え、実家の両親の離婚、片親死別、経済的貧困などの理由や、そもそも実家の親との以前からの不仲や葛藤状態などにより、離婚後に実家に頼れない者もいる。それが顕著に現れるのは夫婦が同居したままの紛争であり、出口の見えない争いが長期化することがある。事例2のような同居したままの夫婦の紛争は、最近二、三年で目立って多くなってきたと感じている。社会的なサポートシステムのない現状においては、夫婦の紛争が生じても、誰かに相談をしたり、頼ることができないまま、双方とも離婚を求めながらも同居を続けることになってしまう。事例2は、調停で解決の方向が見出せたが、調停が不成立となり、夫婦同居のまま離婚裁判（人事訴訟）に持ち込まれることもあり、解決までの期間が長期化することも多い。

また、事例2の妻のように、夫婦の問題を相談する相手として、実家などの親族ではなく他の男性と関係ができ、交際に発展してしまうことがあり、紛争をより複雑にしている場合がある。筆者の印象としては、相対的に数は多くはないものの、妻の不倫（不貞）のケースがここ数年目立ってきているように感じられる。妻が男性と知り合う契機としては、インターネットが利用されることが多い。最近のネット社会においては、男女が知り合い、関係を持つことの簡単さや敷居の低さがよりその傾向に拍車をかけているようにも見える。不貞は、法律的には有責配偶者として離婚原因の一つとなり得るが、離婚に関する有責性と、子どもの監護の問題は別次元のものとして考える必要もあり、より解決を困難にしている。夫でも妻でも、相手の不貞に対する怒りは強いものがあるが、特に妻の不貞に対する夫の怒りは、逆のそれよりもすさまじく、妻に対する「母親失格」の主張につながり、妻が家を追い出されるという形で別居が開始されることも少なくない。別居まで子どもを主に監護してきたのが妻である場合が多く、それまで子どもの養育にあまり関わってこなかった夫が子どもを囲い込んで、子どもの奪い合いに発展しているケースもある。

(2)　子どもの心理

H・R・シャファー[6]は、親の離婚が子どもに与える影響について各種研究を概観し、離婚による断絶よりも、それより以前の両親が一緒にいるときからの角突き合わせている雰囲気が、多くの深刻な問題を引き起こすと警告している。まさに父と母による奪い合いの渦中に置かれた子どもは、不安と動揺の日々を過ごしているのである。その影響は、子どもの年齢による違いはあるが、特に学童期までの子どもに顕著に見られる。シャファーは、子どもの年齢が低い場合でも「常に親の口論にさらされている子どもたちは、それに慣れることはなく、それどころかますます過敏になり、影響が累積していくということが研究から見いだされている」と述べている。われわれ家裁調査官が出会う子どもたちは、面接において、両親の喧嘩や奪い合いが起きたときのことについて、言葉にならないような表情をして口をつぐんだり、答えようとせずに違う話題を話し始めたりする。また、つらそうな表情をして言葉少なに説明をしたり、涙を流して両親の仲直りの希望を述べたりする。

両親の別居後ある程度期間が経過し、曲がりなりにも子どもの生活環境が相応の状況で落ち着いていると、仮に別居による経済的なハンディがあるにせよ、父母の争いによる緊張感からは離れて、それなりに環境に落ち着き、子どもながらに、ここしばらくは生活の変化はなさそうだと見通すことができる。しかし、同居夫婦や別居後間もない時期の紛争は、子どもにとって、父母の争いを間近に見ているのと同時に、自分はどうなるのだろうかという不安にさらされながら生活を送ることになる。そのような明日をも見通せない不安の中で、多くの子どもは、父と母のどちらにも味方できない（またはどちらにも味方したい）苦しさ（忠誠葛藤）や、自分が悪い子だったからかもしれないという罪悪感などの複雑な感情にさいなまれている。

家事事件手続法第六五条により、「子の意思の把握」が明文化されたが、それは簡単なものではなく、以上のような子どもの置かれた状況に配慮しながら、子どもの意思や心情を聞き取る臨床的な技術が必要となっている。

(3) 交替監護について

子どもの奪い合いが続いた末、事例1のように親族や弁護士の仲介で、数日ごとあるいは一、二週間ごとに、子どもを行ったり来たりさせる交替監護の形態がとられることがある。このようなケースは、少しずつ目立つようになってきている。離婚後の共同親権や共同監護の議論が背景にあると思われるが、事例1のように双方が角突き合わせているような極めて激しい葛藤状態にある夫婦の場合、子どもにとっては、数日ごとに気持ちを切り替えることを強いられ、つらい時が流れるだけになってしまうことになる。自分のもとで生活している子どもに対して、他方の親の悪口を言ったり、自分のほうに取り込もうと働きかけている例に接することが多いのも事実である。

高葛藤夫婦の交替監護事例に接するたびに、「交替で監護することが子どもにとって良いことなのだ」というような親側の思い込みや、紛争における当面の妥協の産物として行われているのではないかと思わざるを得ないことが多い。重要なのは、離婚の際にいかに親同士の対立感情や葛藤を低減させ、子どもの将来のための協力態勢をつくれるかということであり、形式的な交替監護や共同監護にとらわれずに、どうすればそのような協力態勢をつくれるかについて考える視点を、当事者と共有することが重要であると感じている。

5　おわりに

子どもをめぐる夫婦間の紛争は、できれば夫婦のそれぞれが納得して解決に至ることが望ましく、自分たちで決めたものだと実感できることが、その後の養育費の支払いや親と子の面会交流も適切に実行されることにつながると考えられる。しかし、子どもの奪い合いにまで発展した夫婦の紛争では、調停での話し合いによる解決はなかなか難しいのが現状である。意地を張り合う強い主張の裏で、当事者たちは、長く激しい紛争を経て、その心が深く傷ついていることが多い。納得できる解決のためには、父も母もどこかの場面で心が癒され、自分を見つめ直すことができるようになる過程が必要である。それは当事者と調停委員との間であったり、家裁調査官との面接においてであるかもしれない。残念ながらそこまで至らなくとも、当事者たちが「仕方がない」と矛を収めて結果を受け入れることができるような家庭裁判所における関わりがより重要であると考える。このような当事者援助のために、司法という場における臨床的なセンスや、より洗練された臨床的な技法が必要となってくると思われる。

子どもの奪い合いをめぐる紛争は、それ自体に結論が出たとしても、その後も養育費の支払いや面会交流という形で父と母の関係が続くことが特徴である。不幸にも子どもの奪い合いとなった場合でも、当事者たちが、離婚を機にこじれた親子関係を修復して、新たな親子関係を創造することができるよう、司法機能と臨床機能を融合させながら援助する努力を行っているのが家庭裁判所であり、その臨床機能における中核的な役割を家裁調査官が担っていきたいと考える次第である。

〈引用文献〉

（1）棚村政行「面会交流の理論と実務——研究者の立場から」『戸籍時報』六八七、二〇一二年、五 - 一七頁
（2）K・S・ニューマン著、萩原久美子、桑島薫訳『親元暮らしという戦略』岩波書店、二〇一三年
（3）山田昌弘『家族難民』朝日新聞出版、二〇一四年
（4）佐竹洋人『夫婦の紛争』朱鷺書房、一九九五年
（5）目黒依子、矢澤澄子、岡本英雄編『揺らぐ男性のジェンダー意識』新曜社、二〇一二年
（6）H・R・シャファー著、無藤隆、佐藤恵理子訳『子どもの養育に心理学が言えること』新曜社、一九九八年

〈参考文献〉

濱野昌彦、大野恵美「面接交渉における調整活動——当事者間の紛争レベルの見立てとそれに応じた調整の在り方」『家裁調査官研究紀要』五、二〇〇七年、三八 - 六九頁
廣井亮一、中川利彦編『子どもと家族の法と臨床』金剛出版、二〇一〇年
岩瀬純一『司法臨床におけるまなざし』日本加除出版、二〇〇八年
無藤隆「子どもの成長発達をめぐる諸問題（下）」『家庭裁判月報』六五（五）、二〇一三年、一 - 二九頁
中村伸一『家族・夫婦臨床の実践』金剛出版、二〇一一年

I　夫婦関係
ドメスティック・バイオレンス

町田隆司

1　はじめに

「すると主人は、お前のその眼つきは何だ、それが女房のする眼つきかといい、ええい、面白くない、と叫ぶなり、立ち上がって私の腰や脇腹を何度も足蹴りにしました。私は息が詰って身動き出来ないのをみると、今度は、子供たちの布団をぱっと足で剝がしました。寝ている子供たちが目をさますのを、いきなり衿をつかまえて叩きはじめました」

これは、松本清張の短編小説『一年半待て』で描写された夫の妻子に対する暴力場面である。やや古風な印象は、この作品が一九五七年のものだからであろう。夫要吉は妻さと子（私）の保険外交員の給料が良くなると、仕事をやめ、飲み歩く怠惰な生活に陥った。そのうち、飲み屋の女将との関係に入れ込み、子を放り出して、家財などを質入れし、これに意見したさと子に要吉は冒頭のような暴力を振るってしまう。今であれば、母子でシェルター（DV被害から一時的に緊急に避難するための生活施設）に保護を求め、接近禁止の保護命令を申し立てるという手続があるが、この時代にそのような方法はない。そこで、さと子はある作戦を企てるのだが、あとは実際に読んでいただくのがよいであろう。

ドメスティック・バイオレンス（domestic violence: DV）は、古来から見られる夫婦間の紛争である。本稿では、DVとそれへの対応、そしてDVから見た現代の家族が抱える問題について考えてみたい。ところで、暴力には必ず加害者と被害者が存在する。行為そのものは、いかなる理由があるとしても容認されるものではなく、それは夫婦間においても同様である。むしろ夫婦という、他人が介入し得ない「家庭」という殻に囲まれているからこそ、そこに潜む暴力問題は救済が難しく、深刻であるとも言える。加害者の行動を理解する試みは、DV問題を考えるうえで必要なことだが、暴力行為を容認したり、擁護したりすることを意図したものではないことをあらかじめ断っておきたい。

2　DV問題の諸相

(1)　DVの定義と法

DVとは、配偶者や交際相手など親密な関係にある（あるいは過去に親密であった）者からの、あらゆる暴力または支配的な行動を意味し、内閣府男女共同参画局によると、身体的な暴力の他に、精神的暴力（恫喝、日常的罵り、無視、蔑みなど）、性的暴力（性交の強要、避妊しない、特別な性的行為の強要）などがあるとされている。[1] ＤＶ防止法[*注1]では「配偶者からの暴力（ＤＶ）」を、その第一条で「配偶者からの身体に対する暴力（身体に対する不法な攻撃であって生命又は身体に危害を及ぼすものをいう。以下同じ。）又はこれに準ずる心身に有害な影響を及ぼす言動（以下この項において「身体に対する暴力等」と総称する。）をいい、配偶者からの身体に対する暴力等を受けた後に、その者が離婚をし、又はその婚姻が取り消された場合にあっては、当該配偶者であった者から引き続き受ける身体に対する暴力等を含むものとする」と定義している。

当事者がＤＶに悩み裁判所にその解決を求めるとき、二つの方法がある。一つは、地方裁判所でＤＶ防止法に基づいた「保護命令」を求めるものであり、もう一つは家庭裁判所で家事事件手続法、人事訴訟法に基づいた「離婚調停」「離婚訴訟」を申し立てるものである。

ＤＶ防止法に基づく保護命令とは、地方裁判所が加害者に対して出す命令で、加害者に直接具体的な制限枠をはめることができる。保護命令には、①接近禁止命令（六か月間つきまとい等を禁止する命令）、②退去命令（二か月間家から退去する命令）、③電話やメール等を禁止する命令の三種類がある。被害者が提訴によってさらに暴力を受け、生命身体に重大な危害を受ける可能性がある場合は、加害者の反論を聞かずに保護命令を出すこともできる。そして、保護命令に加害者が違反したときは、一年以上の懲役または百万円以下の罰金に処すことができる。

それに対し、離婚調停や離婚訴訟は、男女関係を清算する中でＤＶ問題を根本から解決する手段である。調停は双方が調停に出頭して主張し合い、話し合いで妥協し合うことによって解決するものであり、訴訟は調停で解決しなかったときに裁判官の判断により離婚可否の結論を出すものである。

(2)　統計的傾向

全国の配偶者暴力相談支援センターに持ち込まれた相談件数は、毎年右肩上がりに増え続け、二〇一三年で九万九千九百六十一件、また、警察署に持ち込まれた配偶者間の暴力相談対応件数は二〇一三年で四万九千五百三十三件、婦人相談所で一時保護した件数は同一万千五百六十五件であった。[2]

また、二〇一一年に内閣府が全国の二十歳以上の男女五千人を無作為抽出してアンケートをした結果によると、男性、女性を問わず配偶者からのＤＶ被害経験のある者は全体の二六・二％であった。[3]このうち身体的暴力は二〇・一％、精神的暴力は一四・〇％、性的暴力は九・二％であったという。この割合からすると、実に既婚者の四人に一人は配偶者の何らかの暴力を経験していることとなり、これは決して少ない数ではない。なお、司法統計年報によると、ＤＶ防止法に基づいて「配偶者暴力に関する保護命令」を申し立てた全国件数は、二〇一三年に二千九百八十四件（うち発令は二千三百十二件）であった。しかし、法が整備されたにもかかわらず、小西[4]が指摘しているように、ＤＶ被害全体のごく一部分しか拾えていない（被害を訴えられずにいる暗数が多い）という問題点もある。

また、婚姻中夫婦の調停事件件数は、司法統計年報によると、二〇一三年は六万六千八百二十四件であった。このうち、申立て時に相手の暴力を動機にしたものは、夫の申立てにおいては一万八千三百四十五件のうち千四百九十二件（約八％）しかないのに対し、妻の申立てにおいては四万八千四百七十九件のうち一万千九百五十五件（約二五％）であった。実に調停を申し立てた妻の四人に一人は、夫の暴力を申立て動機に挙げていることになる。この割合数字は、内閣府のアンケート調査結果と一致すると言えよう。

3　事例

以下に、ＤＶが問題になった離婚紛争のうち、家裁調査官が関わった複数の典型例を事例として提示したい。事例は、当事者の台詞を含め、いずれも架空のものであることをお断りしておく。

(1)　事例1

▼事例の概要

十八年前に結婚し、十五歳と十二歳の長男、長女がいる夫婦である。中立人（妻）によると、夫の実家で生活していたが、身体的暴力や精神的ＤＶなどから不和になり、離婚調停申立てと同時に妻は長女を連れて別居した。長男を夫に残した理由は、長男は既に十五歳に達し、自ら父親（夫）のもとでの生活を希望したためである。長男は地元のスポーツクラブで活躍し、周囲からは将来を有望視された選手であった。もともと父親（夫）も若い頃からスポーツが好きで、スポーツ団の監督を務めるなど地元では有名な存在であった。しかし、その指導方法はスパルタ教育で、その人間関係がそのまま家庭の中にも持ち込まれていた。妻は、いくら長男の意思とはいえ、長男を夫に残したことが不憫でならず、離婚調停では長男、長女の親権取得とともに、長男の引取りを主張した。

調停で妻は「夫のやり方は教育でもしつけでも何でもない。単なる暴力と無視・暴言である。今まで夫に従っていたが、それは単に恐ろしかったからに過ぎない。私にしろ娘にしろ、いつもびくびく怯え、夫が帰宅する時刻になると、身体が震え、わけもなく涙が出てきた。そこで、勇気を振り絞って別居した。今は、私と娘はようやく精神的に落ち着き、安心して暮らしている」と陳述し、診断書（「PTSD」と記載）を提出した。一方、夫は、一見人当たりのいい、物腰の柔らかな人で、妻に一時暴力を振るったことを認めながらも、「それ（暴力）は妻が家事を怠け、友人と遊んでばかりいたため、つい思いあまって殴ったものである。しかし、いつも暴力を振るっていたわけではない。改善してほしいという期待を込めてやったことである。妻と長女には家に帰ってほしい。しかし、どうしても離婚というのなら、長男の親権を得て離婚したい。あの程度でDVというのは大袈裟であり、DVのでっちあげである」と陳述した。

長男の親権を夫と妻のどちらがとるかが争点となったため、家裁調査官が長男の意向を調査することになった。調査時、長男は、ためらいがちな口調で調査に応じた。長男は、父親（夫）の暴力が日常的で激しく、母（妻）や妹はいつも震えていたこと、自分にはスポーツという目標があったので我慢できたが、母はノイローゼのようになっていたと認めた。それでも、長男自身は、「自分がスポーツの有名校に入れることになったのは父のおかげであり、父に感謝しているので、父のもとがいい。このまま父と生活したい」と述べた。

家裁調査官は、調査結果を調停の場で妻に伝えた。妻は、長男の発言が信じられず、事前に洗脳されたのではないかと疑ったが、最後は受け入れ、長男の親権者は夫として夫が監護養育し、長女の親権者は妻として妻が監護養育することで離婚が成立した。

▼事例の考察

この事例は身体暴力を主訴とした離婚調停である。家裁調査官は妻の受けたＤＶの苦痛を繰り返し夫に説明したにもかかわらず、夫は調停の最後まで、自分がＤＶ加害者であるという意識を持てなかった。むしろ「自分をＤＶ呼ばわりした妻は許せない。殴ってやりたい。しかし、今、殴ったら自分のＤＶを証明したことになるから殴れない」と皮肉まじりの怒りを述べていた。一方の妻も、家裁調査官が長男の選択は長男の意思であると繰り返し説明したにもかかわらず、最後まで「早く長男を夫のもとから救い出したい。今はまだ長男自身、ＤＶ被害者であることがわかっていない」という見方を変えなかった。この溝は今後もずっと埋まらないであろう。ここにＤＶ認識のずれがある。長男は高校生となり、双方が自分を引き合う間に立たされ、辟易としていた。とりあえず、離婚成立により双方間の紛争が一段落した。

(2) 事例２

▼事例の概要

四歳になる長男がいる夫婦である。妻によると、夫は商売をしているが、実際は経営がうまくいかず、日々同業仲間と麻雀をして過ごすことが多かった。妻が口を挟むと、何かにつけ夫は殴る蹴るの暴行を働き、また夫婦の性関係も強要したため、あるとき妻は意を決し、子を連れてシェルターに避難のうえ別居した。それでも、妻は周囲の助言を受け入れ、別居後半年は、週一回のペースで夫と子の短時間の面会交流を認めていた。ところがあるとき、夫は妻に連絡せず、約束時間を大幅に破って長男と長時間の鉄道旅行をしてしまった。いくら待てども帰らない子どもに、妻は青くなって警察に未成年者誘拐で通報した。結局、夫は戻ってきたところを警察に逮捕された。妻は、以後の面会交流を一切拒否し、ＤＶ防止法に基づいた保護命令（妻と子への六か月間の接近禁止）を提訴した。保護命令はすぐに認められ、夫は半年間、子に会えない羽目になってしまった。

家裁調査官が関わったのは、妻から出された離婚調停である。あるとき、夫がうっかり間違えて調停室をのぞいた瞬間、妻は反射的に跳び上がって立ちすくみ、口元を震わせ、その恐怖感を体現した。家裁調査官と調停委員が慌てて妻をなだめ落ち着かせる場面もあった。調停を重ねるにしたがい、だんだん妻も自分の意向を言えるようになったため、いかにルールを定めて面会交流をするかが話し合いの中心になった。妻は「夫が子に会いたいのなら、まともな定職について、父親らしい態度をとってほしい。まずは子の生活費を払ってほしい」と主張。それに対し、夫は「子がどう生活しているか気がかりで、もう半年以上会っていない。一度でいいから会わせてほしい」「子どもがかわいいあまり、子どもが電車が好きだというので、つい長く一緒に遊んだ。しかし、決してそのまま連れ去る意図はなかった。連絡しなかったのはまずかったと反省している」と述べた。その様子を妻に伝えると、最終的に、夫と子は手紙や写真等で交流すること、夫は妻に定額の生活費を送金することで妥協し、当分の間別居するという形で調停成立となった。

▼事例の考察

この事例は、身体的暴力と精神的暴力、性的暴力を主訴とした離婚調停である。話し合いの争点は面会交流で、いったんはうまく進行していた夫と子の交流が、夫の連れ去り様行為で、妻は強く拒絶するようになった。同時に、妻には、一気に婚姻同居時のＤＶ被害が恐怖感となってよみがえった。診断書提出こそなかったが、妻の反応はまさにＰＴＳＤ（心的外傷後ストレス障害）そのもののように感じられた。直接被害を受けているときよりも、時間を経過し、その被害が再起再燃されたときのほうがその恐怖感は大きい。夫は、婚姻同居時のＤＶを認め、調停を介して謝罪し続けたが、妻には効かなかった。そのうち、夫は反省の言葉を語りながらも、「妻はこれを機に子どもの記憶から私を削除しようとしている」と本音ともとれる発言をするようになった。合意はできたものの、感情的対立は埋められない。当分の間の別居という結論は、一時休戦という合意に過ぎない。今回、子どもは幼少であるため意向調査にはならなかったが、数年後、紛争が再燃した場合、その子はどう反応するか、気がかりでならなかった。

4　考察

(1)　ＤＶの原因

ＤＶの原因にはいろいろなものがあり、一言でそれを語ることはできない。かつては封建的家族観から「夫唱婦随」というような言われ方もしたが、本来、夫婦は愛情に基づく対等な信頼関係により、性や社会、家庭に応じた役割関係、相互依存関係ができている。しかし、何らかの出来事や感情変化等でその関係が崩れると、そこに力による支配服従関係が生じる。平等な役割関係が崩れ、加害者と被害者という不平等な関係ができあがる。得てして、事例1のように、加害者は加害自覚が低く、暴力を「教育やしつけ」という感覚で合理化したり、「たいしたことではない」と過小評価したりする。しかし、被害者にとって、それは出口の見えない耐え難い苦痛である。また、DVは、家庭という密室の中で行われるため、外部からの発見や介入が困難である。繰り返し行われるため、身体的にも精神的にも深刻な被害に至る場合も少なくない。また、暴力の合間に見せる加害者の「優しさ」（通称「ハネムーン期」）に、被害者の気持ちが揺らぐこともある。加害者のみならず被害者にもカウンセリング等の対処が必要となるゆえんはこの点にある。DVは、パートナーの人格を否定し、従属的な関係を強要することであり、パートナーの人権を著しく侵害する重大な問題としてとらえられる。DVのほとんどは女性に対する暴力であるが、男性に対する場合もある。

(2) DV加害者の心理とDV被害者の心理、子どもへの影響

DV加害者に一定のタイプはなく、DVの発生に年齢、学歴、職種、年収は関係がないと言われている。中には人当たりが良く、社会的信用や地位もあり、周囲の人からは「家で妻に暴力を振るっているなど想像できないような人」もいる。[1][5] まさに事例1の夫は、外見的には何ら問題は感じられなかった。DV加害者が暴力を振るう理由はさまざまだが、その背景には、本稿冒頭に触れた要吉のように、旧来の男尊女卑的な考え方と現実との葛藤のほか、支配欲・所有欲の強さ、共感性の欠如、暴力の合理化、依存心の強さなどがある。信田[6]は、加害者が被害者との関係では被害者意識に満ちており、例えば「妻が～だから暴力をふるわざるをえない」という正当化をしやすいと指摘している。

一方、ＤＶ被害者は、ＤＶが継続的に行われると常に恐怖と緊張を強いられ、ある特殊な心理状態に陥る。無力感や自責感にさいなまれ、喜怒哀楽の感情が麻痺して自分の気持ちや感情を表現できなくなったりする。恐怖感、自責感、無力感、うつ、身体症状、精神症状などが出現する。ひどくなると、暴力が除去されても、事例２のようにＰＴＳＤ症状が生じることもある。また、二次的に生じるアルコール依存や薬物依存も看過することはできない。ＤＶ被害者は、加害者が常に暴力的というわけではないことや、離婚後の経済的不安から、暴力を受けながらＤＶ加害者のもとにとどまって家庭を維持しようとしたり、支配の対象となっている自分を受け入れてしまい、自分が受けている暴力が不当なものであることに気づかない場合もあると指摘されている[7][8]。

両親間にＤＶがあると、子どもは深刻な影響を受けるとされている。渡邉・藪長[9]によると、子どもは、加害者から直接暴力を振るわれたり、被害者への暴力を見聞きすることによって、ＰＴＳＤなどの症状が現れることがあるという。主なものを挙げると、加害者への憎悪怖れ五四・五％、性格情緒の歪み二七・三％、お漏らしチック一五・六％、不登校一一・七％、無気力無感動六・五％等であるという。さらに、子ども自身が攻撃的・破壊的な行動をとったり、抑うつや自殺企図、摂食障害の症状を示したり、また加害者と同じような暴力的言動を繰り返す「世代間連鎖」の危険性も指摘されている。自分が育った家庭の人間関係パターンから、感情表現や問題解決の手段に、ためらわず暴力を用いるのであろう。子どもに影響が及ぶＤＶは、児童虐待における心理的虐待に当たる。また、ＤＶのある家庭に、児童に対する身体的虐待が存在する例は多い[9]。

(3)　ＤＶが絡む事件への家庭裁判所での配慮

以上のようなＤＶの原因や加害者・被害者の心理、子どもへの影響を踏まえ、ＤＶケースが家庭裁判所に係属した場合の留意点をまとめてみたい。

第一に、当事者間の力の不均衡がある。本来、調停での当事者の力関係は対等であり、中立人だから有利・不利といったことはない。しかし、ＤＶ問題を伴う事案の場合、両者は加害者対被害者という位置関係にあるため、必然的に力関係の差を秘めている。例えば、被害者は納得して調停合意をしたように見えても、本心は暴力の恐怖から不本意な合意をしたに過ぎないことがある。これは、ＤＶの実態が外からは見えにくいことに起因しており、われわれ裁判所も合意したからといって安心できない。ＤＶ被害者の中には、長期間のＤＶで傷つき、被害を口に出せないことさえもある。このような場合、傷を深めることなく話い合いを進めるためには、例えば、ＤＶ場面の聴取が二次被害にならない配慮をするなどの必要があろう。

次は危害・危険の潜在である。時には加害者が感情的になって裁判所内を探し回ったり、帰路で待ち伏せしたりする場合がある。中には、裁判所内で暴力事件に発展する危険性さえある。そのため、ＤＶ被害者に対する安全確保には十分に配慮しなければならない。例えば、裁判所内で双方が顔を合わせないことや、調停終了時に退庁時間をずらすことなどである。

そして、三番目には対応の難しさがある。われわれ裁判所側も、かえってさらに傷を深めるような聞き方や説得をするおそれがある。例えば、「これだけ暴力を受けても、家を出なかったのはなぜですか」という通常の何気ない質問も、ＤＶ被害者によっては、暗に「家を出なかったあなたが悪い」「あなたの忍耐が足りないのも原因」と言われているように受け止め、さらに傷つくのだという。このような場合、「これだけ暴力を受けて、よく家で我慢できましたね」と聞いたほうが、自発的に理由を語ってくれるようだ。事実を確認する質問にも慎重な配慮が必要である。

5　DV事件に見る現代の家族

最後に、DV事件に見る現代の家族の特徴についてまとめてみたい。冒頭に述べた要吉とさと子の例はやや古い例だが、事例1と2はまさに現代のDVである。DV加害者は自身の正当性を信じて疑わず、被害者の反応を逆に「大げさ」「過剰反応」「でっちあげ」と非難し、被害者の振る舞いに被害感さえ持っていることもある。個人の志向性が多様化した現在、人は、自分の志向が相手を刺激していることに気づきにくくなっている。その一方、現代においてDV被害者は、ようやく被害を口にできる状況になった。今まで、被害者は、経済生活や子どもの養育、家族関係などから、「自分さえ我慢すれば」と自己犠牲的な感覚を持つことが多かった。それが、事例2のように、まずはシェルター等に別居のうえ、DV防止法に基づく保護命令の申立て、さらに離婚調停や離婚訴訟の申立てに至るというような道が開けた。事例2のような紛争パターンは今後も増えるであろう。

本来、家族とは、愛情と血縁をもとに構成された社会の基本集団のはずだが、DV問題を抱えた家族は、背後に隠れた、歪んだ役割関係や力関係が前面に出ている。逆に言うと、このような歪んだ関係が前面に出やすくなっているのが現代の家族の特徴ではないだろうか。現代は、相手がどのように考え感じているか、配慮しながら行動する必要があるが、精神的余裕がなくなると、自分が感じていることを相手も同じように感じているに違いないと勝手に思い込んでしまう。しかし、現実には相手が常に同じように感じているとは限らない。相手が予期しない反応をすると、対応できなくなり、パニックに陥る。事例のように、いつの間にか加害者と被害者になっていく。現代の家族には、このようなDVの芽が広範に潜んでいるのであろう。

6　おわりに

極めて稀なケースだが、もしDV加害者と被害者が「DVなき家庭生活を再構築する」という目標を共有できた場合、どのような治療・再出発手段があるのだろうか。まずは、被害者や子どものPTSDなどの治療が先決だが、それが一段落した段階で再統合に向け、加害者と被害者に長期的な精神療法や家族療法を行うことが考えられる。しかし、現実的にそのようなケースは非常に少ないため、DV事案に精神療法や家族療法を行う医療機関や相談機関は極めて少ない。もちろん再構築の試みがDV再燃となっては意味がない。現時点では、まずは引き離す対応が大半だが、修復という選択肢もあるはずなので、今後の治療技法研究の進展に期待したい。そうすると、DV事案だから即離婚調停というのではなく、円満調整調停という結論もあり得ると考える。

既に述べた通り、家庭裁判所を訪れる当事者の中には、DVの被害を受けた者が少なくない。DVの被害者は、深刻な被害を受けて心身ともに深く傷ついていることが多く、慎重な対応と十分な配慮を必要としている。家事調停は、裁判所の仲介のもと、当事者間で問題解決の道筋を話し合っていく作業である。そのため、深刻なＤＶがある場合には、調停機能が十分に果たせないまま終了する事件もある。しかし、ＤＶがあるからといって、何ら調停での解決が図れないわけではない。「ＤＶなき家庭生活を再構築する」こともあり得る。われわれは少しでも紛争解決に前進が図れるよう努力していきたいと考えている。

＊注１　ＤＶ防止法の正式名称は「配偶者からの暴力の防止及び被害者の保護に関する法律」である。二〇〇一年公布の後、二〇〇四年六月と二〇〇七年七月に改正があった。二〇一四年一月には、生活の本拠をともにする交際をする関係にある相手（内縁関係の相手）からの暴力およびその被害者にもこの法律が準用されるよう改正され施行された。

〈引用文献〉

（１）内閣府男女共同参画局「配偶者からの暴力被害者支援情報」http://www.gender.go.jp/e-vaw/dv/（二〇一四年十一月二十日アクセス）
（２）内閣府男女共同参画局「配偶者からの暴力に関するデータ」二〇一四年
（３）内閣府男女共同参画局「男女間における暴力に関する調査報告書〈概要版〉」二〇一二年
（４）小西聖子「精神健康の側面から見たＤＶ被害の実態と研究の課題」『国立女性教育会館研究ジャーナル』一四、二〇一〇年、一五－二二頁
（５）岡山県「医療関係者のためのＤＶ被害者対応の手引」二〇〇七年

（6）信田さよ子「ＤＶ加害者」、廣井亮一編『加害者臨床』日本評論社、二〇一二年、七五‐八三頁
（7）Ｌ・バンクロフト著、高橋睦子、中島幸子、山口のり子監訳『ＤＶ・虐待加害者の実体を知る』明石書店、二〇〇八年
（8）Ｌ・バンクロフト、Ｊ・Ｇ・シルバーマン著、幾島幸子訳『ＤＶにさらされる子どもたち』金剛出版、二〇〇四年
（9）渡邉明日香、藪長千乃「ＤＶが子どもに与える影響と支援のあり方に関する一考察」『文京学院大学人間学部研究紀要』九（一）、二〇〇七年、二九五‐三一六頁

Ⅱ 親子関係

児童虐待

鬮谷 篤

1 はじめに

二〇一一年、児童虐待の防止を図り、児童の権利擁護を図るという観点から、民法、児童福祉法その他の法律が改正された。民法においては、親権停止制度の創設、親権喪失および管理権喪失の原因の見直しなどの親権制限制度の見直しがなされた。以前の親権喪失宣告は、親権喪失の原因の定義が不明確で、一度親権を喪失すると回復が困難であり、親や家族との再統合も困難なことが多いことから、利用しにくいという実情があった。しかし、親権停止制度では、親権停止期間が二年以内と定められたため、親や家族との再統合を目指し、利用しやすくなることが期待されている。また、法改正により、子ども本人にもこうした申立てが認められるようになっている。

また、二〇一三年、家事事件手続法が施行されると、手続保障の確保が重要となり、裁判所だけが当事者の主張と証拠を知り、裁判所だけが足りない証拠を集めるというブラックボックス的運用が許されなくなった。例えば、児童福祉法第二八条第一項に基づく児童福祉施設入所及び里親委託申請許可の事件（二八条事件）がある。これは、虐待を受けている児童を児童養護施設で保護しようとしても、親権者や後見人である保護者がそれに同意しない場合、児童相談所が家庭裁判所にその承認を求める事件である。申立てが認められれば、親の意向に反しても、子を正式に施設入所させることができる。家事事件手続法の施行により、虐待をしたとされる保護者に児童相談所の主張書類の写しを送るなどにより、保護者が適時に、主体的に、必要な主張や書類を提出することが可能となっている。一方では、子が保護者に知られたくない意向や心情も伝わることになるという問題をはらんでおり、いかに工夫して伝えるかに苦慮している。

本稿では、家庭裁判所の家事事件に見られる児童虐待を通じて、最近の児童虐待の特徴について考えたい。

2　総論

(1)　児童虐待の分類

児童虐待防止のための法制度は、児童虐待の防止に関する法律（児童虐待防止法）が中核となっている。この法律は二〇〇〇年に施行されたが、その後も虐待死事件が絶えないことから、社会の児童虐待への関心の高まりとともに改正されていった。すなわち、対象が「虐待を受けた児童」から「虐待を受けたと思われる児童」に拡大されたり、市町村が相談窓口となったり、児童相談所の立入調査権限が強化されたりした。また、国および地方公共団体に、親子の再統合促進への配慮が求められている。それでもなお、児童虐待の相談件数は年々増加している。

児童虐待は、児童虐待防止法第二条で四つの類型に分類されている。すなわち、①身体的虐待（生命・健康に危険のある身体的な暴行）、②性的虐待（性交、性的暴行、性的行為の強要）、③ネグレクト（保護の怠慢や拒否による健康状態や安全を損なう行為）、④心理的虐待（暴言や差別など心理的外傷を与える行為）である。

(2)　虐待関連事件の裁判所における統計

司法統計によれば、二〇一三年の一年間の二八条事件の新受件数は二百七十六件であった（図1）。二百七十六件の二八条事件のうち、施設入所が認められたのは七二・七％であり、却下は七・二％、取下げは一九・七％であった。対象となった児童の性別は、男子が五三・〇％、女子が四七・〇％で、児童の年齢を見ると、ゼロ歳以上三歳未満が八・〇％、三歳以上就学前の児童が一六・九％、小学生が四二・二％、中学生が二三・七％、高校生・その他が九・二％となっている（図2）。虐待者については、実父が三一・一％、実母が五二・六％となっている（図3）。虐待の内容の内訳については、身体的虐待が百二件、性的虐待が十三件、心理的虐待が四十八件、ネグレクトが八十五件、その他四類型に直接合致しないものの保護者に監督させることが著しく児童の福祉を害する場合に該当するものが

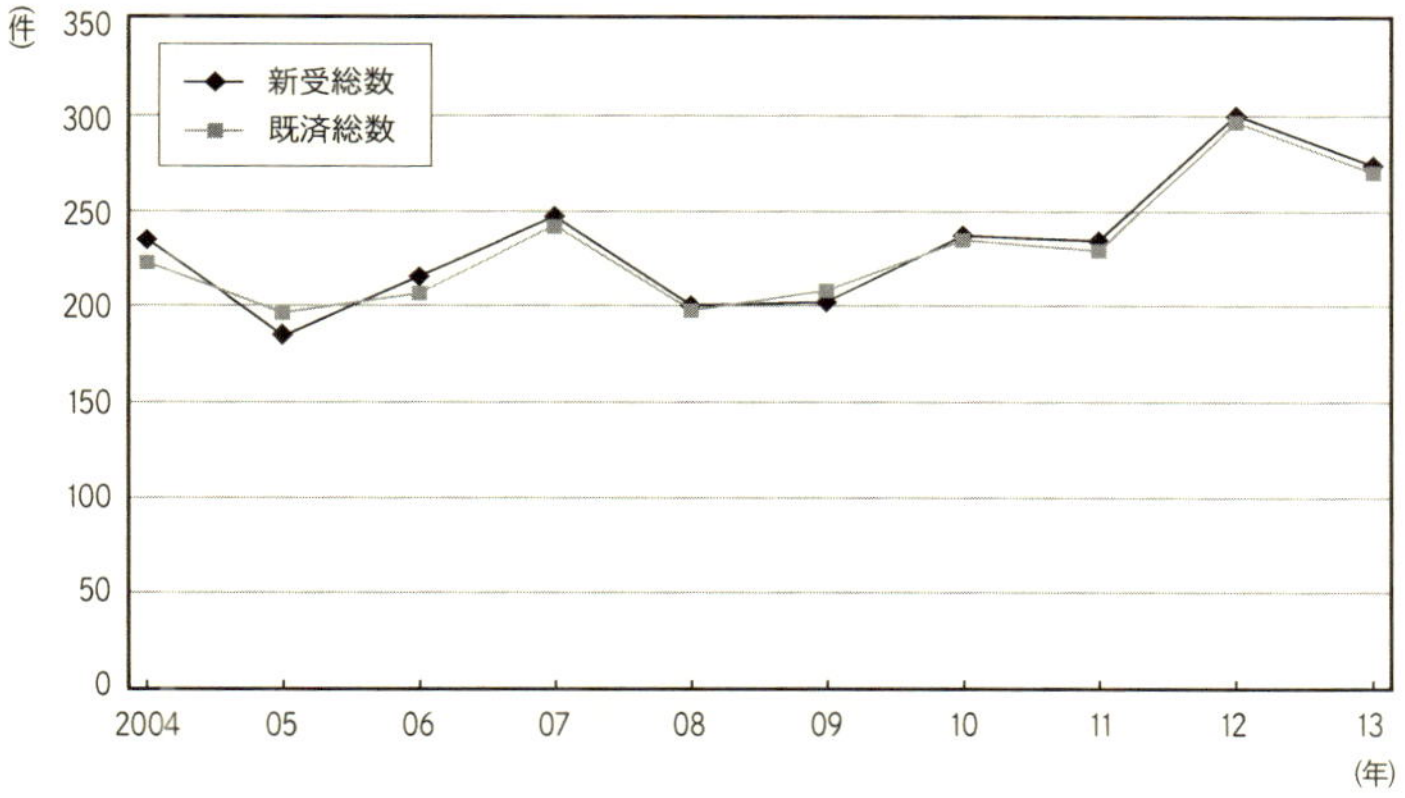

図1　28条事件の新受・既済件数の推移
（最高裁判所事務総局家庭局「児童福祉法28条事件の動向と事件処理の実情　平成25年1月～12月」2014年より一部改変）

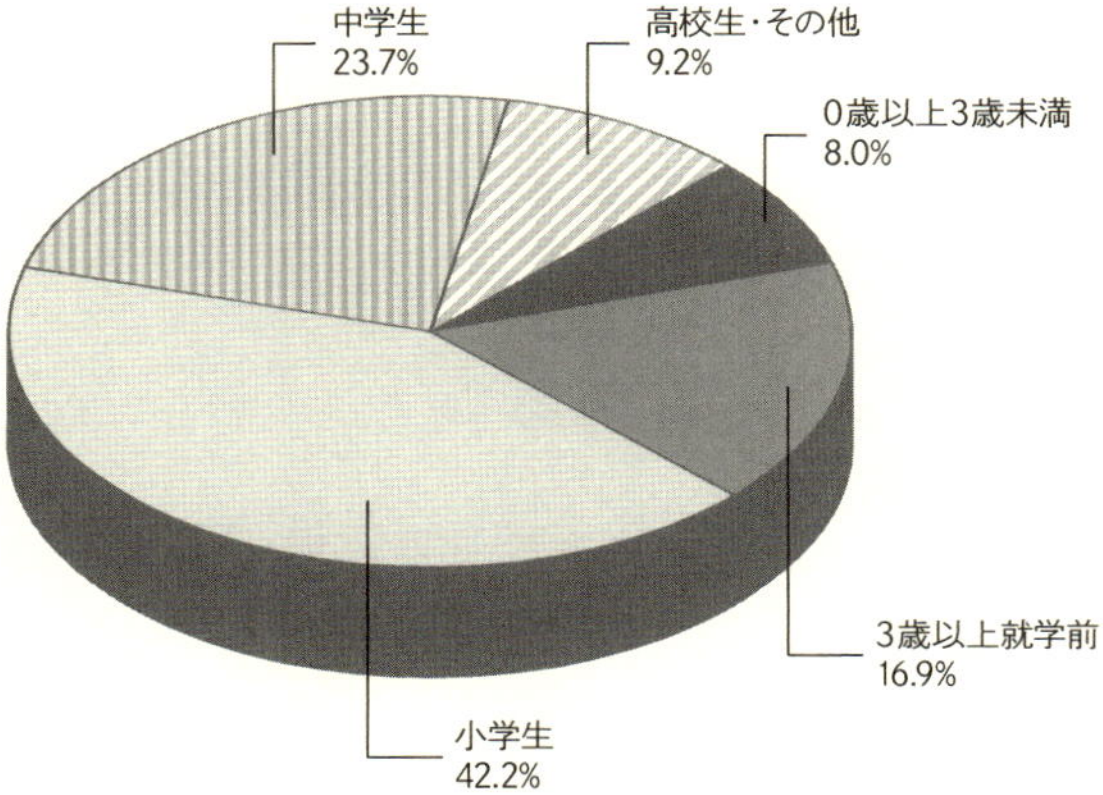

図2　28条事件の対象となった児童の年齢の割合（2013年）
（最高裁判所事務総局家庭局「児童福祉法28条事件の動向と事件処理の実情　平成25年1月～12月」2014年より）

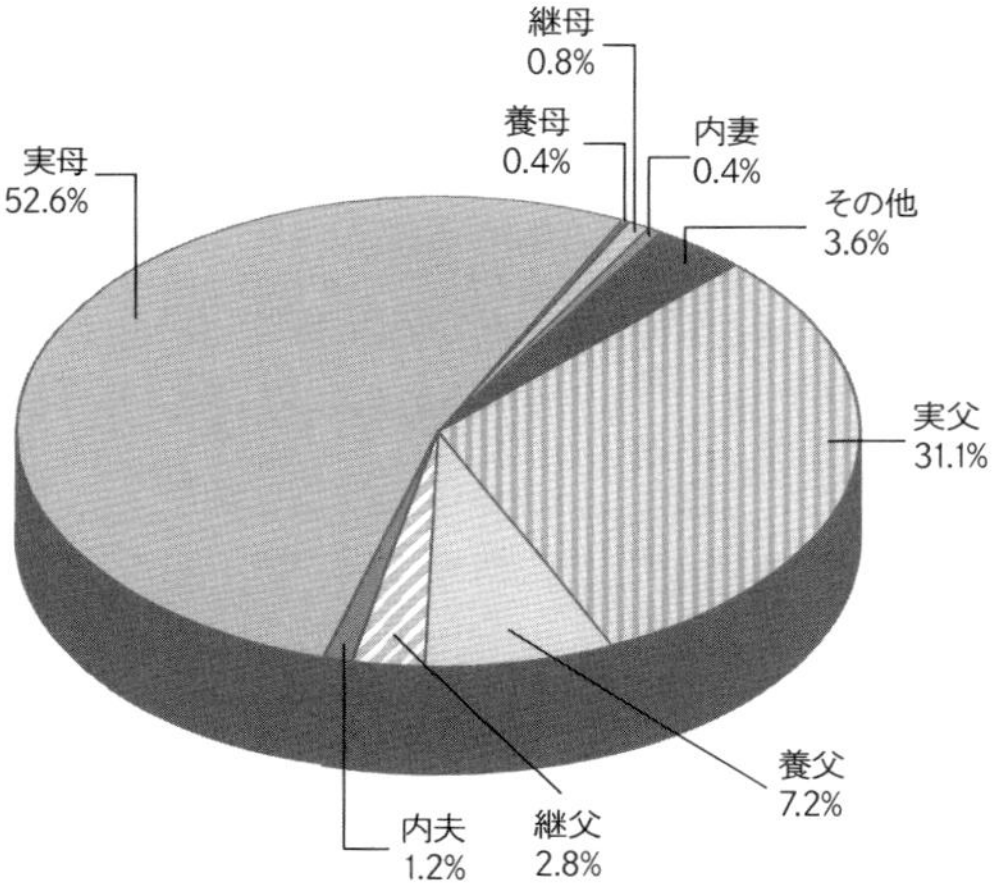

図3　虐待者の割合（2013年）

（最高裁判所事務総局家庭局「児童福祉法28条事件の動向と
事件処理の実情　平成25年1月～12月」2014年より）

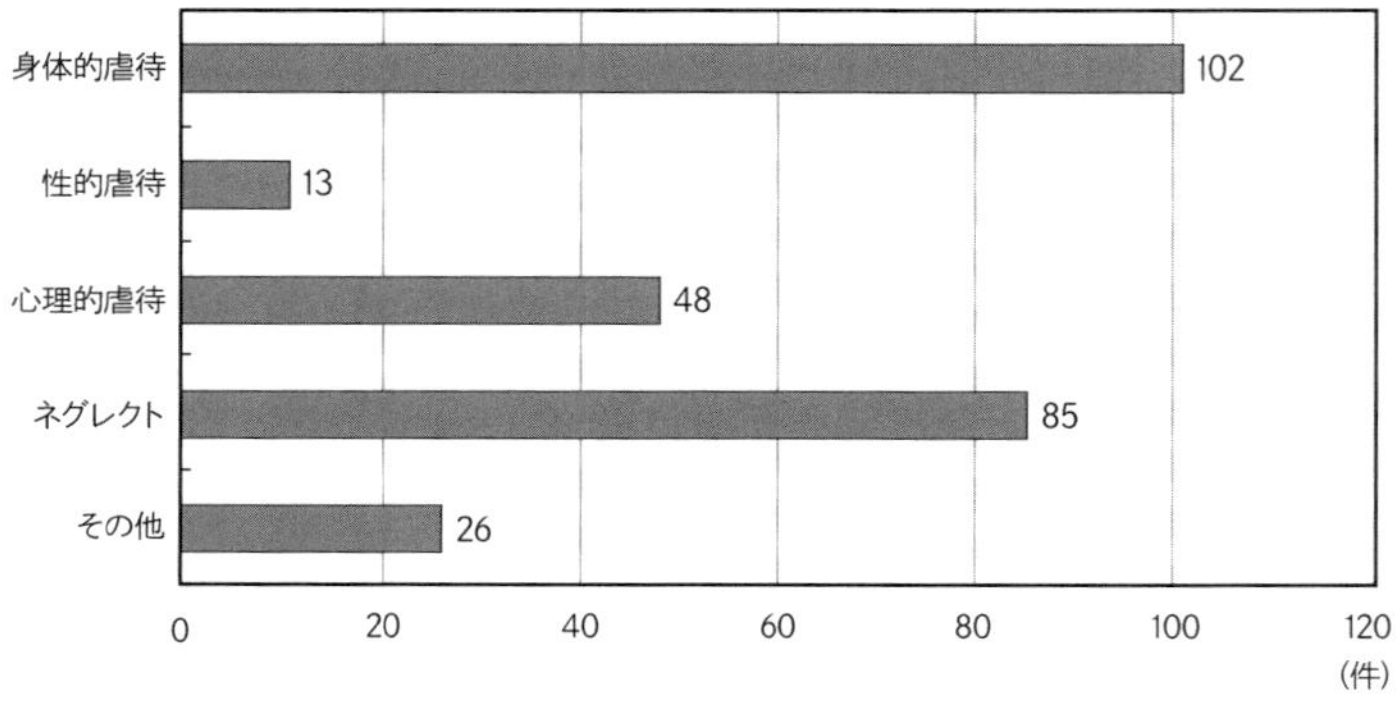

図4　虐待の内容（2013年）

（最高裁判所事務総局家庭局「児童福祉法28条事件の動向と
事件処理の実情　平成25年1月～12月」2014年より）

二十六件となっており、身体的虐待やネグレクトが主となっている（図4、重複集計あり）。

なお、児童福祉法第二八条第一項の承認を得てとられた施設入所や里親委託の措置の期間は、二年を超えてはならないという条件がある。二年を超えて施設入所措置を継続する必要がある場合には、家庭裁判所の承認を得て、その期間を更新することができるという規定になっている（児童福祉法第二八条第二項）。司法統計によれば、二〇一三年に家庭裁判所で認容された二八条二項事件は百十三件であり、その二年前の二〇一一年に百八十三件の二八条事件が認容されていることを踏まえると、半数以上の事例で更新が認められている。

(3)　虐待家族の特徴

虐待が起こった家族についての研究を見ると、虐待の要因はおおむね三つに大別される。坂井[1]は、①環境のストレス、②虐待を受けやすい子どもの特徴、③虐待しやすい親の性格特徴に分類している。松本[2]は、調査結果から、ステップファミリーや単身世帯の比率が多く、離婚等家族関係の変動が見られること、家庭内の暴力があること、解雇・失業等生活基盤が脆弱で貧困があること、社会的に孤立し、親族や知人の支援を受けられていないことを環境要因として抽出している。子どもの要因としては、病気や知的障害、発達障害といった育てにくさがあったり、いじめ被害にあったり暴力・非行傾向がある点、親の要因として、精神障害、人格障害、アルコールや薬物依存といった問題を抱えていたり、虐待の認識に乏しいなどの点を挙げている。こうしたリスク要因が複合的に重なり合うことで、子育ての困難が虐待問題として表面化するとの仮説を提唱している。

さらに、津崎・橋本[3]は、複合的多問題が相乗的に作用し合い、構造化・膠着化し、世代間連鎖を引き起こし、援助に向けた自発的ニーズの欠如によって、改善のための関わりが極めて困難であると指摘している。坂井[1]は、特に保護者の性格傾向の問題に着目し、権威に対する疑い深さや根本的な不信感、傷つきやすいプライド、子の治療者への嫉妬、過去の対人関係の再現、自己中心的言動があり、援助の妨げになると考察している。

神戸家庭裁判所の研究[4]では、二八条事件の保護者に多い特徴として、自ら子ども時代に虐待された経歴を持っていたり、他人に対する不信感が強く、正常な対人関係を持つことができず、自ら援助を求めることはなく、権威や福祉機関の介入や援助を拒否することが多く、変容を容易に期待しにくいことが挙げられている。さらに、津崎・橋本[3]は、児童福祉法第二八条第二項の申立てがなされて施設入所などの更新決定がなされた事例の分析結果から、次のような保護者および子の特徴を抽出している。保護者には、①精神的疾患が見られ、すぐに改善する見込みに乏しい、②生活能力に乏しく、基本的な生活訓練がなされていない、③児童相談所の指導措置にまったく応じない、④児童相談所への反発が強い、⑤家庭内での葛藤が大きく、保護者だけの改善では問題が解消できないといった要因、子どもには、①保護者への恐怖心が未だに強く、虐待の悪影響が現在も多く残っている、②保護者との基本的な信頼関係が築けていない、③保護者のもとに帰りたくないという意向が強い、④現状の環境（施設や里親宅）に落ち着いており、現在の適応状態を維持したいといった要因を挙げている。施設入所事案の多くは児童相談所の働きかけにより保護者が任意で同意しており、二八条事件は、いわば最後の砦であり、それだけに親子の再統合が困難な事例を扱っているのが家庭裁判所の特徴だと言える。

3　事例と考察

ここで二つの事例を紹介するが、いずれも年齢、家族構成も含め架空のものである。

(1)　A男

A男（十二歳、小学六年）は、六歳のときに母を病気で失った。父（五十四歳）は、全国を転々とする現場仕事で家にいないことが多かった。このため、A男は父から「自分のことは自分でしろ」としつけられていた。A男には八歳年上の兄がおり、食事は兄が父からもらった小遣いの中からコンビニエンスストア等で買ってもらっていたが、十分な量ではなく、A男はいつも腹をすかせ、体格は小柄なままだった。

A男には軽度の注意欠如・多動症（ADHD）があり、小学校入学後、忘れ物や他人の物を持って帰るといった問題が起きるようになった。また、身なりが不衛生で、入浴もろくにしていなかったため、A男は異臭を漂わせていた。このため、A男は同級生から距離を置かれ、いつしか学校に行かなくなった。学校はA男の状況を憂い、父に連絡するが、父に「俺が悪いっていうのか」と怒鳴られ、以後、着信拒否され、意思疎通ができなかった。

A男が小学五年のとき、父が体調を崩し、家にいるようになった。しかし、家でゴロゴロするばかりでA男の面倒はみなかったし、収入が激減したため、ろくに食事を与えなくなった。いつしかA男は万引きをして空腹を満たすようになった。万引きが見つかると父はA男を殴ったが、A男の万引きが収まることはなかった。ついには万引きが店員に見つかり、店員に暴行を加えたことで警察沙汰となり、児童相談所に一時保護された。児童相談所では、Ａ男の発育状態や衛生状態から見て、児童養護施設入所を父に勧めたが、父は自分に非はないとして施設入所に反対したため、家庭裁判所に二八条事件の手続が申し立てられた。

Ａ男は、施設や転校先の学校にすぐになじみ、一時保護時、小学一年程度だった身長・体重が小学二年程度にまで成長した。

家裁調査官が施設でＡ男と話をすると、今の生活のことは明るく話したが、父のことになると少しうつむきながら話すようになった。Ａ男は「あの家にいてもご飯も食べられないし、お風呂も入れない。こっちで友だちもできたし、帰りたくない」と心情を語った。一方で、「お父さんは嫌いじゃないし、病気が心配。でも、お父さんには僕が帰りたくないって言ってること、言わないで」と父を気遣った。Ａ男に父と会いたいかと尋ねると、少し悩んで「微妙」と答えた。

父は、児童相談所の連絡には反応しなかったが、家庭裁判所には呼出の通り出頭した。父は「子どもは放っておいても育つもの。働かないと食べられないし、自分は間違っていない。施設に入れる必要はない」と施設入所に反対した。父は児童相談所に対する不満を延々と述べていたが、自分が引き取るとは言わなかった。Ａ男が元気に暮らしている旨を伝えると、父は「そうか」とだけ答えた。なお、父は児童相談所の関与後、生活保護費を受給できるようになった。

(2)　B男

B男（十二歳、小学六年）は、三十五歳の母と二人で暮らしていた。両親は、B男が一歳のとき、父の借金や女性関係を理由に離婚した。離婚後、母は水商売で生計を立てていたため、B男は夜間一人さびしく過ごし、母の帰りを待っていた。こうして、B男は幼少期から昼夜逆転の生活となり、小学校は遅刻しがちだった。また、母は交通事故の後遺症でうつを発症し、家で寝込むことも多く、そうしたときはB男が学校にも行かず、つきっきりで看病した。母の仕事が長続きしないため、家計は厳しく、家も転々とし、一時は車上生活をしていたこともあった。

B男は発達障害を抱えていて、仲間の輪に入りにくい子だったし、勉強も運動も得意でなかったこともあり、学校にはあまりなじめていなかった。母なりにB男を心配し、体調が良ければB男を学校に送って登校させていたが、学校から特殊学級への編入を勧められると、学校が障害児扱いするからB男がストレスを感じるのだと考え、B男に登校しなくていいと指導するようになった。学校は母との話し合いを試みたが、いつも母が学校を非難するため、対応に苦慮していた。

B男が小学六年のとき、母が大量服薬により緊急入院したため、B男は児童相談所に一時保護された。B男の体格は小学一年程度で、おむつも外れず、足し算もできなかった。このため、児童相談所は、B男の発育を促すため、個別にきめ細やかに関わる必要があるとの判断から、里親委託の方針を決定した。母は退院後、虐待を否定し、強く引取りを希望したため、家庭裁判所に二八条事件が申し立てられた。

B男は、里親宅の生活となり、おむつが外れ、小学二年程度には成長した。転校先では特殊学級に編入し、漢字も計算も覚えられるようになったし、友人もできた。

家裁調査官が里親宅を訪問すると、B男は里母の陰に隠れ、険しい表情で家裁調査官をじっと見ていた。里母に促されると家の中を案内してくれたが、自室ではテレビゲームを始め、家裁調査官が話しかけても、反応がなかったり、質問に答えても話がふくらまないことが多かった。B男がお絵かき帳を手にしたため、見せてもらうと、母の絵ばかりが描かれていた。家裁調査官が母のことを話題にすると、B男は「ママは僕がいないとだめなんだ。僕も本当はママのことばかり考えて眠れないんだ」と言って涙を流した。これからのことを尋ねると、「ママと暮らしたい。でも、ここで暮らすしかないんでしょ」とうつむいた。

母は、自分の病気で十分養育できていなかったことは認めつつ、自身がかつて受けたいじめ体験から、無理に学校に行かせるべきではないと考え、B男を登校させなかったと説明し、涙を流しながら里親委託に反対した。

家庭裁判所としては、B男の意向に反するものの、適切な養育環境を与えるため、里親委託の決定をした。ただし、児童相談所に対し、二年間で母が生活基盤を立て直し、B男を引き取る態勢を整えるよう指示した。

(3)　事例の考察

事例は二例ともネグレクトの事案である。A男の父は「親がなくとも子は育つ」と言うが、事例のように、実際は適切な養育を施さないと、子どもは著しい発育の遅れにつながることが如実に表れている。ただし、A男の父もB男の母も、意図的に育児放棄しているのではなく、生活に余裕がなく、十分に子どもをかまえなかったうえ、保護者自身が病気を発症するなど、一層不適切な養育につながるという悪循環が生じている。保護者自身の生活が困窮しているだけに、自分が虐待しているという自覚につながりにくい。このため、いずれの保護者も、児童相談所から虐待を指摘されてもその事実を受け入れられず、突然悪者扱いされたことに動揺し、児童相談所に対して攻撃的に振る舞うようになっている。また、児童虐待の深刻なケースでは、事例のように、突然親子関係を切り離されることになる。保護者にしてみれば、喪失感の強さゆえ、子どもを失ったという事実を受け入れられず、反発に拍車をかけることもある。さらには、いずれの事例も、子が施設や里親宅に移った後、子の安全確保のため、保護者には子の居所や安否が知らされていなかった。B男の母は、親でありながら子の状況を知ることができず、親としての人格を否定されたような気持ちだったと訴えており、この点でも児童相談所への攻撃的な態度を強めている。

家庭裁判所では、施設入所決定に際し、極力、保護者の理解を得られるよう努めている。しかしながら、最終的には保護者が施設入所や虐待を認めなくても、施設入所を決定することとなる。実際、いずれの事例でも、保護者自ら施設入所に同意したり、虐待を認めることはなかった。ただ、A男の父は、児童相談所に対する意地もあり、引っ込みがつかず、施設入所に同意できなかったことを家裁調査官に対して漏らし、B男の母も、B男について調査報告書の閲覧を通じて、自分が養育するのがふさわしいという主張は崩さないまでも、それまでの感情的な言動は影を潜め、冷静な対応ができるようになっている。あくまでも児童相談所との立場の違いについて理解を求め、保護者の心情に配慮しつつ、事実関係について確認していくことにより、最初は反発しても、保護者自身が心情を整理したり、虐待の事実を少しずつ受け入れ、家族再統合のための素地としていくことに期待が見込める。

なお、いずれの保護者も、児童相談所の関与により生活保護費を受給できるようになり、経済的基盤が安定するようになった。そうした支援も保護者の心情安定に大きく寄与していると言える。

二八条事件に限らず、子の将来に関わる事件では、子どもの意向が問題となる。B男は母と別れたくないと言い、A男は父との生活は求めなかったものの、父を気遣っていた。子にとっては、虐待されたとしても親であることに変わりはないし、親がいるからこそ生きていられる。B男を例にとれば、さびしさから母を求め、夜も寝ないで母の帰りを待っていたし、学校にも行かずに献身的に母を支え、母がすべてだった。それだけに、親を否定することは、自分を否定することにもつながるので、子は簡単には親を切り離すことはできず、結びつきを強くしていた。ただし、B男は、母を求めつつ、現実には母との同居がかなわないことも認識しており、幼いながらもそうした現実を受け入れようとしている心中がうかがわれた。子が親に依存することについて触れたが、これはB男の母にとっても、苦しいときにB男に支えてもらったことから、B男という存在に依存し、B男を学校に行かせないことでB男をつなぎとめていた面があったと考えられる。

A男もB男も軽度の発達障害が指摘されており、学校の不適応の一因となっていた。しかし、いずれの保護者も乳幼児検診をきちんと受診させていないという背景事情があり、学校で問題が起きても、軽度なだけに障害としての認識には至らず、適切な教育につなげることができなかった。A男の父は生活ばかりに関心が向き、子の特性に対する関心が乏しく、B男の母は障害児扱いされることへの抵抗感が背景として認められる。

4　児童虐待事件に見る現代の家族

(1)　家族が抱える問題

家庭裁判所で扱う児童虐待に見られる現代の家族は、周囲の社会資源や経済基盤といった環境、保護者および子それぞれが生活上不利となる問題をいくつも抱えている場合が多い。しかも、そうした問題が相互作用しながら悪循環し、生活負因を強めていることが現代の家族の特徴として指摘できる。近年では離婚は珍しいことではなくなり、一人の親で子を育てる家庭も多い。さらに、子を育てている保護者が精神的健康を害している事例も珍しくない。保護者の精神的健康に問題があれば、他者と円滑な関係を築きにくくなるし、また、他者に対する不信感を抱くようになり、社会的に孤立したり、トラブルになり、仕事が長続きせず、経済的に困窮してしまう。孤立してしまうため、福祉的支援につなげられないし、他者への不信感を強めると援助を素直に受け入れることもできない。結果として経済的困窮や被害感を強め、家族は孤立し、保護者の心理状態は一層不安定となる。虐待の場合、そのような行き場のない保護者の心理状態が子への攻撃として現れたり、あるいは無気力による育児放棄につながっていると言える。

また、子に発達障害が疑われる事例が多いことも現代の家族の抱える問題として指摘できる。子に発達障害のような問題があると、今まで述べたような悪循環に拍車がかかる。保護者が子の発達障害を指摘されるのは、乳幼児検診が端緒となることが多い。しかし、ひとり親家庭のため、一日でも自己都合で仕事を休めば職を失うとの不安から、受診しなかったという保護者も増えている。社会的孤立が加われば、保護者は育てにくい子という意識を強め、一人悶々とすることとなる。また、最近でこそ発達障害が世間に知られるようになってきたが、普通の子だと言って特殊学級への編入や服薬を拒否する親は多い。子に適切な療育がなされないまま、子は失敗体験を重ね、不適応感を強め、ひいては問題行動や心身症状として表面化し、さらなる虐待のリスクを強化していると言える。二八条事件で対象となる子に小学生が多いのは、学校生活等社会との接点が増えることに伴い、先述の問題が露呈しやすくなり、育てづらさにつながっているためと推察される。さらに、子のみならず、保護者自身に発達障害や知的障害が疑われる事例も散見される。このため、今後親子双方に対する療育支援の充実が不可欠となると考えられる。

杉山[5]は、虐待を受けた子の特徴から、第四の発達障害を提唱し、主としてアタッチメントの障害と慢性のトラウマを指摘している。子が対人関係に問題を抱えれば、将来大人になり、悪循環が世代を超えて再現されることにつながる。家庭裁判所で出会う当事者は、望まない妊娠や堕胎費用が捻出できず、やむなく子を産んでいる場合も多く、虐待のリスクは出産時から認められる。

いろいろな要因が絡み合っているだけに、リスク要因の除去は容易ではない。その中でも、生活保護のような経済的な支援は、生活基盤の安定や福祉的支援の受け入れの端緒となり得るため、処しやすい援助だと言える。

(2)　保護者の虐待に対する認識

二八条事件のみならず、家庭裁判所で出会う当事者は、しつけとしての体罰を容認する傾向がある印象を受ける。虐待する保護者はもちろんのこと、虐待された子自身、「自分が悪いのだから仕方がない」と答える傾向がある。当事者の経歴を聞けば、そのような背景として、家族関係はもちろん、部活動や職場の中でも体罰を受け、暴力もやむなしとの考えを学んでいる場合が多い。保護者の中にも、体罰に開き直る親もいれば、否定する親もいる。否定した場合でも、子の実情を突きつければ認めるが、それでも過小評価する傾向が見られる。傍目にわかりやすい身体的暴力でも否定しがちなのに、ましてや被害が直結しにくいネグレクトであれば、虐待していると自覚しにくく、「自立」を名目にできる面もあり、虐待の事実は受け入れ難くなる。保護者自身の余裕のなさが加わると、なおさら頑なになってしまう。法手続的には、虐待を認めない保護者に対し、いくつもの事実関係を突きつけていくことで施設入所の結論を導くことになる。中には、家庭裁判所の手続に移行した後、保護者が任意で施設入所を認め、児童相談所が手続を取り下げて終局することもある。しかし、審判により、二年の時を経てもなお児童相談所への反発が続く事例が多いことから見て、保護者にしてみれば、虐待という事実を受け入れるのは容易ではないことが汲み取れる。

(3)　虐待を受けた子の親に対する思い

二八条事件で出会う子どもたちは、虐待を受けてもなお親にしがみつく子もいれば、顔を強ばらせ、親を拒否する子もいて、さまざまである。子にとって、親に虐待されることよりも、親に捨てられることのほうが恐怖である。それだけに、親を完全に拒否するには、親に捨てられる恐怖に打ち勝つ以上に心身ともに満たされる必要があると言える。A男の場合、さびしさを抱えながらも、物質面で満たされたことで、親元へ帰りたくないという心情の変化につながっている。虐待を受けた子どもへのケアのポイントは、まさにここにある。被虐待児に対しては、親に捨てられる不安や恐怖、怒りを乗り越える、精神的な成長を育む必要があろう。特に、これまで触れてきたように、近年では障害を抱え、自分の心情を語ることが難しい子が多いことから、被虐待児に関わる大人がいかに子の心身の状況について理解を深め、また、いかに工夫して子の心情を汲み取るかが課題となろう。

5　おわりに

二八条事件が申し立てられ、虐待を裏づける事実と子の安全の危険の因果関係が認められれば、家庭裁判所は、一刻も早い子の保護のため、当事者の意に反し、親子を切り離すという強制力を発揮することとなる。形式的には、保護者を否定することになる。その一方で、親子再統合を最終目標に据えており、短期間で援助のニーズがなく、敵対心をむき出しにする相手にいかにして家族の機能不全の回復のために関わり、児童相談所への橋渡しをするかに難しさがある。

これまで家庭裁判所で見られる保護者の特徴の一つとして、児童相談所への反発を指摘した。しかし、家庭裁判所の手続が必要な事例は、児童相談所が扱う児童虐待の中でも一握りであり、それだけに対応困難な保護者を相手にすることとなる。言うまでもなく、二年間で親子再統合を図れなくても、児童相談所は再統合に向けた努力をしている。これに対し、家庭裁判所は、二年ごとの施設入所の更新、保護者の指導についての勧告、保全処分や臨検といった緊急対応ができるようになったものの、その件数はまだ少なく、虐待事例での関与が増えたとは言い難い。ただし、家庭裁判所では、別居した親子の面会交流の充実に力を入れており、当事者に対し、別居や離婚後の両親の子育て参加を意識させることにより、社会的孤立を防いだり、親教育により支援を受け入れる素地をつくったり、子への関わりについて振り返らせている。このような働きかけをする形で、家庭裁判所は間接的に虐待のリスク低減を目指している。

〈引用文献〉

（1）坂井聖二『子ども虐待への挑戦』誠信書房、二〇一三年
（2）松本伊智朗『子ども虐待と家族「重なり合う不利」と社会的支援』明石書店、二〇一三年
（3）津崎哲郎、橋本和明編『児童虐待はいま』ミネルヴァ書房、二〇〇八年
（4）神戸家庭裁判所「児童虐待に関連する家事事件の調査方法及び関係機関との連携」『家庭裁判月報』五二（一〇）、二〇〇〇年、一一三－二〇七頁
（5）杉山登志郎『子ども虐待という第四の発達障害』学研教育出版、二〇〇七年

〈参考文献〉

飛澤知行『一問一答　平成二十三年民法等改正』商事法務、二〇一一年
最高裁判所事務総局家庭局「児童福祉法二八条事件の動向と事件処理の実情　平成二十四年一月～十二月」二〇一三年

II 親子関係

面会交流の争い

吉永宏之

1 はじめに

二〇一一年の民法等の一部改正により、離婚後の子の監護に関する事項として、面会交流や子の監護費用（養育費）が明示され、これらを定めるに当たっては子の利益を最優先に考慮するべきことが明記された。同改正法は二〇一二年四月から施行されており、協議離婚届にもこの二点について取り決めの有無のチェック欄が設けられるようになった。離婚や別居を考えるすべての親が、子どもの立場に立って、面会交流のあり方を模索していく時代に突入したと言える。

改正後の民法第七六六条第一項では「父又は母と子との面会及びその他の交流」と規定されており、ここで言う「面会」とは、実際に父または母が子どもに会うことを指し、「その他の交流」とは、より広く、電話、手紙、メール等による意思疎通を含んでいる。

家庭裁判所では、この「面会」と「その他の交流」とをまとめて「面会交流」と呼ぶ。何らかの理由で離婚または別居するに至った夫婦のうち、子どもと別居して暮らす親（非監護親）が、子どもと直接的あるいは間接的に交流することを指す。また、家庭裁判所では、子どもと直接的あるいは間接的に双方向的な交流をする以外に、非監護親が一方向的に子どもの行事を見学したり、子どもに対して手紙を書いたり、子どもと同居する親（監護親）が子どもの状況を記載した書面、写真、ビデオ映像を非監護親に送付することも、広い意味での面会交流に含めている。このように、家庭裁判所で面会交流と言う場合には、親子の双方向的な交流のみでなく、一方向的な行為や、親同士の情報交換も含んでいる。

家庭裁判所で面会交流が取り上げられる主な事件類型は、「面会交流」「夫婦関係調整」「親権者変更」「監護者指定」「子の引渡し」である。

2　総論

(1)　事件統計

最高裁判所事務総局家庭局の家事事件・人事訴訟事件等基本統計表を見ると[1]、二〇〇三年と二〇一三年の比較で、審判は六百三十八件から千六百八十四件と二倍以上に、調停は四千二百三件から一万七百六十二件とこれも二倍以上に、それぞれこの十年間で事件係属数が著しく伸びていることがわかる。

(2)　審判例の動向

そもそも面会交流事件が他の事件の一部として取り扱われるだけではなく、それ自体単独の事件として係属することが増加したのは、平成の時代になってからである。以後、現在に至るまでさまざまな審判例が積み重ねられてきたが、二〇〇〇年頃からは、原則として面会交流を実施するという方向性が強まり、その例外として、面会交流を禁止または制限すべき事由にどのようなものがあるかについて決定例や審判例が積み重ねられた。

まずＤＶ（夫婦間暴力）が挙げられる。非監護親（父）による監護親（母）への暴力がある事案で、監護親がＰＴＳＤ（心的外傷後ストレス障害）と診断されている中で面会交流を実現させるのは、監護親に心理的負担を与え、子の福祉も害するおそれが大きいとして、申立てを却下した審判例（東京家裁二〇〇二年五月二十一日審判[2]）がある。その他、非監護親による監護親への暴力等を背景に却下で終局した審判例が同時期に多数存在する。

次に約束違反が挙げられる。一度調停で決めた面会交流の調停条項を守らず、監護親（父）に無断で子に会いに行き、連れ回す等して誘拐容疑で逮捕された非監護親（母）について、一切面会交流を禁止した審判例（横浜家裁相模原支部二〇〇六年三月九日審判[3]）がある。面会交流においては、互いに決めたルールをしっかりと守るという大原則があり、それを破った側に対して厳しく判示した内容である。

次に再婚が挙げられる。監護親（父）が再婚し、再婚相手の女性と子が養子縁組をしている事案で、非監護親（母）と子との宿泊つきの面会交流は生活感覚やしつけの違いから子の心情や精神的安定に悪影響を及ぼす危惧が否定できないので避けるのが相当として、原審判の内容を変更し、日帰りでの面会交流のみ認めた決定例（大阪高裁二〇〇六年二月三日決定）[4]がある。同様の事案で、監護親（父）が再婚し、再婚相手の女性と子が養子縁組をしているため、非監護親（母）と子との直接の面会交流を否定し、将来の面会交流が円滑になされるよう監護親（父）が非監護親（母）に対して子の写真や通知表を送るよう命じた審判例（京都家裁二〇〇六年三月三十一日審判）[5]もある。いずれも再婚家庭で育つ子が新しい家庭で適応できるよう配慮した結果、面会交流を制限した内容と言える。その他、言うまでもないが、非監護親による子どもへの虐待も面会交流を禁止または制限すべき事由となるであろう。

二〇〇六年以降は、より個別具体的な、事案に即した決定例、審判例が示されるようになった。子ら三名のうち、一番上の長女のみ面会交流を認めた審判例[6]、面会交流の実施に当たり第三者の介在が相当と命じた審判例[7]、面会交流の方法として手紙の送付を命じた審判例[8]、面会交流の頻度および時間を段階的に増加させるのが相当とした決定例[9]などがある。

現在は、面会交流を実施することで子の福祉が害される特段の事情が認められない限り、基本的には調停段階で面会交流を実施する方向で調整する事案が多い。紛争性が高い事案においては、当事者間でのやりとりをなるべく少なくするために、詳細な調停条項の取り決めが必要になる場合がある。また、条項の解釈が多義的にならないよう留意している。

今後、最高裁判所の決定[10]を受けて、家庭裁判所の審判または調停において、「間接強制」（家庭裁判所が、監護親に対し、面会交流の不履行について一定金額の支払いを命じるもの）ができるような審判や調停条項にしてほしいと求められる事案も出てくるものと思われる。しかし、最高裁判所決定でも述べられている通り、そもそも非監護親と子どもとの面会交流について定める場合、子どもの利益が最も優先して考慮されるべきであり、面会交流は、柔軟に対応することができる条項に基づき、監護親と非監護親の協力のもとで実施されるのが望ましい。よって調停では、柔軟性のある抽象的条項で成立させることが多い。

以下では、面会交流の具体的事例をもとに考察を行い、そこからうかがえる面会交流の意義・目的や、実施上の留意点、事案から浮かび上がる現代の家族の特徴を検討してみたい。なお、事例に関しては、秘密保持に配慮し、本質を損ねない程度に適宜修正、加工を行っている。

3　事例と考察

(1)　父子間の面会交流事例

家庭裁判所に係属する案件は母が監護親である場合が多く、父子間の面会交流が主流だが、最近では父の育児関与が増える中、父側の主張が強くなっており、調整困難な事案が多い。

A子（女児、小学二年）の母は、父のDVを主な理由としてA子を連れて別居した。父母別居後ほどなくして母から夫婦関係調整（離婚）調停が申し立てられ、その直後に父から面会交流調停が申し立てられた。さらに父からA子の監護者指定・引渡し調停が申し立てられ、結局いずれの調停も不成立となり、監護者指定・引渡しが先に審判となり、母が監護者に指定され（父の主張は却下され）、離婚については訴訟となった。父子間の面会交流はまったく実施されておらず、紛争性の高さがうかがわれた。

母は、調停の中で、自身が父（夫）から受けたDV被害により「PTSD」と診断されたことを理由に、面会交流には絶対に応じられないと述べた。調停は難航し、調停に立ち会っていた家裁調査官が調査を実施することになった。

父との調査では、A子の写真を持参させ、同居当時の出来事を想起してもらいながら、育児関与の詳細を確認した。DVの実態についても確認した結果、その一部を認め、反省の弁を述べた。父はA子の話をしながら目に涙をためるなど、A子への思いが感じられた。

母との調査では、DV被害者である母の二次被害に配慮しながら、できるだけDVの実態を把握するよう努めた。また、父の育児関与について、母はその一部を認めていた。

A子が通う小学校の担任教諭からA子の状況を確認した後、家庭裁判所の児童室でA子の心情調査を実施した。当初A子は父に関して否定的な発言ばかりしていたが、家裁調査官が、父はA子の宿題を見ていたこと（母もこの点は認めていた）、調査時にA子の話をする際、目に涙をためていたことを伝えたところ、A子は「今すぐには会いたくないけど、お父さんがどんな人なのかは知りたい」と語った。

調査後、調停が数回重ねられたが、A子の陳述をもとに粘り強く調整を続けた結果、父子間で手紙による間接的な交流を行うことから始めることで合意し、調停が成立した。

父子間の面会交流事案では、Ａ子の事案のように、監護親である母が父のＤＶを理由に面会交流を拒否する場合が多い。また、明らかなＤＶが見られないケースでも、母が離婚または別居に伴う経緯で傷つき、感情的に面会交流を拒否する場合も多い。

(2)　母子間の面会交流事例

最近は、父が子の親権者、監護者になるケースも見られるようになり、必然的に母子間の面会交流事案も増えてきた。

Ｂ男（男児、小学一年）の母は、不貞を理由に家から追い出され、既に一年以上Ｂ男と会っていなかった。父母の離婚訴訟は、母の不貞が認定される形で終結したが、訴訟中に母から面会交流調停が申し立てられた。

調停開始当初、監護親である父は面会交流の実施に拒否的であった。しかし、代理人弁護士による説得や、離婚訴訟が決着したこともあり、少しずつ姿勢を軟化させ、まずは家庭裁判所の児童室での面会交流の試行から始めたいと述べた。母もこの提案に乗り、家裁調査官が関与する形で次回調停までの間に面会交流の試行がなされた。

一回目の試行場面では、Ｂ男は緊張し、母に心を許さず、悪態をついた。家裁調査官がＢ男の緊張をほぐすために、箱庭（心理療法の一つで、四方を木枠に囲まれた箱の中に砂が入っており、そこに人形、動物、草木等の玩具を自由に置いていってもらうもの）を実施したところ、Ｂ男は二つの家を両端に配置し、それらを線路でつなぐ場面をつくった。しかし、Ｂ男の母に対する悪態は試行の終了時まで続く形となり、母にはつらい場面となった。

試行結果から、B男の気持ちの中では、父母間を自由に行き来したい気持ちがあるように思われ、父にこの点を伝えた。母は試行後の面接で、家裁調査官に対して「もう自分は身を引いたほうがよいのでしょうか」と述べ、面会交流を求めることに弱気になっていた。

二回目の試行で、父母に同席を依頼し、B男に関する話題で父母が穏やかに会話する姿をB男に見てもらうと、B男は急に母に悪態をつくことをやめ、母と遊ぶようになった。試行後、B男は父宅でやや情緒不安定となり、爪噛みが再開したが、最終的には月一回程度、母子間の面会交流を実施する方向で調停が成立した。

面会交流の試行を通じて、父母が子のために成長を遂げ、それを見た子が変化する場合も多い。B男の事案でも、父母が互いに言葉を交わすことを目標として試行を実施した結果、親同士が何とか会話をし、それを見たB男が急に母に悪態をつかなくなった。B男は、幼いなりに、父は母を嫌っている、それは母が悪いことをしたからだと考えていたのだろう。その父が、母と穏やかに会話している様子を見て、自分の認識を改めるきっかけを得たようである。

母子の面会交流では、子どもが面会交流実施後に不安定になるケースが多いように感じる。これは同居中の母子関係のあり方にもよるが、まだまだ日本においては母子の密着度が強いのかもしれない。その結果、父は、子どもが母になびくのではないかという不安を常に抱えながら面会交流に応じるため、頻度を抑えようと躍起になったり、つい拒否的な態度になってしまう。このような父には、実際に子どもを養育していることに自信を持ってもらったり、将来的に子どもに感謝されるであろうことを理解してもらう必要がある。しかし、実際はこれがなかなか難しい。

4　総合考察

(1)　面会交流の目的や意義

子どもが非監護親に会うことはなぜ必要なのだろうか。監護親側は、常にこの疑問を持ち、家庭裁判所の現場で働く家裁調査官らに投げかけてくる。

山口[11]は、面会交流の究極の目的は、子どもが親を知り、その親の愛情を確認して安心して育つことにあるのだと述べている。先ほど紹介したA子がそうであったように、自分の親がどのような人物なのかを知りたいというのは、どの子どもにとっても普遍的なテーマなのだろう。監護親側は、非監護親を悪い人物と見立て、それゆえに子どもに会わせたくないと主張する場合があるが、子どもの福祉を害するような事態が想定されない限り、会わせること自体意味のあることなのだと考えたい。

松本[12]は、一方の親が子どもを独占するのは子どもの福祉のためにならず、親の責任のあり方として子どもを他方の親と交流させる義務があると述べている。B男の父は、当初、母の不貞を理由に面会交流に拒否的であった。しかし周囲の説得や、B男の本心を垣間見る機会を得て、それがB男の福祉のためにならないと考え直したのだろう。

(2) 面会交流を実施する際の留意点

面会交流を実施するうえでの留意点は、これまで最高裁判所や各家庭裁判所でパンフレット等が作成されており、詳細はそれらを参照してほしい。父母間で約束事を決め、それを互いに守ること、互いを信頼し、相手の監護状況や面会交流状況を根掘り葉掘り聞かないこと、互いに相手の悪口を子どもに吹き込んだりしないこと、何より子どもの心情や体調、生活状況を最優先し、子どもが喪失感を抱かずに済むよう、長期間、継続的に実施することが求められる。

(3) 家庭裁判所における実践上の工夫

▼ＤＶＤや絵本

家庭裁判所において、ＤＶＤ（最高裁作成「離婚をめぐる争いから子どもを守るために」）や絵本（Ｖ・ランスキー著、中川雅子訳『ココ、きみのせいじゃない』太郎次郎社エディタス、二〇〇四年、ボー・Ｒ・ホルムベルイ著、ひしきあきらこ訳『パパはジョニーっていうんだ』ＢＬ出版、二〇〇四年等）を用いて働きかけをする場合がある。いずれも離婚という危機場面に遭遇する子どもの気持ちが丁寧に描かれており、親に求められる配慮について考えさせられる。親が親としての機能を十分に発揮できない場合に、これらのツールがそうした機能を自覚させるための役割を担う。なお、これらのＤＶＤは各庁に配布されているほか、裁判所ウェブサイトの動画配信用ページでも視聴できる。

▼子どもの調査

家裁調査官は、必要に応じて子どもの心情、意向の調査を行う。調査の際、その子どもが好きな遊びを一緒にしたり、話しやすい普段の生活の話から始める等、緊張をほぐせるような配慮を行う。また調査前に、調査趣旨について、その子どもの言語理解力に合わせた言葉やわかりやすい図表等を用いながら丁寧に説明する。子どもが発した言葉を評価する際、その評価が微妙な年齢の子どもほど、その言葉がどのような状況、場面設定の中で出てきたものなのかが重要になる。さらに、調査結果の扱われ方についても、なるべく丁寧に説明する。ある事案の小学一年の子どもが、「私のお話がどんなふうに使われるのか怖い」と述べた。年齢が低い子どもでも、自分の話したことが今後にどのような影響を及ぼすのか、かなり気にしていることがわかる。

子どもが非監護親に対して否定的な発言をした場合のフォローも重要とされている。山口(11)は、子どもの頃に調査場面で父に対する否定的発言をした結果、面会交流が実施されなくなり、後々五十歳代になってうつ病を発症した女性の例を記載している。子どもの調査の最終場面で、意向表明をしてくれたことに感謝しつつ、最終的には大人の側でしっかりと考えて決めること、子ども自身が発言したことによってすべてが決まるわけではないので責任を感じる必要はないことも説明している。

▼面会交流の試行

当事者間での自主的な面会交流に不安がある場合に、家庭裁判所の児童室で家裁調査官立会いのもと面会交流を試験的に行う場合があり、現場ではこれを「試行」と呼んでいる。試行をする場合、その目的や方法を吟味するにとどまらず、実施時の状況を当事者とともに予想し、非監護親には対応をシミュレーションしてもらい、監護親には結果を長いスパンで考えてもらえるよう事前に話をしている。

面会交流が困難な事案ほど、当事者間で円滑に面会交流が実施できるようになるまで、家庭裁判所の丁寧なケアが求められる。B男の事案のように、何度か面会交流の試行を繰り返すといった調整が求められる場合もある。ケースはまさに千差万別であり、今後、家庭裁判所の対応もますます柔軟性が求められるようになるのではないかと思われる。

▼第三者機関の活用

面会交流について、日程の連絡調整や当日の立会いを援助する各種第三者機関が存在するほか、行政機関が面会交流支援を行っている所もある。子育て支援センター関連の施設が各所に新設されている地域もあり、同所が面会交流場所になる事案も多い。そのような施設では、保育士資格を有する職員が常駐しており、当事者同士が第三者の目を意識して互いにもめずに済むという利点がある。

(4)　家事事件手続法下における実務の改正点

二〇一三年一月から家事事件手続法が施行された。子の意思尊重に関しては、家事事件手続法第六五条で規定され、子がその結果により影響を受ける事件においては、子の陳述の聴取、家裁調査官による調査その他適切な方法により子の意思を把握するように努め、子の年齢および発達の程度に応じて、その意思を考慮しなければならないとされている。

調停では、親からの間接的聴取から始めるが、親同士の認識が異なる場合、家裁調査官の調査を実施することになる。裁判所が子の意思（ニーズ）を把握し、親にそれを十分理解してもらったうえで、子の福祉実現に向けて協議してもらうところに新制度の主眼がある。

面会交流事件等では、子どもの手続代理人が認められることになり、今後、同代理人の活用が具体化されていくものと思われる。

5　面会交流から見た現代の家族

(1)　面会交流の阻害要因

A子の事案では父のDVに対する母の不安感が、B男の事案では母の不貞に対する父の憤りが、それぞれ面会交流の阻害要因となっていた。DVや不貞以外にも、父母の係争状態（多数事件の係属、別居時の連れ去りの存在等）、性格的な問題（約束を守れない、被害意識が強い、実家依存が強い等）、経済的負因（移動にかかる費用が払えない等）、宗教的背景の相違、家族観の相違（監護親自身が離婚家庭で育ち、片方の親と面会交流をしていない等）が阻害要因となる事案も多い。また、子どもが情緒不安定だったり（この場合、監護親がそのように思い込もうとしていたり、監護親の不安が子どもに投影されている場合が多い）、発達障害を有していたり、親の意向に完全に取り込まれていたりすると、それを理由に監護親が面会交流に拒否的になることもある。監護親が別居後に遠方に転居してしまうと、そもそも物理的に面会交流が困難になる場合もある。

そういった家族の内的要因以外にも、例えば実家の親や親族あるいは仲人らの介入といった外的要因によってかえって面会交流がこじれたりするケースもある。

(2) 阻害要因から見た現代の家族の様相

今まで述べたような家族の内的、外的要因が重なり、面会交流が実施できなくなるのだが、こういった要因の背景には、現代の家族自体の脆弱性、父母がさまざまな理由から親として十分に機能しておらず、結果的に外部からの介入を受けて、ますます事態を混乱させている様相がうかがえる。親は状況に飲み込まれ、自らを客観視するような姿勢になりにくい。これは、親自身の癒しや外部からの励まし、援助が不足しているからなのかもしれない。しかし、双方は互いを責めるばかりで、夫婦の問題と親子の問題を切り離せず、結果的に子どもを紛争に巻き込んでいる。紛争に巻き込まれた子どもが不安定となり、それを見た監護親がますます面会交流に拒否的になるという悪循環も見受けられる。子どもの心情としては、非監護親の虐待等、特殊な事情がない限り、父母の復縁を期待しつつ、それがかなわないなら、せめて穏やかに面会交流をさせてほしいといった気持ちなのではないかと思われる。親の機能が不十分な中で、むしろ子どものほうがしっかりとし、父母の間をちょうどうまく取りなすような面会交流に関する意見を述べることがあり、子どもの力に驚かされることがある。

6 おわりに

法律として面会交流が明文化され、家庭裁判所としては子の福祉に反しない限り面会交流を実現させたいところだが、実際はなかなか法が思い描くようにならないことも多く、法と当事者の意識が葛藤する場面が多い。

そういった状況下で、面会交流紛争を解決するために家庭裁判所が行うべきことは、やはり弱体化している親の機能をいかに回復させるか、ということになるだろう。

神田橋[13]は「精神療法における治療者の仕事は、四種である。患者の生活への意欲と能力とを、『妨げない』『引き出す』『障害を取り除く』『植えつける』である」と述べている。そして、後者の対応になるにつれて患者には「異物」感が出てくるので、患者の自助機能を生かすという観点からすると、こうした順序で対応することが肝要だと指摘している。面会交流の調整をする際、家裁調査官もほぼ同様の考え方で対応をしていることに気づく。

面会交流の阻害要因はさまざまだが、要因がわかれば、それらを一つひとつ「取り除く」あるいは「植えつける」作業が必要となる。しかし、事案によってはこれがなかなか難しく、かえって抵抗されるなどして困難を極める。

面会交流が円滑に行われるようになるために最も必要なのは、やはり親が元来有しているはずの機能（俗に言う「親心」）が発揮されるのを「妨げない」ことや「引き出す」ことであり、これが家庭裁判所の臨床なのではないかと考える。調停や調査場面で、ふとした瞬間、こういった「親心」が見出される場面がある。A子の父は、調査の際、A子の話をする中で目に涙をためていた。B男の父は、面会交流の試行の際、母子が楽しく遊べるよう配慮する場面があった。母もその点に気づき、終了後に感謝の気持ちを父に伝えた。そういった「親心」をこちらがキャッチし、キャッチしたことを父母に伝える作業が父母の癒しになる。

面会交流を調整する作業とは、詰まるところ、この見えにくくなっている「親心」が再びよく機能するように導くプロセスなのではないかと考える。その意味で、家裁調査官には、父母が従来から有している力（自助機能）の存在を信じ、待つ姿勢も求められるだろう。

面会交流は、一度疎遠になった家族が再びつながる契機となる。親子関係の再生の場に関わるという意味で、家裁調査官の責任は大きい。それぞれの家族のさまざまな再生の形に寄り添いつつ、丁寧かつ温かな「つなぐ」作業を心がけていきたい。

〈引用文献〉

（1）最高裁判所事務総局家庭局「家事事件・人事訴訟事件等基本統計表」http://www.courts.go.jp/app/sihotokei_jp/search
（2）『家庭裁判月報』五四（一一）、二〇〇二年、七七 - 八一頁
（3）『家庭裁判月報』五八（一一）、二〇〇六年、七一 - 七八頁
（4）『家庭裁判月報』五八（一一）、二〇〇六年、四七 - 六一頁
（5）『家庭裁判月報』五八（一一）、二〇〇六年、六二 - 七一頁
（6）『家庭裁判月報』五八（一一）、二〇〇六年、七九 - 八六頁
（7）『家庭裁判月報』五九（三）、二〇〇七年、七三 - 八六頁
（8）『家庭裁判月報』六〇（二）、二〇〇八年、一四九 - 一五四頁
（9）『家庭裁判月報』六三（三）、二〇一一年、八一 - 九五頁
（10）『裁判所時報』一五七七、二〇一三年、四 - 六頁

（11）山口恵美子『子どもが主人公の面会交流』家庭問題情報センター、二〇一二年
（12）松本哲泓「子の引渡し・監護者指定に関する最近の裁判例の傾向について」『家庭裁判月報』六三（九）、二〇一一年、四七-四八頁
（13）神田橋條治『精神療法面接のコツ』岩崎学術出版社、一九九〇年

〈参考文献〉

Baker, A.J.L. & Sauber, S.R. (2013). *Working with Alienated Children and Families: A Clinical Guidebook*. Routledge.
濱野昌彦、大野恵美「面接交渉における調整活動――当事者間の紛争レベルの見立てとそれに応じた調整の在り方」『家裁調査官研究紀要』五、二〇〇七年、三八-六九頁
細矢郁ほか「面会交流が争点となる調停事件の実情及び審理の在り方――民法七六六条の改正を踏まえて」『家庭裁判月報』六四（七）、二〇一二年、一-九七頁
小澤真嗣「家庭裁判所調査官による『子の福祉』に関する調査――司法心理学の視点から」『家庭裁判月報』六一（一一）、二〇〇九年、一-六〇頁
Stahl, P.M. (2011). *Conducting Child Custody Evaluation: From Basic to Complex Issues*. Sage.
棚村政行編著『面会交流と養育費の実務と展望』日本加除出版、二〇一三年
山口恵美子「離婚後の親子関係の再生を願って――面会交流援助の経験から　その二」『ケース研究』二九九、二〇〇九年、一六七-一八〇頁
横田昌紀ほか「面会交流審判例の実証的研究」『判例タイムズ』一二九二、二〇〇八年、五-三五頁

III　親族関係

遺産分割

武田大助

1　はじめに

遺産分割とは、亡くなった人（被相続人）が残した財産（遺産）を、誰が、どのくらい、どのように引き継ぐかという問題である。被相続人が負債だけを残したために相続人全員が相続放棄をしてしまう場合や、被相続人が残した遺言の通りに相続手続が進められる場合、相続人全員での話し合いが円滑にまとまる場合もあるだろう。しかし、遺産が相応にあって、何らかの理由で相続人全員での話し合いがまとまらないことも少なからずある。話し合いがまとまらない理由は、誰それが独り占めしようとしている、今まで不義理をしてきたのに権利だけを主張するのは腹持ちならない、誰それは親からかなりの援助を受けてきた、あの土地は私が引き継ぐべきだ、などさまざまである。遺産分割の争いは、これまで希薄であったり潜在的であったかもしれない親子、きょうだい、親族の歴史、感情、関係性を濃密に表面化させ、相続人同士の話し合いだけではどうにも解決できない事態に及んでしまうことがある。俗に「争族」とも言われるゆえんである。

家庭裁判所には相続人同士での話し合いが紛糾した事案が持ち込まれる。家庭裁判所は、調停または審判の手続を通じて、各相続人の法定相続分を前提としながら、遺産の性質、各相続人の状況その他一切の事情を考慮して解決を図っていく。本稿では、いくつかの事例を取り上げ、遺産分割事件から現代の家族のどのような実相が浮かび上がるのか、家裁調査官がどのように関わっているのかを記していきたい。

なお、本稿で紹介する事例は、家庭裁判所で取り扱う事件の特徴を踏まえて作成した架空のものであることをあらかじめお断りしておく。

2　総論

(1)　統計資料の概観

家庭裁判所が発足した一九四九年から二〇一三年までの間に全国の家庭裁判所に新たに申し立てられた遺産分割事件および寄与分事件の推移は、図1の通りである。遺産分割事件の申立ては、一九九六年に初めて年間一万件を超え、以後徐々に件数を増やしている。寄与分事件とは、「私は被相続人に尽くしたのだから、遺産分割での私の取り分を多くしてほしい」という申立てである。統計から大まかに言うと、十件の遺産分割事件があれば、そのうち一件で寄与分の主張がされていることになる。

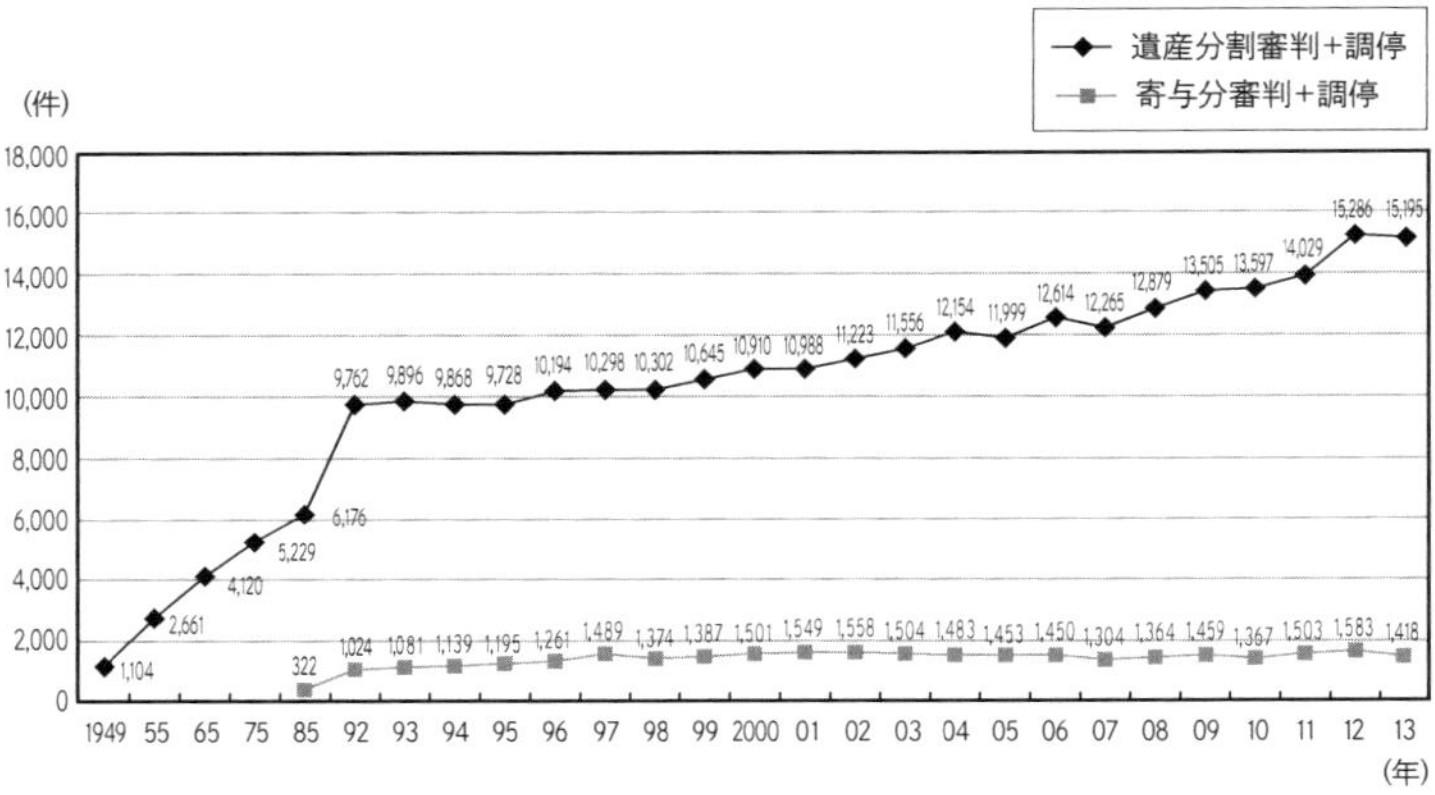

図1　遺産分割・寄与分の新受件数（審判＋調停）の推移

司法統計[1]によれば、二〇一三年中に家庭裁判所が解決した遺産分割事件は一万二千二百六十三件であり、そのうち家庭裁判所が関与しての話し合いで解決したもの（調停）は七千五百九十五件（六一％）に上り、調停では解決できず、家庭裁判所が分割の方法などを定めたもの（審判）は千三百九十九件（一一％）であった。調停による解決では一年以内に六〜十回の家庭裁判所での話し合いを経たもの、審判による解決では二年以内に結論に至ったものが最も多かった。調停または審判で解決したもののうち、寄与分に関する定めがあったのはわずか二百十六件（二％）であり、遺産総額に占める寄与分の価額の割合は一〇％以下である事例が多くを占めた。これらからは、遺産分割事件の半数以上は調停で解決されていること、寄与分が定められる事例は限られていて、価額としても大きくはないことが読み取れる。

(2)　遺産分割事件の審理プロセスと家裁調査官の関与

遺産分割事件の一般的特徴として、相続人間の感情的対立が多彩で激しいこと、各相続人の主張の前提となる事実関係が曖昧で裏づけにも乏しいこと、すべての相続人が遺産の全容を知っているわけではないことなどがあり、一九七〇年代までの実務においては、家裁調査官が、調停や審判の手続に先立って、どのような遺産があるのか、各相続人はどのような主張をしていて、何が争点になっているのかといった事件の全体像を明らかにするための調査を行うことが多かった[2]。

その後、円滑な手続進行と適正迅速な事件処理を図るため、書記官による進行管理を充実させ、家裁調査官は相続人間の感情的対立の緩和に向けた調整を行うというモデルが提唱された[3]。このモデルは、調停や審判の手続において何をどのような順序で行うのかを明示した「プロセスモデル」[4]を経て、今日では、遺産分割手続を四つの段階（①相続人は誰なのか、②遺産にはどのようなものがあり、どれほどの金銭的価値があるのか、③遺産の先もらいと言えるような贈与を受けている相続人がいるか（特別受益）、遺産を増加させるような顕著な貢献をした相続人がいるか（寄与分）、④どの相続人がどの遺産を取得するのか）に分けて整理し、段階ごとに相続人全員の合意を積み上げて解決を目指す「ステップ方式」[5]、または「段階的進行モデル」[6]に発展している。

段階的進行モデルによる今日の審理の中で、家裁調査官は、出頭しない相続人や感情的な問題を抱えた相続人が前向きかつ冷静に調停のテーブルにつくことを目指す調整活動や、相続人の主張を整理したり、被相続人および相続人の生活全般または家族関係を詳しく把握したりする必要がある寄与分に関する調査に携わっている。

複雑困難化し、親族間の対立も先鋭化していると言われる今日の遺産分割事件の背景事情として、最高裁判所事務総局は、[7]①高齢化社会の進行、②少子化・核家族化による世帯の縮小等、③家族観や家族規範の多様化、④遺産の中心が持ち家であることの四点を挙げている。以下、これらの事情ごとに事例を紹介したい。

3　事例

(1)　高齢化社会の進行

遺産分割事件との関係で特徴的なことは、被相続人も相続人も高齢化することである。被相続人の高齢化に伴い、相続開始までの介護期間が長期にわたった場合、療養看護に従事した相続人の寄与分が争点になることがある。相続人の高齢化においては、相続人自身の認知症などにより成年後見制度の利用が必要となることがある。子のない高齢の夫婦の相続が開始した場合、相続人となる兄弟姉妹の一部が早世していると、その者の相続人にも相続権が生じて相続人多数となり、被相続人との関係が離れるにつれて手続への協力が得られにくくなる場合がある。以下、多数相続人の事例を紹介する。

▼事例1

子のない高齢の夫妻の遺産は複数の土地であった。相続開始後、誰も手続を進めないまま十年が経過し、今般、国道工事のために手続を進めることになった。相続人を明らかにしていくと、夫妻のきょうだいの中には既に亡くなっていて甥姪に相続権が移っている者も多く、最終的には五十人以上の合意が必要となっていた。

遺産分割の調停は、二年の歳月をかけ、順次合意を取り付け、ようやくあと一人の合意を得るまでになった。最後の相続人Aは、被相続人夫の兄が認知した女性であった。判明しているのは住所だけで、面識のある者はおらず、家裁調査官が相続人Aの意向を聞くことになった。

家裁調査官は、まず相続人Aに手紙を書き、調停の経過を説明して協力を求めた。手紙は返戻されなかったが、反応はなかった。そこで、相続人Aを訪問して確認することとし、その旨の手紙を再送した。海辺の小集落を訪ねたとき、会える確証はなかったが、果たして相続人Aは在宅していた。相続人Aは、被相続人の名前も顔も知らず、もめ事や新たな詐欺に巻き込まれているのではないかと思っていたという。家裁調査官の説明により、相続人Aの不安は解消され、調停への協力が得られた。調停が始まってから三年、夫妻の相続の開始からは実に十三年後に調停がようやく成立した。

▼事例1の考察

遺産分割の手続には、被相続人との音信がない親族であっても、すべての相続人が関与する必要がある。家庭裁判所での調停以前の段階では、被相続人に近しい者が中心となり、さまざまなやりとりが行われていると思われる。中には、遠縁の相続人に一方的に「相続分なきことの証明書」への署名捺印を求めるようなこともあろう。(8) 家庭裁判所での調停に場が移り、協力が得られない相続人がいる場合、どのような理由や事情があるのかは一様ではない。家裁調査官は、戸籍や親族関係図、これまでの経過等から仮説を立て、中立的な立場、さらにはその相続人の立場から遺産分割手続を理解できるように働きかけている。

(2) 少子化・核家族化による世帯の縮小等

前記最高裁報告では、少子化・核家族化により親族関係や世帯が縮小し、狭い範囲で対立が熾烈化する実情、相続人が遠隔地に分散し、親族間の紛争調整機能が低下する実情が指摘されている。ここでは、相続人の数は少ないが、激しい対立があった事例を紹介する。

▼事例2

被相続人父の遺産は、複数の土地であった。相続人Aが郷里外の土地、相続人BおよびCが郷里の土地を利用していた。相続人Aは相続開始後に亡くなり、その妻子が相続人となっていた。遠隔地に住む相続人DおよびEは、相続分を放棄して手続から脱退していた。

遺産分割の調停では、相続人BとCが対立した。相続人Bが「自分は狭い土地に自分で家を建てた。相続人Cは広い土地に新しい家を建ててもらった。不公平だ。お前の取り分を減らせ」と言えば、相続人Cは「親の面倒もみず、いまさら何だ。お前が多く取る筋合いはない」とやり返した。相続人Bが、相続人Aの妻子に対して「自分たちだけそのまま住めると思うなよ」とけしかけると、相続人Cが相続人Aの妻子を援護し、待合室での押し問答になった。遺産の評価でも分割案の検討でも、相続人Bの主張を相続人Cが鼻にもかけず、相続人Cの対案を相続人Bが一蹴し、対立が続いた。

一方の提案に他方が折れることはまったく期待できず、分割案を提示するため、家裁調査官が双方の主張を整理することになった。家裁調査官は、双方と個別に面接し、互いに対する批判を聴取しながら、相手がどう言おうと自分が取得したいのはどの土地かを明確にし、加えて、その希望であれば法定相続分をどれだけ超えるのか、またはどれだけ足りないのかを具体的に示して検討を促した。

調査で明らかになった相続人B、Cの希望を踏まえ、十五回目の調停に調停委員会は最終的な分割案を提示したが、どちらも相手のために譲ることをよしとせず、調停は不成立となった。その後、裁判官が分割案通りの審判を行った。

▼事例2の考察

郷里に残った相続人B、Cが激しく争い、郷里を出た相続人A、D、Eが一歩引いている状況には、相続人の核家族化と遠隔地分散の特徴がよく現れている。事例では、親族間での紛争調整がほとんど機能していなかった。こうしたときに、長年の損得感情と対立する相続人への批判とが結びつくと、譲歩することは負けを認めることと同義となり、譲り合いによる解決は期待できなくなる。土地の利用状況と法定相続分に応じた解決案を最初から提示したところで、すぐに合意が成立するとは限らない。思いの丈を話したうえで、裁判所がそう判断するのなら仕方がないというプロセスを経ることが必要になる。とはいえ、調停で各相続人が話すことができる時間は限られており、形式的に対立した構造の中では、感情的な争いから抜けきることが難しい。そうしたとき、いったん家裁調査官による個別面接に場を移し、各相続人の真意を引き出すとともに、遺産をどのように分けるかという現実的な問題であることに目を向けてもらうことが解決の一助となる場合がある。

(3)　家族観や家族規範の多様化

戦後の民法施行により家督相続（一人の相続人がすべての遺産を引き継ぐこと）から法定相続（各相続人が引き継ぐことができる遺産の割合があらかじめ示されていること）へと大きな改正が行われて半世紀

以上経過したものの、被相続人と同居していた相続人の家族観・規範と、被相続人と別居していた相続人のそれとが対立することがある。家督相続は「家」の存続を重視する規範であり、法定相続は個人の権利を根底に据えて均等分割を重視する規範と言えよう。また、被相続人との同居または別居という事実が、当該相続人の依存または自立という文脈に置き換わり、特別受益や寄与分の争いになる場合がある。

▼事例３

被相続人父の遺産は自宅の土地建物であった。相続人Ａは遺産である当該不動産で被相続人と長年同居し、相続人Ｂ、ＣおよびＤはそれぞれ別世帯を構えていた。

遺産分割の調停で、相続人Ａは、実家を守るために遺産を単独で取得することを主張した。他の相続人は、守るほどの実家でもないとして平等の分割を主張した。一人の相続人が遺産の単独取得を希望する場合、他の相続人に対して彼らの法定相続分に相当する代償金を支払うことで解決を図ることが多いが、相続人Ａは代償金を工面することができなかった。そこで、相続人Ａは、被相続人と長年同居して扶養したとして、寄与分を主張した。他の相続人は、相続人Ａが被相続人の世話になり続けてきたこと、家賃負担を免れてきたことなどを挙げて猛烈に反発した。調停は正面衝突のまま暗礁に乗り上げた。

解決の糸口を探るため、家裁調査官が主張整理をすることになった。調査において、相続人Ａは、被相続人がすぐに不機嫌になるため、妻子は箸の上げ下ろしにも終始気を遣って同居してきたこと、自営業の仕事を中断して被相続人を外出先に送迎していたことなどの苦労を述べた。また、その苦労を知らない者が権利を主張することへの不満、多額の代償金を負担しないと自宅を失うことへの不安を述べた。家裁調査官は、代償金による解決を考えないことには前に進まないことを説明し、相続人Ａに検討を求めた。一方、他の相続人は、被相続人のお陰で家賃も払わずに暮らし続けられたのだから、同居によって気苦労があったとしてもお釣りがくるほどであること、それが嫌ならば実家を出て自力で暮らせばよかったのではないかと述べ、相続人Ａの不満や不安にはまったく聞く耳を持たず、一歩も譲る気持ちがないことを強調した。

その後の調停で、相続人Ａが計算より三割減の代償金を工面すると歩み寄ったが、他の相続人は合意せず、調停不成立となった。審判では、相続人Ａが代償金を負担できないので、遺産不動産を競売によって売却し、代金を法定相続分で分けることが命じられた。

▼事例３の考察

「家」の存続を重視することが共通認識となっていれば、各相続人の法定相続分にかかわらず、家の財産を分散させずに家を存続させる方向で協議がまとまることもある。ただし、家を継ぐ相続人には、他の相続人に対して、親が子を扶養するがごとく、親族の中心であり続けることが求められる。しかし、そうした共通認識を欠くと協議がまとまらず、遺産分割の調停になれば、家庭裁判所では各相続人が同意しない限り法定相続分を度外視することは考えられず、均等分割を重視する規範との対立となる。

(4) 遺産の中心が持ち家であること

被相続人の遺産が預貯金だけであれば、法定相続分に応じて分けることは容易である。しかし、現実の遺産分割事件においては、事例3のように、唯一または最も価額の高い遺産が被相続人の持ち家である場合が多い。被相続人が郷里から独立し、マイホームを求め、子を育て上げ、老後を過ごしたというのが典型例であろう。そして、相続人らが育ったマイホームは老朽化し、相続人の一人により建て替えられている場合があり、やや複雑な権利関係を伴った遺産分割事件となることがある。

▼事例4

被相続人母の遺産は土地一筆と預貯金であった。相続人AおよびBはそれぞれ別世帯を構えて独立し、相続人Cは被相続人と同居していた。相続人らの生家の古屋は、相続開始の数年前に相続人C名義の家屋に建て替えられていた。

遺産分割の調停では、遺産の土地の地価が高く、建物を所有している相続人Cが取得しようとすると相続人AおよびBに対する代償金が高額になるという事情のもと、相続人Cが被相続人の在宅介護に従事したことの寄与分を主張した。

調停が始まって二年が経過した頃、家裁調査官が相続人Cの寄与の具体的内容を明らかにするとともに、相続人AおよびBの考えを確認することを目的とした調査をすることになった。調査において、相続人Cの在宅介護が三年以上に及んでいたこと、介護サービスは最小限の利用であって相続人Cの労力が多大であったことが判明した。また、相続人Cは、ある程度の代償金を負担することは仕方ないとの考えであった。これに対して、相続人AおよびBは、在宅介護の期間が長かったことは認めるが、手助けを断ったのは相続人Ｃであり、むしろ被相続人の土地を無償で利用しているのだから当然の義務であると反論した。しかし一方で、争いが長く続いているので、細かいことには多少目をつぶって早く解決したいという考えも表明した。

調査後の調停では、調停委員会から、相続人Ｃの在宅介護の寄与分はある程度認められるべきとの指針が示され、代償金の額の調整が進み、調査から三か月後に調停が成立した。

▼事例４の考察

遺産総額の大部分を一筆の土地が占め、一部の相続人がその土地で生活している事例は少なくない。古屋を建て替えるときに、土地の評価額や将来の相続を考えておくことは少ないであろうし、建て替え時点では親の世代は高齢のためローンを組むことが難しく、子の世代が費用を負担することが多いと思われる。しかし、都市部の土地の評価額は概して高く、遺産分割で土地を取得しようとすると、建物の建築費よりも高い代償金を負担しなければならない状況となる。現実の生活がある相続人にとっては「まさかこうなるとは」という事態となり、代償金が少なくなるように土地の評価額を下げようとしたり、自らの取得分を増やすため寄与分の主張を積み上げる。一方、その他の相続人にとっては、現実の生活とは直接結びつかない法律や権利の話に過ぎず、一部の相続人の主張に身勝手さを覚えたり、過去の感情を引き出されたり、それが長続きして辟易したりする。遺産分割の調停は、現実と感情を法律の枠組みによって総合的に解決する場となり、家裁調査官は、当事者と直接向き合って現実と感情を整理していくことで解決に向けた援助をしている。

4　遺産分割事件に見る現代の家族

(1) 遺産分割事件に見る現代の家族

高齢化、少子化・核家族化、家族観の多様化、遺産の特性といった四つの背景事情から遺産分割事件の事例を紹介してきたが、それらの事例から現代の家族の実相として浮かび上がることの一つは、旧民法下の家督相続の発想は影を潜め、個人の権利の主張が当然のこととして定着したということである。旧民法以前では本家の物心両面での援助により分家を成り立たせ、大きな親族共同体を形成して融和を図ってきたのに対し、現代では本家から離れた時点で各家族が独立し、相互の扶助も干渉もない核家族となり、緩まった親族共同体の中で核家族同士が個々の利害や権利を前面に出して対立するようになっている。そして、事例2や3のように、対立によって親族関係が壊れることや、故郷や生家を喪失することにあまりためらいがなく、裁判手続で白黒をはっきりつけることが求められるようになっている。

高齢化に着目すると、高齢化が進むということは、すなわち、老後の生活が長期化することである。老後の長期化は、親世代が自らの生計のために資産を保持し続けることを意味する。加えて、資産の多くが持ち家であるという特性があり、親の目から見て公平に、段階的かつ緩やかに子に資産を移すことが難しくなっている。そのような状況の中で、親の相続開始を合図に一斉に分割を行うことになると、そこに相続人間の対立があれば、ここで引いてなるものかという心情が瞬時に沸点に達してしまうのだと考える。

また、高齢化が進むということは、親の介護リスクが増大することでもある。少子化・核家族化の中では、親の近くに住む特定の子に負担がかかる可能性が高くなる。実際に負担を負った相続人は、その負担の公平化を図るべく、遺産分割の調停の中で被相続人の療養看護に従事したことの寄与分を主張することがしばしばある。他の相続人は、被相続人の療養看護については負い目があるかもしれないものの、事例3や4のように、親と同居していたのだから当然だ、お釣りがくるほどの恩恵を既に受けているなどの意見を持って対立する。この構図は、相続が開始する直前の近時のミクロ的な軸による清算と、家族が持つ長い歴史に根ざしたマクロ的な軸による清算の対立と言える。そもそも対立する軸が異なっているので、論理よりも感情が優位に立つ争いになりやすくなっている。

さらに、少子化の観点からもう一考すれば、少子化と関係が深い現代の家族の実相として、子の未婚化や晩婚化がある。大学全入時代と言われる子の高学歴化によるモラトリアムの延長、男女共同参画社会の進展による女性の就労拡大、親世代への資産の集中と若年層におけるワーキングプアといった経済格差などさまざまな要因が考えられる。親元に長くとどまる子が増える傾向にあると思われるが、すべての子がそうなるわけではない。遺産分割の場面では、親元にとどまった者と親元から独立した者との間の不公平感や格差感として現れてくる。きょうだいが少なくなるほど、感じ方は如実である。事例2から4までのように、遺産分割という親が残したものを分ける作業が、各相続人のそれまでの人生を均一にならすかのような作業に変質してしまうのも、こうした実相が反映されていると考える。

(2) 遺産分割事件への家裁調査官のアプローチ

ところで、これまで述べてきたような特徴を持つ遺産分割事件に家裁調査官がどのようにアプローチするのかについても、若干の考察を加えてみたい。

まず、遺産分割事件への家裁調査官の関わり方には、大きく分けて二つの考え方がある。一つは、遺産分割事件は法律的・財産的側面が大きいので、人間関係調整機能はそれほど要請されないという考え方である。もう一つは、紛争解決のためには人間関係調整を重視すべきという考え方である。

近年の遺産分割事件においては、前者のような、当事者の心情面について時間をかけて調整するよりも、短時間で結論を出すほうが現代の時間感覚に合っているという考え方が強まりつつあるように感じられるが、これまでの家庭裁判所の扱いは、どちらかというと後者の考え方に近いものであった。すなわち、遺産分割事件は「遺産の意義、性質、被相続人の意向、相続人らの生活など諸般の事情を考慮して、被相続人が残してくれた遺産をどのように利用し、又は利用しないのがよいかについて考えていくべきもの[5]」であり、家裁調査官の役割は「ものを分ける作業に、ひとの心の視点を補充すること[9]」であって、「遺産を分けるという本来の作業に向かわせるためには、当事者を理解し、ケースを理解し、言い分をしっかり受け止めることが欠かせない[10]」と考えられてきた。法律的・財産的側面と心理的側面とが交差する領域で、紛争解決に向けて関わることは、まさに「司法臨床」の営みであろう。

それでは、遺産分割の当事者に家裁調査官はどのようにアプローチしていくのか。その一つとして、佐竹[11]は、「意地」をキーワードとしたアプローチを記している。佐竹は、家庭紛争に現れる意地を「相手があぁだから自分はこうせざるをえないという心」と位置づけ、意地を解消させるためには、当事者自らが意地になっていることを自覚し、その由来を洞察しなければならないとしたうえで、しかし、意地になっている人にそれを洞察させるのは難しいので、意地にならざるを得なかった心情を理解し、理解してもらえたと当事者に感じてもらうことで、意地が解消の方向に向かうと述べている。これを遺産分割事件で見ると、法律的な側面とは離れたところで当事者が難渋しているようなとき、家裁調査官がその当事者の話をじっくりと聞き、その主張や感情を整理するようなアプローチをすることにより、意地の解消を図ることが重要ということになる。

既に述べた高齢化、少子化・核家族化、家族観の多様化、遺産の特性といった四つの背景事情により、遺産分割事件の解決は困難化している。解決が困難になるということは、当事者の「意地」を活性化させやすくなることにつながり、解決までの時間がよりかかることになってしまう。法律的に争点を整理し、短期間で結論を出すことが現代的な時間感覚に合致する一方で、当事者の心情に寄り添って「意地」の解消を図るアプローチにより、「急がば回れ」の解決を図る事例も相応にあると考えるが、いかがであろうか。

5　おわりに

二〇一三年九月四日、非嫡出子（婚姻関係にない父母間に出生した子）の相続分を嫡出子（婚姻関係にある父母間に出生した子）の二分の一とする民法第九〇〇条第四項の規定を違憲とした最高裁大法廷判決があった。これは、非嫡出子について相続分を減じることは法のもとの平等に反することを示したものであり、これまでの判例を変更する重要な判断である。判決の中では、一九四七年（昭和二十二年）の民法改正時から現在に至るまでの間、家族像が相当に変化したことが述べられている。また、この判決後に民法が改正された際の議論を受けて、法務省に相続法制を検討するワーキングチームが設置され[12]、今後の家族観のありようの変化に応じて、法律が徐々に変化していくことが見込まれる。

遺産分割事件に関連する社会の情勢を見ても、最近では、自己の死後にも望む形を実現することを目的とする「終活」を勧める記事を目にする。また、遺産紛争を予防するため、法的に有効な遺言を作成することや、信託銀行等の相続関連業務を利用すること、さらには必要に応じて成年後見制度（特に任意後見制度）を利用することが望ましいとされている[13]。こうした社会全体の動きが十年、二十年後の遺産分割事件のありようを変えていく可能性もある。しかしその一方で、欧米のような契約型社会に向かうにはまだまだ隘路があるかもしれない。ただ、家族や社会がどのように変化していくにせよ、遺産分割事件が法律的・財産的側面と人の感情の側面が交差する舞台となることは変わらない。家裁調査官は、その時々の要請に機敏に反応して、紛争解決に一定の役割を果たしていくだろう。

〈引用文献〉

(1)「司法統計年報　平成二十五年　家事編」第四十四表、第四十五表、第五十一表
(2)長谷川知賢「遺産分割事件における調査官関与の在り方について」『調研所報』一五、一九八一年、三八－四九頁
(3)熊本家庭裁判所家事部会「熊本家庭裁判所における遺産分割申立事件の処理方式」『家庭裁判月報』三三（五）、一九八一年、一三一－二〇三頁
(4)若林昌子『遺産分割調停プロセスモデル』について」『家庭裁判月報』五一（七）、一九九九年、一－四二頁
(5)上原裕之、高山浩平、長秀之編著『遺産分割』青林書院、二〇一〇年
(6)田中寿生、猪俣和代、髙取真理子、藤原典子、名島亨卓、奥野浩一「遺産分割事件の運営（上）」『判例タイムズ』一三七三、二〇一二年、五四－六九頁
(7)最高裁判所事務総局「裁判の迅速化に係る検証に関する報告書（概況編）」二〇一三年
(8)山田博監修、家庭問題情報センター編『家裁に来た人びと』日本評論社、二〇〇二年、一五二－一五五頁
(9)山口美智子「遺産分割事件における家庭裁判所調査官の役割」『判例タイムズ』一一〇〇、二〇〇二年、三六〇－三六一頁
(10)藤田潔「遺産分割事件入門一歩手前」『家裁調査官研究展望』三二、二〇〇三年、四六－五六頁
(11)佐竹洋人、中井久夫編『「意地」の心理』創元社、一九八七年
(12)法務省「相続法制検討ワーキングチーム」　http://www.moj.go.jp/shingi1/shingi04900197.html（二〇一四年十一月二十日アクセス）
(13)最高裁判所事務総局「裁判の迅速化に係る検証に関する報告書（社会的要因編）」二〇一三年

〈参考文献〉

廣井亮一、中川利彦編著『子どもと家族の法と臨床』金剛出版、二〇一〇年
片岡武、管野眞一編著『新版家庭裁判所における遺産分割・遺留分の実務』日本加除出版、二〇一三年
司法研修所「遺産分割事件の処理をめぐる諸問題」『司法研究報告書』四五（一）、一九九四年

Ⅲ　親族関係

高齢者虐待

貝原弓子

1　はじめに

六十五歳以上の高齢者が人口に占める割合を高齢化率と呼ぶが、日本では、二〇一〇年に高齢化率が二三％に達した。そして、高齢化率は今後も上昇し続け、二〇五五年には三九・四％に達すると試算されている(1)。

これに伴い、認知症患者も増えた。認知症の最大危険因子は加齢であり、日本での六十五歳以上の高齢者における有病率は八～一〇％で、二〇二〇年には三百二十五万人まで増加するという(2)。これを裏づけるように、要介護認定者数も増加しており、二〇〇〇年の介護保険制度導入時には二百十八万千六百二十一人であったのに対して、二〇一二年では五百三十三万三百九十六人となっている(1)。

このような高齢化社会にあって、介護疲れによる殺人や、同居家族が高齢者の年金を搾取したといったニュースをよく目にするようになり、社会での関心を集めた。厚生労働省でも問題意識を高め、二〇〇六年四月には「高齢者虐待の防止、高齢者の養護者に対する支援等に関する法律」（高齢者虐待防止法）が施行されるに至った。

一方、高齢者虐待に直接対応するものではないが、高齢化社会への対応の一環として、二〇〇一年に禁治産宣告制度が廃止され、新たな成年後見制度が始まった。成年後見制度とは、認知症、知的障害、精神障害などによって判断能力が低下している人に対して支援する人を選ぶ手続のことである。家庭裁判所は、判断能力が低下しているか否かを確認したうえで、その人の判断能力の不十分さの程度に応じて、成年後見人、保佐人、あるいは補助人を選任するが、成年後見人らは、被支援者の権利を保護するためのさまざまな権限を有する。虐待を受けている高齢者に判断能力の低下が認められた場合、必ず利用を検討しなければならない制度と言える。

本稿は、高齢者虐待の現状を概観したうえで、成年後見制度を活用した事例のうち、高齢者の権利が侵害されている典型例を提示する。家族の形態が変容し、弱者を保護する家族の力が減少していることや、高齢者の経済力をあてにしなければならない世代の実情など、ケースから読み取れる現代社会の家族の実像について検討したい。

2 総論

(1) 高齢者虐待の定義

二〇〇〇年の社会福祉構造改革によって、高齢者をめぐる状況は大きく変化した。「措置から契約へ」との流れで介護保険制度が導入され、高齢者個人の自己決定が重んじられるようになった。これらの制度の導入により、介護サービスが充実したと言われている。一方、「措置と契約の間に落ちる人」が生じ、そこで高齢者虐待が生じていると指摘する介護関係者がいた。そもそも、介護サービスの導入によって、家族以外の第三者（ヘルパーやケアマネージャーなど）が家族による不適切な介護を目撃することとなったが、相談する先がなく、適切な支援について共通認識もなく、介護の現場で困惑する事態が生じていたという(3)。

このような中、高齢者虐待防止法が制定された。この法律では、要介護施設従事者等による高齢者虐待と、養護者（高齢者を現に養護する者であって、介護施設従業者等以外の者を指す。以下、家庭内の主たる介護者の趣旨で統一する）による高齢者虐待を区別し、そして、養護者による高齢者虐待については、市町村や地域包括支援センターがその対応を行うことが明記された。

また、この法律では、高齢者虐待について明確な定義がなされた。養護者による高齢者虐待としては、「身体的虐待（暴行）」「養護を著しく怠ること（ネグレクト）」「心理的虐待（著しい心理的外傷を与える言動）」「性的虐待」「経済的虐待（財産の不当処分、不当に財産上の利益を得ること）」の五つに区別されている。特に、経済的虐待だけは、虐待をしている主体を、養護者だけではなく別居している親族も含めていることに特徴がある。

(2) 高齢者虐待の現状

高齢者虐待防止法の施行以後、厚生労働省は毎年、高齢者虐待防止法による対応状況について調査を行っている。二〇一二年度の調査結果[4]によると、養護者による高齢者虐待に関して市町村に対してなされた相談・通報件数は二万三千八百四十三件になっている。虐待の種類・類型別に見ると、身体的虐待が六五・〇％で最も多く、次いで心理的虐待四〇・四％、経済的虐待二三・五％、介護等放棄二三・四％と続いている。

もっとも、高齢者虐待は、養護者が十分な介護を行わないこと（介護等放棄）とともに、高齢者の年金等を取り上げていること（経済的虐待）といった、複数の類型の虐待が並行して生じている場合も多く認められる。これらの調査結果も、複数回答をまとめたものであることに留意する必要がある。

虐待されている高齢者と、虐待に至った養護者についての調査結果にも注目すべきものがある。被虐待高齢者は、介護を要する者の割合が高く（要介護認定されていた者が全体の六八・〇％）、認知症患者の割合も高い。全体の四七・三％が要介護認定者における認知症日常生活自立度がⅡ以上のレベルである。

また、被虐待高齢者は女性が全体の七七・六％を占めている。これに対して、高齢者虐待に至ったいわゆる虐待者の全体の四一・六％が息子であり、次いで夫が一八・三％を占めている。認知症の人と家族の会[5]は、介護保険が始まった二〇〇〇年以降に介護殺人が増えていると言い、介護殺人について「加害者の七割が男性であるという実態は、男性介護者の増加と男性固有の介護の問題を物語っています」と問題の核心をついている。

(3)　成年後見制度の活用と課題

成年後見制度は、従来の禁治産宣告の制度と同様に、本人を保護する理念に基づいて制定されているが、それとともに、本人の自己決定の尊重、本人の残存能力の活用など新しい理念が取り入れられていることに特徴がある。この高齢化社会にあって、高齢者自身が自分らしい生活を柔軟に選択できるように制定された制度と言える。

この制度では、本人の自己決定の尊重を重んじているので、本人の意思を確認できない場合を除き、原則、本人の陳述聴取を行うことが義務づけられている。家裁調査官が本人に直接接触し、本人の意思や気持ちを確認することとなる。そして、禁治産宣告の制度では、本人に配偶者がいる場合はその配偶者を必ず後見人に選任する制度であったのに対し、新しい成年後見制度では、家庭裁判所が個々の事案に応じて適任者を後見人等に選任することとなった。加えて、後見人の複数選任や、法人の選任も可能になっている。

後見人として、親族以外の専門職、具体的には弁護士や司法書士、社会福祉士が選任される割合は年々増加し、二〇一二年中に選任された全体のうち五七・八％を占める[6]。このように親族以外に専門職が後見人となったケースは、訴訟手続が予定されるなど、専門知識を有した専門職（弁護士）を後見人として選任することが適切と判断されたケースがある一方、親族を後見人として選任することが適当ではないケース、つまり、親族による本人財産の使い込みのように、親族によって本人の権利が侵害されていたと判断されたケースが相当程度の割合で含まれていると考えられる。

もっとも、冒頭で指摘している通り、成年後見制度は、高齢化社会への対応を一つの目的として制定されているが、高齢者虐待の対応だけを目的に制度設計されているわけではない。成年後見制度の活用は、高齢者虐待が発生した際にとり得る対応の一つの手段に過ぎない。具体的には、成年後見人等の権限は、判断能力が低下した高齢者の権利を擁護することに限定されており、養護者の支援は含まれない。

実際、成年後見制度そのものについても、未だ活用の意義が十分に理解されなかったり、事務手続や費用面での課題があったりして、制度活用が必要と思われる状況でも十分な活用が図られていない傾向が指摘されている。[7][8] 特に、虐待対応をしている現場では、養護者支援の役割も担っているがために、成年後見制度の活用によって引き起こされる養護者側の感情的な反応に危惧があり、制度の活用を躊躇する向きがあるという。[8]

このような課題はあるが、判断能力が低下した高齢者の権利侵害が認められた場合、家裁調査官がどのようにアプローチするのか、事例を挙げて考察することにしたい。なお、これから紹介する事例は、秘密保持に最大限の配慮をして、本質を損ねないように修正、再構成した架空のものである。

3　事例と考察

(1)　同居していた息子が老母の年金に依存していた事例

▼家族の状況

A子は八十代女性である。A子の夫は八年前に病気で死亡し、五十代の息子B男と、自分名義の持ち家で二人暮らしをしていた。

息子B男は、大学卒業後、親元を離れて大都市で就職したが、三十代でうつ病となり失職した。これがきっかけで親元に戻ったが、正社員として就労することは難しかった。ようやく見つけた仕事も、A子の夫（B男の父）の看病のために辞めた。以後、就労せず、経済的にはA子の年金を頼りに生活していた。

A子は、夫の死亡後に認知症と診断された。介護認定も受け（要介護二）、ヘルパーが週二回訪問して生活援助を行った。A子の通帳はB男が管理しており、キャッシュカードで現金を引き出していた。

▼問題の状況

ある日、A子は自宅で突然倒れ、救急車で運ばれ、そのまま入院となった。入院後、A子の認知症は急速に進行し、また、身体の衰えも顕著となった。主治医は、A子について、退院後に自宅で生活することは困難であり、施設入所を要すると判断した。しかし、B男は施設入所に反対した。「父親も自分が介護したのだから、自分が自宅で介護する」と言い張った。そのうち、B男は病院側の連絡に応じなくなり、入院費用の支払いも遅れがちになった。

A子には、B男以外にも娘C子がいた。C子は県外に住み、A子の状況をよく把握していなかったが、A子を見舞った際に病院側から相談を持ちかけられ、B男と話し合おうと実家を訪問した。しかし、B男から「これまで自分が親の面倒をみてきたのに、何だ。親の金が目当てか」と怒鳴られ、話し合いは決裂した。

▼成年後見制度の活用と家裁調査官の活動

C子は、A子について後見開始の審判の申立てをした。そして、自分が後見人になることを希望した。申立てに添付された診断書においては、A子の判断能力の低下が顕著で、財産管理能力は乏しく、後見開始が相当とされていた。ただ、会話のやりとりはできる記載となっていた。

家裁調査官が入院先を訪れたところ、A子はベッドで起き上がる程度に回復していた。家裁調査官からA子に後見開始の制度を説明すると、A子は困惑した様子だった（直前にC子から説明していたが、A子には記銘力の障害がある様子だった）。

A子自身は、後見人候補者としてB男がよいと述べ、理由として「跡取りだから」と発言した。また、A子は、家裁調査官の質問とは関係なしに、B男は自宅で生活していること、早く自宅に帰りたいこと、自宅はいずれB男に渡すつもりであることを語った。家裁調査官から、A子が自宅で生活できる体調ではないのではないかと疑問を呈すると、それに同意を示すものの、すぐに「家に帰りたいです」と繰り返した（調査の直前に、主治医が自宅で生活することが難しいことを説明したが、理解していなかった）。

家裁調査官から、C子は自分が後見人になることを希望していることを告げると、苦笑しつつ、「C

子がそう言うなら、C子に任せます」とも述べた。また、家裁調査官から、B男でもC子でもなく裁判所で適任の専門職を選任することもあると説明すると、頓着しない様子で、「そうですか。お任せします」と述べた。これでA子の陳述聴取は終了した。

一方、家裁調査官は、A子の年金を自由にしているB男に成年後見制度の趣旨を説明したところ、B男は「後見人をつけなくてはならないほど、A子の判断能力が低下しているわけではない」と述べ、「これまでも、自分がA子の面倒をみてきた。家に帰りたいというのがA子の意思だ。これからもA子と自分が暮らしていけばよいのだ」と繰り返した。家裁調査官から、C子や病院関係者からの情報をもとに、本人の心身状況について指摘したところ、突然、激昂し、「裁判所ですべて責任をとれるのか」と大声を出す場面もあった。最後まで後見人を選任することに反対した。

裁判所では、本人を鑑定する手続を経て、後見開始の審判を行った。後見人については、C子ではなくリーガルサポート[*注1]所属の司法書士を選任した。B男については、A子の年金を自由にしていることから、選ばなかった。

▼成年後見人選任後の状況

後見人は、選任された直後に、まずB男と連絡をとり、B男が管理しているA子名義の財産の引渡しを求めた。しかし、B男がこれを拒否したため、後見人の権限で金融機関を調査し、財産管理の手続を進めた。A子の預金や年金は後見人が管理するようになり、後見人は、C子やケアマネージャーらと協力し、A子を施設に入所させることを得た。A子は、時折、「家に帰りたい」と発言するが、おおむねその施設での生活を気に入り、機嫌よく生活することができている。

一方、A子の自宅ではB男が生活し続けている状況であるが、固定資産税はA子の財産から支払っている。後見人は、C子の意向も入れたうえで、当面は現状維持もやむを得ないと考え、その旨、裁判所に報告した。

B男は、A子の入所先に来ようとはしない。一度だけ、裁判所に自身の生活の苦境を訴えるような電話があったが、その後の連絡はない。

(2)　事例の考察

高齢者と同居し、主たる養護者とされていた五十代の息子が高齢者の年金を管理していたケースである。高齢者の入院がきっかけで、問題が浮かび上がった。高齢者と養護者が自宅で生活していた段階では、虐待があったとまで言えるかグレーゾーンのところにあり、自治体や地域包括支援センターの関与までには至っていない。しかし、現状のままでは、養護者が高齢者の年金を管理し続けることになったほか、高齢者が自宅に戻った場合には不適切な介護を受ける可能性が高かったもので、成年後見制度の活用は必要であった。

家裁調査官がA子の意思を確認しているが、A子は、同居家族であり、長男でもあるB男が後見人になることを希望する旨を述べた。また、B男の主張と同様、「家に帰りたい」と繰り返した。しかし、A子だけではなく、後見開始が相当と考えられる高齢者の場合、知的能力や記銘力の障害があり、全体状況の把握が困難である。このような場合、高齢者の発言だけを鵜呑みにして、それを本人の意思と理解することは適当ではない。

そもそも、A子のように、権利を侵害されていた高齢者が、自分の権利を侵害している者をかばったり、権利を侵害されている状況から脱却しようとする意思が揺れたりすることは、虐待対応の現場では珍しいことではない。大渕(9)は、高齢者が虐待している養護者と共依存関係に陥っている可能性を示唆している。また、長期間、暴力や暴言を受けて抑圧されていた人々の特徴（行動の選択肢がない、選択の自由が許されないといった無力感や、自分が悪いといった自責感を抱いていて、「パワーレス」に陥っている）を挙げ、高齢者をエンパワーしていくことの必要性を指摘している。

成年後見制度においては、親族の同意を必須とするような規定はないが、高齢者と密接な生活関係を持っている親族の了解が得られたほうが望ましい。しかし、B男の理解を得ることは難しかった。

B男は、経済的にA子に依存し、その預金等を自由にしていたことから、後見制度の活用に反対したと考えられる。ただ、A子が、B男を「跡取り」として期待し、通帳等を預けていた経緯がB男の経済的依存を結果的に助長したと言える。金子(10)は、日本において家族を成立させる要件として、「少なくとも血縁を媒介にした目標追求集団という観点が不可欠」と指摘しており、「血縁集団の存続が最終目標」であると指摘しているが、A子もB男も、従来の「家」の存続に関する価値観を有していて、それが二人の関係性に影響していたものと考えられる。また、B男は、現在のA子の心身状況を正しく理解できていなかったが、B男にも「跡取り」としてのプライドがあり、亡父を介護した経験もあって介護一般に過剰な思い込みがあったのであろうし、その結果、A子の心身能力の変化（顕著な低下）を認めることができなかったのかもしれない。

冒頭で指摘した通り、成年後見制度は養護者を支援するものではない。A子の権利保護が図られた段階で、後見開始の手続は終了する。ただ、選任された後見人は、本人の法定代理人として、親族に関わっていく必要があり、本人が死亡した場合には相続人に財産を引き継ぐ必要がある。相続人の一人であるB男自身への働きかけのあり方も含めて、今後の課題も認められるケースと言える。

4　高齢者虐待事件に見る現代の家族

(1)　家族の構造の変化

二〇一三年版の厚生労働白書によると、家族の一世帯当たりの構成人数（平均世帯人員）は年々減少傾向にある。金子[10]は、家族力は小家族化とともに衰退しており、家族の機能として考えられてきた「老幼病弱者の保護」が確実に低下しているという。特に、世帯の構成の観点から見て、一九九〇年には高齢者世帯（六十五歳以上の者のみで構成するか、またはこれに十八歳未満の者が加わった世帯）が総世帯数の七・七％であったのに対し、二〇一〇年には二一・〇％と激増している点は注目すべきである。一世帯の家族が、年齢は多少違っても高齢者同士であったり（いわゆる老老介護）、進行の度合いは違っても認知症患者同士であったり、あるいは、高齢者と障害者の組み合わせであったりなど、いわゆる社会的弱者のみで構成されているケースは少なくない。このような世帯の場合、いずれか一方の心身能力が変化した時点で、それまでかろうじて保たれていた家族内のバランスが崩れ、ひいては不適切な介護等が生じやすくなると考えられる。このように考えていくと、今後の高齢化社会を生き抜くに当たっては、個々人が、家族以外のコミュニティや人間関係といかにつながって生活していくかという点が重要な鍵になるものと考えられる。

(2) 介護の担い手の変化

冒頭に紹介した通り、厚生労働省は、高齢者虐待に至った養護者に息子や夫の割合が高いことを報告しているが、日本高齢者虐待防止学会研究調査委員会[11]は、虐待に至る養護者の特性をさらに掘り下げて調査を実施し、虐待に至った養護者の七割が男性で、その中でも息子の割合は全体の四割強を占めたと報告している。これまでは、介護の担い手として妻や嫁が期待されていたのが実情であるが、現在は息子や夫などの男性が介護の担い手になっている家族が多いこと、そして、男性介護者に虐待のリスクが高いことが指摘できる。東京都福祉保健局[8]は、養護者が虐待に至る因子として、「過剰な介護負担」と「排泄介助のストレス（漏便、頻尿等）」を挙げるが、慣れない家事労働に加えて、男性介護者が女性の排泄介助をする事態を想定すると、問題が明確になるであろう。

しかし、介護負担は、適切な介護サービスの活用や介護の技術を習得することで救済される面があると考える。この点、高齢者虐待に至る養護者が、福祉サービスや介護支援と連携をとることができない要因は何なのであろうか。

日本高齢者虐待防止学会研究調査委員会[11]は、虐待事例を分析した結果、虐待に至った介護者に協力する者、そして介護者に相談する人がいなかった現実を指摘している。特に、「息子が同居している世帯は、地域の『見守り』体制から外れている、あるいは、地域から孤立していることが考えられる」という。B男の事例のように、高齢者が地域で生活していても、同居家族がいる世帯については、家族に介護を期待する観点から、なお行政の目が届きにくいという現実があると考えられる。また、一般的に、女性よりも男性のほうが他者に相談することに苦手意識があると言われている。男性介護者にリスクが認められる以上、介護の担い手が既に変化していることを常に意識し、孤立している世帯を探知し、それに手を差し延べていくシステムづくりが求められていると言えるであろう。

(3)　高齢者虐待に至る世代の事情

日本高齢者虐待防止学会研究調査委員会[11]は、高齢者虐待に至った息子の多くは三十代から五十代の働き盛りの世代であるが、六割強が「就労なし」で、そのうちの六割弱が「困窮あり」であったと報告する。そして、これとともに、精神障害のある者（疑いがある者を含む）は養護者全体の三割以上を占めているが、そのうちの四割以上が息子であった。調査委員会は、これら働き盛りの世代の息子らが、生活困窮から被虐待高齢者の年金の依存度が高まっている実情を指摘している。また、経済的事情から、介護サービスのさらなる利用に踏み出せない点も報告している。

高齢者虐待においては、その要因を虐待者の性格・人格に帰するのはたやすい。先の事例でも、B男はA子の年金にひたすら依存し、A子の現実を受け入れようとせず、やみくもに周囲の関わりを拒否しており、B男の性格や人格に問題があるように見える。しかし、大渕[9]は、養護者支援の重要性を指摘し、アプローチの方法として、そもそも虐待者の性格・人格に問題があるのではなく、「介護疲れや失業、虐待者自身の疾病などが、虐待者の性格や人格に影響を及ぼしている」（傍点は引用者）とする。筆者もこの立場を支持する。B男の場合も、B男自身の疾病や、B男とA子のそれまでの家族史があって無職無収入の現在がある。これらを踏まえながら、困難ではあろうが、なおＢ男自身の経済的な側面での支援（Ｂ男がＡ子の年金に依存せずに生活できていく方策）を検討していく必要があったと考える。

(4)　高齢者虐待防止法の課題

「姥捨て山」伝説にあるように、高齢者虐待は古くて新しい問題である。ただ、その「姥捨て」のありようは、その時々の社会や家族の形が大きく影響していると考えられる。この点、現代でも、高齢者虐待は、児童虐待に比較すると社会の関心がそれほどではなく、法の整備も遅れたことは否めない。現在の高齢者虐待防止法も、児童虐待防止法やＤＶ防止法と比較して、法制上の課題が指摘されている。具体的には、高齢者虐待防止法には、児童虐待防止法のように、虐待が生じているおそれがある段階で立入調査を行うことができる規定がなく、ＤＶ防止法のような保護命令（接近禁止命令、退去命令）の規定もない（東京都福祉保健局[8]）。

また、先に、調査結果を示して、男性介護者にリスクがある点を指摘したが、これらの現状についてさらに社会が認識を共有する必要があるし、それに応じた対策（地域の見守りの充実など）も検討されるべきであろう。

5　おわりに

既に述べてきたように、現代の家族は、戦後や高度成長期と比較して家族構造がより小さくなり、相互扶助的機能が低下してきた。その一方で、平均寿命は高くなり、保護を要する高齢者は増加した。高齢者の介護については、依然として家族に負担が課せられている現在、高齢者に対しても養護者に対しても、臨床的な手立てが今後もなお一層求められるのではないかと考える。

一方、成年後見制度が制定されて、既に十年以上が経過する。成年後見制度は高齢者虐待への対応の一つの方策に過ぎず、対応に限界があるのも事実であるが、判断能力が低下した高齢者が社会とのつながりを強める一つの対応方法として、さらに前向きに検討されてよいものと考える。

＊注1　公益社団法人成年後見センター・リーガルサポートは、成年後見制度を支えるために司法書士が中心となって設置された団体。後見人になるための一定の研修を受けた司法書士を所属させている。

〈引用文献〉

（1）厚生労働省「平成二十五年版　厚生労働白書」二〇一三年
（2）厚生労働省「みんなのメンタルヘルス」　http://www.mhlw.go.jp/kokoro/speciality/detail_recog.html（二〇一四年十一月二十日アクセス）
（3）小林篤子『高齢者虐待』中央公論新社、二〇〇四年

（4）厚生労働省老健局「平成二十四年度　高齢者虐待の防止、高齢者の養護者に対する支援等に関する法律に基づく対応状況等に関する調査結果」二〇一三年
（5）認知症の人と家族の会編『死なないで！　殺さないで！　生きよう　いま、介護でいちばんつらいあなたへ』かもがわ出版、二〇〇九年
（6）最高裁判所事務総局「成年後見関係事件の概況　平成二十三年一月－十二月」二〇一四年
（7）成年後見センター・リーガルサポート「高齢者虐待防止及び高齢者の権利擁護実践における、成年後見制度活用を中心とした法律専門職の役割と連携課題に関する研究事業報告書」二〇一二年
（8）東京都福祉保健局高齢者虐待事例分析検討委員会「高齢者虐待事例分析調査結果報告書」二〇一三年
（9）大渕修一監修『高齢者虐待対応・権利擁護実践ハンドブック』法研、二〇〇八年
（10）金子勇編『高齢者の生活保障』放送大学教育振興会、二〇一一年
（11）日本高齢者虐待防止学会研究調査委員会・朝日新聞大阪本社「養護者の高齢者虐待に至る背景要因と専門職支援の実態・課題――平成二十四年度　都市型市区自治体活動と専門職の取組み事例調査より」二〇一三年

Ⅳ　多問題家族

複合問題

町田隆司

1　はじめに

「事実は小説よりも奇なり」と言うが、家庭裁判所で家事事件を担当していると、実に多くの問題を抱えている人々に出会う。一つ問題を解決してもまた別の問題が生じ、まるでモグラ叩きのようになる。その人なりに懸命に解決策を模索しているのであろうが、思い通りにいかない。当事者本人のみならず、その関係親族も同様に考えるが、協調できず、足を引っ張り合う。結局、二人三脚がもつれるように、皆がそろって倒れかかる。

よくある例が、離婚紛争でもめている最中に、子どもの非行や不登校、当事者自身の失業や病気などの問題が連続して同時発生するパターンであろう。その人なりに何とかしようとしていることはわかるが、なかなかうまくいかない。問題が複雑で重いほど、解決は困難となる。そのようなとき、第三者である裁判所からすると、当事者本人の背後に頑なさや意地、怒りなどの感情があり、そのために余計にこじれている様子が見えてくる。例えば、相手親に対する意地で子どもを引き取り育てても、結局、仕事の挫折や持病の悪化などから共倒れになってしまうことがある。その当事者の「子どものために」という健気な気持ちは痛いほどよくわかるのだが、実際に倒れてしまうと、その人にとっても、その子どもにとっても不幸な事態となる。

家庭内で同時に複数の問題を抱え、慢性的に病的な相互依存状態にある家族を「多問題家族」と言う。多問題の内訳には、離婚紛争や非行犯罪、精神疾患、環境不適応、職業不適応など、いろいろな組み合わせがある。それらが複雑に絡み合うと、どこから解決の手を伸ばせばよいのか、わからなくなってしまう。事例を挙げ、まずは多問題家族にある問題を取り上げ、さらには現代の家族が抱える問題を考えてみたい。なお、事例は、複数の事例をもとに合成したもので、当時者の台詞を含め、いずれも架空のものであることをお断りしておく。

2　事例

(1)　事例1——妻が精神疾患、子が発達障害・不登校を示した離婚調停

▼事例1の概要

夫から申し立てられた離婚の調停である。長い不妊治療の末、ようやく長男が生まれた。夫はA市

で工場を経営していた。あるとき、妻は長男を連れて実家に別居したため、夫はA市に残って妻子に生活費を送金した。さらに、夫は、長男が不登校となり、その説明をする妻の言動もおかしいことに気づき、妻を説得して精神科に行かせた。診断は、妻自身によると「ストレスによる精神疲労」だが、夫によると「統合失調症」と言われたという。夫は、長男をこのまま妻に委ねておくわけにはいかないと考え、離婚の調停を申し立てた。それに対し、妻は「離婚問題は、私の体調が回復したときに考えたい。今は考える余裕がない。昨夏、パニック発作や頭痛に襲われ、体調を崩した。今も、近隣住民の騒音や奇声で生活を妨害され、警察にも相談した。学校の教師は、私たちの情報を既になぜかすべて知っていた。これはプライバシーの侵害である」と主張した。事実関係を確かめるため、家裁調査官が調査をすることになった。

妻は調査時、「A市に住んでいたとき、夫の『操作』で過呼吸発作や頭痛、発熱を起こしたので、一年前に子を連れてここにアパートを借りて住んだ。間もなく周辺から騒音や奇声で嫌がらせを受けた。家主や警察に相談したが、取り合ってくれない。また、バイクのエンジン音や近くの工場の音も不気味である。リズムをとって合図をしている。私が過呼吸や不眠になると、子どもも一緒に眠れなくなる」と述べた。そして、妻は現在の事態について「すべては夫が悪い。転居すれば解決するのに、夫が転居させてくれないからこのようになった」と言って、夫を非難した。また、長男はA市在住時から不登校で、登校してもじっと席に座っていられず、教室をふらふら歩き回るので、発達障害の疑いと診断され、他の児童からいじめられることもあった。しかし、発達障害に対する治療は行われていなかった。別居と同時に長男は小学校を転校し、はじめの半年間は普通に登校したが、すぐ不登校になった。さらに妻によると、「ママが死んだほうがいい」「ママが悪い」と口走ったこともあったらしい。妻はこれを、夫が仕込んだ言葉と表現し、それ以上取り合わなかった。長男は昼夜逆転の生活となり、教師が迎えに来たときだけ保健室登校していた。後日、小学校に確認すると、校長は苦笑しながら、「教室内にある備品の型番に関心とこだわりがあり、発達障害の可能性がある」という申し送りがあったことだけ認めた。また、週に一、二回、担任教師が訪問し、登校を促しているとのことだった。

家裁調査官が妻宅を訪問すると、居室内はスーパーマーケットの袋や食べ物の空容器が床上に乱雑に散らばり、足の踏み場もなかった。長男がいて（本来なら登校時刻）、体育座りし、一人で漫画本を見ていた。「学校は?」と声をかけると、長男は「うん」「これから行く」とだるそうな返事をしてきた。家裁調査官との会話を拒む気まずい雰囲気があった。「一緒に行こうよ」と何回か声をかけたが、返事はなく、無力感を感じ、そのまま引き返さざるを得なかった。後日、児童相談所に事実関係を確認すると、「確かに問題事例である。ただ、教師が登校を促すと登校するようなので、今、児童相談所としては様子を見ている」との回答があった。

その後、調停の中で、夫は家裁調査官の報告を聞き、「早く離婚して長男を引き取りたい」と主張した。一方、妻も同様に、自身の精神的不調を認めながらも、「離婚は反対。子どもも渡さない」と述べ、悪い環境に手を差し延べない夫がいかに悪者かを延々と語った。裁判所としては、夫に「とりあえず妻子の転居を支持し、転居費用を援助する代わりに、妻に神経科への通院と子の登校等を約束させてはどうか」と提案した。通院という端緒ができれば事態が変化する可能性があり、夫が長男をいきなり引き取っても監護は困難と思われたからである。しかし、夫は聞く耳を持たないかのように反発し、妻も早口で体調不良をまくし立てるだけで、まったくかみ合わなかった。

家裁調査官は、こうした経過を裁判所内の医務室技官（精神科医）に相談し、さらに担当裁判官にも経過報告をした。医務室技官は「妻は精神病的だが、疾患としては軽度。調停に必要な判断力を欠くとまでは言い切れない」と述べ、裁判官も「（合意を目標とする）離婚調停ではこれが限界。子どもの不登校や発達障害への対応は、学校や児童相談所に任せる」と判断した。結局、調停は不成立で終了した。

▼事例1の考察

本事例は、離婚の調停であり、その目標は離婚合意ができるか否かという点である。しかし、その目標を妨げるハードルに、①妻の精神疾患、②子の発達障害、③不登校という「多問題」がある。夫の主張は合理的だが、杓子定規で思考の柔軟性に乏しい。妻は、転居に魔術的な期待をかけ、それを認めない夫を非難し続けた。一方、長男自身は、母親（妻）の枠から抜け出せなかった。散らかった部屋で母親（妻）の幻聴や妄想を聞かされ、長男なりに葛藤や怒りを抱き、父親（夫）に何とかしてほしいと思ったに違いない。しかし、小学校低学年の長男にそれを行動に反映させる力はない。長男にとって、家裁調査官は、単に登校を促す、学校の教師と同類に映ったようで、ただ警戒を強めさせるだけで終わってしまった。結局、いずれの争点もかみ合わないまま調停を終結せざるを得なかった。

ところで、世界保健機関（ＷＨＯ）による国際疾病分類ＩＣＤ‐10に「感応性妄想性障害」という診断概念があるが、まさにこの事例にも当てはまるのではないかと感じられた。これは、病的な二者関係において、一方の妄想が高まるともう一方も引きずられて同様の妄想が生じる場合や、妄想がキャッチボールのように両者間を行き来するような場合を指している。家裁調査官からすると、母親（妻）と長男との間で、父親に対する感情が妄想的に肥大していった可能性も感じられた。事例１の「多問題性」は非常に根深い。このような事例の場合、児童相談所や病院等と連携を保ちつつ、協調して対応すべきであろう。

(2)　事例２――妻が人格障害の疑い、子が神経症的な不登校の、子の引渡し審判事例

▼事例２の概要

婚姻中に子を連れて出た妻に対し、夫がその引渡しを求めた審判事例である。この夫婦は結婚した五年後、長男が生まれた。夫によると、妻は出産した後、産後うつとなり、家事労働は主に夫が担った。この頃から、妻は不眠とうつのため精神科に通院を開始し、夫によると、感情の起伏の激しさなどから人格障害かもしれないと医師から告げられたという。長男は五歳頃から原因不明の腹痛を訴え、幼稚園への登園を渋るようになったため、夫婦で児童相談所などに相談したり、児童精神科に通院したりした。しかしその後、夫が不在の間に、妻は長男を連れて交番に駆け込み、別居した。妻は「夫のＤＶ（ドメスティック・バイオレンス）から逃れるため」と言う。夫は、妻に不当に子を奪われたと受け止め、すぐに「子の引渡し」「監護者指定」を家庭裁判所に申し立てた。夫は、長男が小学二年時の五月から不登校であることがわかる通知票の写しや、妻が精神科を受診した資料を提出した。一方、妻は、産後うつ状態であったことや、現在も不眠と精神的不調下にあることを認めながらも、それは

夫の暴力によるものであるとした答弁書を提出し、全面的に争う姿勢を示した。

調査の中で、夫は「同居時、主として子を監護してきたのは、むしろ夫であり、妻は精神疾患のためか何もしなかった。いきなり子を連れて別居し、転校した今、子どもがどうしているのかわからない。子どもに会わせてほしい」と主張した。一方、妻は「別居して生活が落ち着いた。子どもは何とか登校している。祖父母も仕事のかたわら、監護に協力してくれているので問題はない」と反論した。ただ、学校への調査結果によると、長男は転居後すぐ実家近くの小学校に転入手続がとられたが、やはり登校できず、三か月経過して、ようやく保健室登校ができるようになったとのことであった。

家裁調査官が長男に面接すると、長男は、学校は好きなのだが、転居後も朝になると腹痛があり登校できないと、か細い声で語った。父（夫）がどのような人かを尋ねると、「怖い。すぐ怒るから。（以下、子どもなりの理由を述べた）」と語った。母（妻）についても同様の質問をすると、長男はためらいがちに「ママも怖い」と答えた。まさに双方に気を遣っている葛藤状態が痛いほど伝わってきた。父（夫）が長男に会いたがっていることに対しては、「会いたくない。会うと連れて行かれる。連れて行かれなければ会いたい」と語った。

裁判官は、双方に主張をさらに書面で提出させ、審問を重ねた。審判は、不登校の責任を問うのではなく、長男にとってどちらのもとで育てられるのが望ましいかという観点で検討が重ねられた。現時点は婚姻中なので、夫婦共同親権にあり、本来は共同で監護すべきなのだが、それができないときは、どちらかが監護するしかない。未成年者の現況、監護者の精神状態、未成年者の意向と心情、単独監護に至ることとなった経緯と同居時の主たる監護者はどちらかという点などを比較考量し、最終的に、裁判官は父に引き渡すという判断をした。

▼事例2の考察

本事例は、婚姻中の夫婦間で生じた子の引渡し、監護者指定審判事件である。婚姻関係は破綻し、離婚は潜在的な問題になっていた。

長男は父母間の紛争に巻き込まれ、まさに高葛藤状態に追い込まれていた。不登校は今始まったことではなく、小学校や児童相談所、小児神経科によると、幼少時からの根深い背景に基づいていた。幸いにも、連れ去り警戒の発言は、母（妻）による父（夫）非難の常套句であり、長男の真意とは思えなかった。父に何か買ってもらうとしたら君は今何が欲しいかと聞いたとき、長男は「四輪駆動車のモデル。パパと競争したい」と答えたエピソードがあった。「怖い」相手と「競争したい」というのは矛盾である。父に対する感情が決して拒否ではないことが、ここからうかがえた。少なくとも長男は、双方の間に挟まれ、葛藤状況に置かれるのが嫌いなのだとわかった。まさにガラス細工のような神経であり、このように両方の親を気遣っていると、長男にとっては学校どころではないのであろうと思われた。

3　考察

(1) 多問題化する原因

家庭裁判所に申し立てられた、子が争点になった事件に立ち会っていると、一部に、親の紛争に比例して子どもが非行や不登校などの問題行動で反応するという構図が見えてくる。親同士の紛争が激化すると紛争に目が奪われ、子どもに目が届かなくなり、そして多問題化する。厚生労働省によると、二〇一二年の全離婚件数のうち、未成年の子がいた離婚は十三万七千三百三十四組（全体の五八・三％）で、親が離婚した未成年の子の数は二十三万五千二百三十二人であったという。[1]また、司法統計からすると、二〇一三年に離婚調停等により親権者を定めた事件の数は二万百十三件であったという。[2]もちろん、これらの子どもがすべて両親間の葛藤にさらされているわけではなく、葛藤下にある子どもの割合がどの程度なのかもわからない。しかし、母数がこのように大きければ、葛藤下にさらされた子どもの数は決して少なくないと推測できよう。

ところで、発想を転換して見方を変えると、実際は子どもの非行や問題行動が両親の間を取り持っているという場合もある。子どもの問題行動が両親を話し合わせ、もし問題がなければ両親はとっくに離婚していたということもある。子どもからすると、適度に問題を起こすことで両親の離婚が避けられるのであれば、そのほうが望ましいということさえある。事例2はこの典型であろう。

以上のように、紛争が多問題化する原因は複雑であり、一言では言えない。そこで、夫婦間紛争とそれに巻き込まれた子どもの多問題化を取り上げ、まず離婚紛争に巻き込まれた子の心理と、離婚紛争に子を巻き込む親の心理に分けて検討してみたい。

(2)　離婚紛争に巻き込まれた子どもの心理

親の離婚に遭遇した子どもの調査研究としては、監護紛争の解決のために子の最善の利益を論じた

J・ゴールドスティンらの研究[3]を筆頭に、両親の紛争に遭遇した子どもの成長過程を長期的に追跡研究したJ・S・ワラシュタインらの研究[4]などがある。日本でも同様に、離婚に遭遇した子どもに対するケアが十分でないという棚瀬[5]の指摘のほか、離婚が子どもに及ぼす精神的影響の問題[6]、学業達成度の低さ[7]等を指摘する多数の研究結果がある。これらからすると、子どもに影響が及ばない離婚紛争はあり得ないということになるであろう。離婚をめぐり両親が争うのは仕方ないとしても、子どもへの影響は最小限度にとどめるよう配慮すべきである。それでも子どもに問題が生じたときは、子どもの状況を迅速かつ正確に把握し、対処する必要があろう。

一般に、親の離婚紛争に遭遇した子どもは、いろいろな感情を抱くが、それは、現在監護している親も含め、外からはなかなか見えない。実際、子どもが抱く思いは、年齢や能力を問わずさまざまで、「父／母と生活したい」「早く自分を迎えに来てほしい」「絶対に会いたくない」「自分を巻き込まないでほしい」「子どもの気持ちを利用しないでほしい」「父／母なんか死ね」などがある。さらに、言語化できずに不登校や不適応反応、非行等で表現したものまで含めると、そこに込められた意味はまさに多種多様である。また、子どもの発言も言葉通りとは限らない。監護親の意向を汲んで、自己の意思に反する発言をする（例えば、本当は会いたいのに「会いたくない」と嘘をつく）ことさえある。子どもの「会いたくない」「怖い」という言葉を信じると、子どもは逆に傷つくことさえある。事例1の「ママが死んだほうがいい」という台詞は、相当激しい感情が込められた、過激な言葉のはずである。事例2の「パパは怖い」も同様である。

結果的に、子どもは両親間に挟まれて傷つき、それを言葉でうまく表現できないと、行動で反応することもある。これが親の紛争に巻き込まれた子どもの心理であろう。

(3) 離婚紛争に子を巻き込む親の心理

未成年の子どもを抱えた夫婦が離婚紛争に直面したとき、親が子どもに抱く感情も多様である。例えば、「子どもの意向を尊重する」「自分こそが（相手から）子どもを守る」と言いながら、実際の本音は「子どもを味方にすれば、自分の考えや行動を正当化できる」「子どもと一緒にいれば責められない」というように、利己的に子どもを自身の分身または隠れ身のように使うことがある。中には、自分自身の攻撃的感情を棚上げし、子どもこそが相手親を拒否していると頑なに信じることさえ起きる。このようなとき、子どもが一言「怖い」「会いたくない」と言えば、まさにわが意を得たような気分になる。すなわち、自分の正当性が子どもの言葉によって証明されたという心境（相乗効果）になる。通常では想定できない子どもの反応（例えば「怖い」という発言や、不登校、不適応反応など）であっても、それに気づいた監護親は、「子どものために」別居親との関係を遮断することにより、自分と子どもを守ろうとする。

一方、相手親に対する怒りや恐怖、拒否、失望などの感情がそのまま子どもに向いてしまうこともある。例えば、「あんたのその性格は別れた夫にそっくり」「あんたなんか産まなければよかった」「おまえは足手まとい」「（夫は私を裏切ったけれど）あんたは私を裏切らないでしょうね」といった言葉を子どもの前で、平気で（意識的に）またはうっかり（無意識的に）漏らす。冷静になれば子に罪はないとわかるが、行き場のない怒りは時に制御が効かないことがある。これを聞いた子どもがどのように感じるかという点までは察知できない。一方、別居親が、面会交流時の子どもを通してこれら監護親の言動を察知すると、同様に「子どものために」子どもを相手から取り戻そうと考える。「このままでは子どもが悪くなるばかりだから、何とかしたい。相手には任せておけない」と考える。結果的に、当事者双方は、「子どものために」という大義名分のもとに争う。これが子どもを紛争に巻き込む親の心理であろう。

4　多問題家族に見る現代の家族

(1)　真の「子どものために」とは

以上、離婚紛争とそれに伴って生じる子どもの反応を多問題家族の一例として検討してきた。現代の家族はある程度の生活の富裕化を達成したものの、次の目標がなくなったと言われている。(8) 目標を失うと家族としての結びつきが弱体化するという意味で、多問題化した離婚紛争は、現代の家族によくありがちな一面になっているのではないだろうか。当事者それぞれの「子どものために」という動機はわかるのだが、結局は悪循環にはまり、そこから抜け出しにくい状況が生じる。

このようなとき、民法は「子の利益を最も優先して考慮しなければならない」(第七六六条第一項) と明記している。つまり、子の利益を最優先するという解決方法の指針基準が示されているわけだが、実際はそれがなかなかうまくいかない。事例1のように話がかみ合わなかったり、事例2のように双方それぞれが「子どものために」を意識して衝突したりする。結局、われわれ裁判所も、真の「子どものために」はどこにあるのだろうかと自問してしまうことになる。つまり、見る角度によって「子どものために」がまったく正反対の姿になりかねないのである。

(2) 多問題家族に対する関わり方

子が親の紛争に巻き込まれ、親も子を巻き込むうちに、家庭内に複数の問題が同時発生することで多問題化現象が起きる。親は大人なのでストレスに我慢できても、子どもは耐えられず、独自の発言や不適応行動、さまざまな障害、非行などで反応するからである。その心理的背景には、大人と同様、怒りや罪障感、うつ、喪失感、親への過剰な同一化などさまざまな感情や反応がある。このようなときは、先述のような真の「子の利益」を確認するため子どもの調査をすることになろう。調査は、①子どもと接し、②子どもの言葉や反応を分析し、③それを当事者（父親および母親）が納得できる解決手段にフィードバックすることがポイントになる。特に重要なのは②で、子どもの言葉や反応をただ文字通りに受け取るのではなく、その背景心理等からその言動に込められた意味を考察する。その際、精神分析学、臨床心理学等の諸理論を軸に据えるのも有用である。②の分析が不十分だと、③のフィードバックがうまくいかない。子どもの調査をした結果、逆に紛争が激化したのでは意味がなく、同様に子どもの不適応反応が悪化しても意味がない。

多問題家族と向き合う場合、関わり方には二種類ある。まず、できるところから順番に直線的に解決していくのが第一の方法である。今回の事例１に即して言うと、まず妻の精神疾患の治療を軌道に乗せ、次に子の不登校や発達障害を手当てし、そして離婚問題を解決するという方法である。当事者も、問題が拡散せず、一つひとつの問題に集中して取り組むことができ、直線的な因果関係に立つので理解しやすい。しかし、実際は一つ解決すると別の問題が生じ、それに取りかかっているとまたもとの問題が再燃するというパターンになることが多い。本稿の冒頭に書いたようなモグラ叩き状態となりやすい。そこで、直線的因果関係ではなく、円環的因果関係で考えるべき(9)というのが第二の方法である。事例1は、妻の精神疾患が離婚紛争の原因となり、離婚紛争が子どもの不登校を招き、それに対する夫の関与が妻の精神疾患の悪化を招いているという悪循環と見ることもできる。このような場合、直線的因果関係ではなく、多数箇所に同時に解決の手を差し延べることが望ましい。しかし、そのためには対応する側もエネルギーが必要であり、複数の担当者で臨むことや、関係機関と常に情報交換するなど連携を保ちながら関与していくことが重要となるであろう。少子化が進んだ現代の家庭において、子どもをめぐる紛争は激化し、それが多問題化する危険性がますます高まっている。

(3)　今後の課題

多問題化した紛争を抱えた家族は、実際、当事者自身もどこからどのように解決をしていくべきかわからずに迷い、混乱している。しかし、何よりも問題なのは、子どもの問題に関して、夫婦が協調した態勢をとれないことであろう。一方への働きかけは、もう一方にとって同意できないものであるために、本稿冒頭に述べたように二人三脚の足がもつれるような、皆がそろって倒れかかるような結果になる。いかに当事者間の紛争を休戦させ、いかに協調して子の福祉に当たれるかを考えなければならない。このような協調体制をとりにくいのが現代の家族の特徴であろう。明確な統計データがあるわけではないが、筆者としては、多問題化した紛争を抱えた家族は増加しつつあるのではないかと感じている。

5　おわりに

未成年の子がいる夫婦の離婚が常に問題をはらんでいるわけではないが、既に述べたように、両親の離婚紛争に遭遇した子どもがまったく影響を受けずに済むことはあり得ない。しかし、できるだけ子どもが受ける負担を少なくする工夫や配慮は重要である。まして多問題家族となると、なおさらである。「子の利益」は基本中の基本だが、なかなか到達し難い命題であるのも事実である。少なくともモザイク的、場当たり的な対応とならないようにしたい。近年、社会変化や家族形態の変化に伴って法改正[*注1]が進み、裁判手続の透明化と公平化がより一層図られることになった。今まで以上に公平性や中立性にも神経を払うことになる。時には物的証拠や子どもの発言の言質を重視するようになりかねない。しかし、それが弱者である子どもを追い込むことになってはならない。多問題家族と思われる事例であれば、なおさら最大限に子どもの福祉を図れるように関与したいと考えている。

*注1　まず、民法等の一部を改正する法律が二〇一二年四月一日施行された。これは、児童虐待の防止を図り、児童の権利利益を擁護する観点から、親権の制限が新設されたことなどが特徴である。次に、家事事件手続法

が二〇一三年一月一日施行された。これは、旧来の家事審判法を大幅改定し、家事事件手続をより利用しやすく、現代社会の要請に合致した内容とするため、当事者等の手続保障を拡充したものとされている。主な改正点は、複雑な諸規定を整理し、曖昧だった部分を明文化し、一部用語を改め、手続の透明化と当事者の権利保障、公平・中立化を図ったことである。

〈引用文献〉

(1)厚生労働省「平成二十六年　我が国の人口動態――平成二十四年までの動向」二〇一四年
(2)最高裁判所「司法統計年報」　http://www.courts.go.jp/app/sihotokei_jp/search
(3)J・ゴールドスティン、A・フロイト、A・J・ソルニット著、島津一郎監修、中沢たえ子訳『子の福祉を超えて』岩崎学術出版、一九九〇年
(4)Wallerstein, J.S. & Kelly, J.B. (1996). *Surviving the Breakup: How Children and Parents Cope with Divorce.* Basic Books.
(5)棚瀬一代『離婚と子ども』創元社、二〇〇七年
(6)野口康彦『親の離婚を経験した子どもの精神発達に関する研究』風間書房、二〇一二年
(7)稲葉昭英「親の死別／離婚・再婚と子どもの教育達成」、稲葉昭英、保田時男編『第三回　家族についての全国調査第二次報告書』二〇一一年
(8)山田昌弘『迷走する家族』有斐閣、二〇〇五年
(9)廣井亮一『カウンセラーのための法と臨床』金子書房、二〇一二年

おわりに

いくつかの非行の事例をもとに現代の少年やその家族の実相を描いてきた。どの事例にも共通しているのが好ましい人間関係の希薄さである。ある少年は親との、また、ある少年は友人、あるいは所属する集団とのコミュニケーションが十分にとれないでいる。さらには、虐待やドメスティック・バイオレンスといった被害にさらされている者さえいる。人間関係の希薄さは、社会性や共感性の発達を阻害する。また、心の拠り所を失わせ、前向きな活力を削ぐ。それでも少年たちは、理解を求め、人間関係を求める。非行は、未熟であるがそれらを希求する気持ちの発露であり、痛みの訴えである。その訴え方である「非行行為」を容認できないのは確かであるが、非行を具現化させた輻輳するさまざまな気持ちを抱えた少年が受け止められていないことが、少年を非行の深化という悪循環にはまり込ませる一因になっている。

非行が惹起されたことによる少年法制の介入は、この悪循環を断ち、非行の深化から更生への転回の契機になり得る。この司法の場であり臨床の場である少年法制による契機を活かせるかどうかは、当事者の問題であるとともに、そこに携わる側一人ひとりの問題である。非行という「子ども」の問題は、まさに「大人」に、「社会」に突きつけられた問題である。加害者である少年を、そして、被害者を生まない、安全で安心な社会をつくるためにはどうすればいいのか、私たちは、少年非行を、そうしたことを問いかける切実な社会問題として受け取る必要がある。

ここまで読んでいただいたみなさんには、本書がまさにその契機になれば幸いである。

坂野剛崇

今回の執筆と編集を通して、改めて「家族」とは何か、考え込んでしまった。まず、家族とは人と人の集団の最小単位である。夫婦は、愛情と信頼を基本に、協力し合いながら生活の核を形成する。老親を介護し、夫婦間に生まれた子どもを育てる。老親が生涯を終え、子も自立すると、今度は自分たち夫婦が老境に入っていく。当たり前ではあるが、このようにして世代が引き継がれていく。しかし、社会が変化すれば家族もどこかが変化し、まったく同じことの繰り返しにはならない。「現代」の家族は昔の家族と比較して、どのように変化したのであろうか。家族を論じたいろいろな論文や統計資料とにらめっこをする日々が続いた。家庭裁判所に係属したいろいろな事例を振り返り、「現代的」なものを見つけるとメモをした。おもしろいもので、いざ書き始めると、これも書きたい、あれも書きたいというういろいろな衝動が錯綜し、削るのに苦労した。この思いは、おそらく各執筆者共通であろう。書いては消し、書いては消しの連続であった。自分自身の生き方を振り返る場面すらもあった。結果的に各執筆者とも複数回の書き直しにめげず、珠玉のような原稿を寄せていただいた。

このような機会を与えていただいた企画者の立命館大学・廣井亮一教授、編集協力者の関西国際大学・坂野剛崇教授、編集を担当した創元社・柏原隆宏氏、各執筆者に大いなる謝意を述べたい。現代の家族はどこへ行くのか、これを機に考えることになれば幸いである。

町田隆司

編者略歴

廣井亮一（ひろい・りょういち）

1981年から1999年まで家庭裁判所調査官。以後、和歌山大学助教授、京都女子大学准教授を経て、現在、立命館大学総合心理学部教授、同大学院文学研究科教授。学術博士（大阪市立大学）、臨床心理士。専門は司法臨床、非行臨床、家族臨床。

主要著書として、『司法臨床の方法』（単著、金剛出版、2007年）、『子どもと家族の法と臨床』（共編著、金剛出版、2010年）、『非行臨床の新潮流』（共編著、金剛出版、2011年）、『司法臨床入門（第2版）』（単著、日本評論社、2012年）、『カウンセラーのための法と臨床』（単著、金子書房、2012年）、『加害者臨床』（編著、日本評論社、2012年）などがある。

執筆者一覧（執筆順）

廣井亮一	（編者）	第Ⅰ部
坂野剛崇*	（関西国際大学人間科学部）	第Ⅱ部総論、Ⅲ
柳下哲矢	（京都家庭裁判所）	第Ⅱ部Ⅰ
吉武竜一	（名古屋家庭裁判所半田支部）	第Ⅱ部Ⅰ
畔上早月	（大阪家庭裁判所）	第Ⅱ部Ⅱ
新堂研一	（神戸家庭裁判所）	第Ⅱ部Ⅱ
飛田　勇	（長野家庭裁判所）	第Ⅱ部Ⅲ
室城隆之	（東京家庭裁判所）	第Ⅱ部Ⅳ
大野恵美	（横浜家庭裁判所）	第Ⅱ部Ⅳ
町田隆司*	（横浜家庭裁判所）	第Ⅲ部総論、Ⅰ、Ⅳ
瀧川善和	（福島家庭裁判所いわき支部）	第Ⅲ部Ⅰ
關谷　篤	（山口家庭裁判所）	第Ⅲ部Ⅱ
吉永宏之	（静岡家庭裁判所沼津支部）	第Ⅲ部Ⅱ
武田大助	（東京家庭裁判所）	第Ⅲ部Ⅲ
貝原弓子	（さいたま家庭裁判所）	第Ⅲ部Ⅲ

*編集協力者

執筆者の所属は2015年3月20日現在

家裁調査官《かさいちょうさかん》が見《み》た現代《げんだい》の非行《ひこう》と家族《かぞく》
司法臨床《しほうりんしょう》の現場《げんば》から

二〇一五年三月二〇日　第一版第一刷発行
二〇一八年三月二〇日　第一版第三刷発行

〈編　者〉廣井亮一
〈発行者〉矢部敬一
〈発行所〉株式会社　創元社
本　社　〒五四一-〇〇四七　大阪市中央区淡路町四-三-六
電　話　〇六-六二三一-九〇一〇(代)
FAX　〇六-六二三三-三一一一(代)
東京支店　〒一〇一-〇〇五一　東京都千代田区神田神保町一-二　田辺ビル
電　話　〇三-六八一一-〇六六二(代)
http://www.sogensha.co.jp/
〈印刷所〉株式会社　フジプラス

装丁・本文デザイン　長井究衡

ISBN978-4-422-11587-0 C3011